U0165581

中國社會史

林益德 著

五南圖書出版公司 印行

作者序

　　社會是由人所創造，但人又深受社會所約束，人與社會之間的運作方式往往深刻影響歷史發展。對於「社會史」的研究，可謂是對「人」自身的進一步深層探索。

　　中國社會史的發展影響深遠，至今在社會中仍能看到諸多過去社會的痕跡。因此，認識中國社會史不僅是了解過去的發展，更是理解今日社會的關鍵，值得讀者詳細閱讀。

　　本書是作者在國立中興大學歷史學系「中國社會史」課程多年授課內容的改編。該課程以專題方式授課，內容涵蓋社會史研究理論、土地與社會、鄉里勢力、家族、身分、法律、信仰、性別、祕密社會等課題。各專題內容依時序先後講述其演變，這不僅有利於學生集中認識某一專題，亦便於複習歷史演變的內容。

　　然而，若直接以此形式改編成書，可能會出現重複贅述相似內容的問題。況且，坊間流通的《中國社會史》多以專題為主，較少以時間次序作為基礎架構。因此，本書結合時序和專題兩者之特色。在全書架構中，「章」以時序安排，「節」則為主題性質。各「章」中的「節」會優先安排跨時代共同存在的主題，其次為針對各章時代特色的主題，如此一來，讀者既能理解「中國社會史」作為先後演變的特色，亦能認識各時代的獨特性。

　　本書共分為總論、史前時代、商至西周時代、戰國秦漢時代、魏晉至隋唐、宋元時代、明清時代等七章；再以社會結構、鄉里勢力、宗族、社會組織、家庭與婚姻等以「節」的形式探討相關課題。

　　本書屬教科書性質，內容主要參考前人研究成果，並按情形增補作者的見解。相關參考內容之來源可參閱本書的參考書目。若有任何疏漏之處，均屬作者個人之責任。期許本書出版後，能夠啟發讀者對中國社會史的興趣，並促使讀者反思當代各種社會現象。

林益德謹識

2024年7月27日

CONTENTS
目　錄

第一章
總論

第一節　社會史的定義與起源

何謂歷史

「歷史」一詞的涵義可先由其文字本身看起，《重編國語辭典修訂本》稱「歷」字指「過去、已經過的」，「史」字則指「古代掌記文書和記事的官吏」。在此將二字結合理解時，「史」字著重於其「記事」之涵義，如此「歷史」可解釋爲「被人所記載的過去」。由此而言，歷史學就是一門研究「被人所記載的過去」之學科。

可是，「被人所記載的過去」一語看似容易理解，但是人們要如何「記載」過去呢？而歷史學究竟要如何去研究這些「被人所記載的過去」？十九世紀知名史學家蘭克（Leopold von Ranke, 1795-1886）（圖1-1）提出一句知名的話：「如實地說明歷史。」（Wie es eigentlich gewesen.），主張所記載之內容要盡可能貼近於「事實」。他的史學觀念有兩個重要特點，其一是客觀主義，其二是批判考證史料並以此作爲敘事依據。此外，蘭克本人史學成就頗多，但是他主要缺點是他的研究只重視政治人物與政治史，對於經濟、社會方面的歷史事實多所忽略，從而將歷史變爲政治史。蘭克的史學概念迅速在各地拓展，他的門徒們開始將歷史作爲一種科學，並且崇拜事實，終至出現「科學的歷史學」（Geschichtswissenschaft）或稱「實證史學」（Histoire positiviste），並且形成「蘭克學派」。

「蘭克學派」立基於對史料之考證，強調「如實直書」、「公正」，並且以文詞優美的形式書寫歷史。在他們的觀念之中，「確定事實」爲首要大事，再由這些事實得出結論。此種探究歷史之方式似乎並無多大問題，但是問題在於「歷史事實」本身。後現代史學家提出一個很重要的問

圖1-1　蘭克畫像
資料來源：https://cdn.britannica.com/05/38705-050-314AE3F3/Leopold-von-Ranke-detail-oil-
　　　　painting-J-1868.jpg

題，作爲史料的「歷史事實」，其本身並不會「說話」，而是歷史學家決
定這些史料應該要說什麼。甚至，歷史學家在決定史料要說什麼之前，已
先決認爲某件事情很重要，值得運用史料說明。如此一來，歷史事件、史

料兩者本身，都高度依賴歷史學家之詮釋。因此，認為歷史事實能夠客觀地獨立於歷史學家的解釋之外，其本身就是一種謬論。

再者，就算是史料本身，其形成之過程同樣大量依賴撰寫者本身的詮釋。姑且不論撰寫者本身是否會對記載內容刻意修改，而是這些撰寫者本身「認為」某些事物很重要，因此將其記載下來。同樣地，這樣的歷史事實是由撰寫者本身所書寫，而非是一種超然客觀的存在。

從而，所謂重視批判史料，強調如實直書的史學觀念，其本質上是難以達成的夢想。克羅齊（Benedetto Croce, 1866-1952）提出「一切歷史都是當代史」（All History is Contemporary History），並且指出史學家的主要任務是評價而非記載。這些並不意味歷史喪失意義，而是我們不再僅是強調對史料之考證、批判，並且開展對於歷史之評價。而此種評價大多是呼應我們當前所面對的某種課題，這更是我們研究歷史之主要原因。

在這些背景之下，人們想要進一步補足蘭克過度強調政治史之不足，拓展對於我們自身過往之認識；而且，人們對於歷史評價亦採更為重視的態度，藉此呼應我們今日所面對的各種課題。這些無不促使歷史學者們逐漸開啟社會史研究之大門。

社會史之定義

「社會史」顧名思義就是「社會的歷史」，要了解「社會史」所指內容，則有必要先了解何謂「社會」。蔡文輝在《社會學》一書中指出「社會」（Society）是由一群有相同文化、共同地域並具互動關係的個人和團體所組成。社會由人們所創造，但是又約束著人們。就「社會學」而言，其基本性質是「研究人與人之間互動的社會科學」，但並不是任何人與人之間的互動都納入其中，其著重主題是「人與人之間互動的形式與其所構成的團體結構」，社會學分析個人行為時較為重視行為的社會層面。

「社會」、「社會學」兩個詞彙內涵相對明確，但「社會史」所指為何，在歷史學界則有較多爭議。查諸歷史學領域中，逐步跳出政

治史範疇，開始涉及社會史課題者，較早的有如亨利‧巴克爾（Henry Thomas Buckle, 1821-1862）之《英國文明史》（*History of Civilization in England*）運用社會學調查方法。逮至一九二九年布洛赫（Marc Bloch, 1886-1944）等人創辦《經濟社會史年鑑》（*Annales d'histoire économique et sociale*）（圖1-2），這更被有些學者認為是社會史這門學科之起點。

ANNALES
D'HISTOIRE ÉCONOMIQUE
ET SOCIALE
Revue trimestrielle

Directeurs :
Marc Bloch — Lucien Febvre

TOME PREMIER
Année 1929

LIBRAIRIE ARMAND COLIN
103, Boulevard Saint-Michel, PARIS
—
1929
Tous droits de reproduction, de traduction et d'adaptation réservés pour tous pays

https://doi.org/10.1017/S0003441X00001035 Published online by Cambridge University Press

圖1-2　《經濟社會史年鑑》封面
資料來源：https://www.cambridge.org/core/services/aop-cambridge-core/content/view/044D0A282D50AB8ED7A80F5D98E4D65F/S0003441X00001035a.pdf/ahs-volume-1-issue-1-cover-and-front-matter.pdf

人們可以大略找出現代社會史之起點，可是到底什麼是「社會史」？對於社會史提出定義的學者極多，池子華指出有認為社會史是關於下層階級者，有將社會史作為社會經濟史討論者，還有主張社會史是除去政治的人民史等，諸如此類定義過多，幾無可能一一列舉各家說法。趙世瑜整理各家「社會史」概念，大約得到四種主要說法：

1. 社會史是種通史。
2. 社會史是種新的研究方法。
3. 社會史是內容包含社會生活史、生活方式史等的歷史學分支學科。
4. 社會史是社會構成、運行、變遷綜合的歷史學分支學科。

　　這些不同學者對於「社會史」所提出的定義各有其合理性，故不宜用孰是孰非的態度去審視這些不同的定義。然而，作為一本有固定篇幅之書籍，且需要能夠在有限時間的課程中教授學生，則本書必然要選擇其中一種定義。「社會史」最廣泛定義是種除政治史之外的通史，然這將會導致篇幅無止盡的擴張，亦難配合課程之有限時間授課，故無法採用此一定義。若僅以新研究方法作為本書之基礎，與將社會史作為通史有類似情形，可以列入說明、解釋的內容過多，而且內容又將幾近於史學方法論，故本書不採此種定義方式。至於將社會史作為社會生活史、生活方式史等而言，在現代史學領域中則有文化史、生活史等涵蓋，而且這些範疇都已是非常興盛之領域，從而本書不採此定義以免重複論述。

　　本書採用之社會史定義趨近於四大定義中的第四種，仍然將社會史作為歷史學的一門分支學科。所謂探討社會構成、運行、變遷的綜合，更確切講就是主要以社會學所探討「人與人之間互動的形式與其所構成的團體結構」為重點，重視歷史之中社會層面的問題。惟須特別強調，本書之社會史並非是社會學的歷史，仍舊是以具有歷史意義的課題出發，僅是借用社會學的相關概念討論，這也是下面需要特別說明之問題。

社會史與其他學科之關係

　　本書之社會史主要採用社會學的概念，但又不是社會學的歷史，要理解此種定義的意義，則要先理解歷史學與其他學科之關係。在此首先有必要解釋的是社會史與社會學之關係，兩者間有何相似與相異；其次社會史既然是補充過去政治史的不足，那麼社會史是否就與政治史無關？而社會史還與哪些學科有關聯呢？這些就是此處需要回答者。

　　在社會學領域之中，有四大主要理論：

1. 功能學理論（Functionalism），其在尋求解釋一個社會行動所造成的效果或所賦有之功能，特別是常探求結構所具有功能。
2. 衝突理論（Conflict theory），主張社會變遷是必然且急遽的，社會變遷後往往導致破壞而非建設。
3. 符號互動理論（Symbolic interactionism），看重人與人之間的互動性質和過程，其認定觀點和互動是人類行為的重要變數。
4. 交換理論（Exchange theory），主張個人之間的交換行為乃是社會秩序基礎之一，社會互動就是一種交換行為，此種交換並不限於具體可見物品。這四大理論構成今日社會學的主要支柱。

　　社會學的四大理論自然有其合理性，對於解釋今日社會的面貌有諸多助益，但是其與歷史學關係又是如何？社會學者認為歷史學屬於社會科學之一，強調時間、地點敘述，但是較少用數量計算，理論架構比較脆弱，缺少因果關係分析驗證。還有歷史學者認為，社會史是歷史學分支學科，也是社會學的邊緣學科。由上述觀點可知，社會學非常重視其理論性，但若直接將其作為社會史之內涵，則可注意到其缺乏歷史性（或稱時間性）的問題。歷史學所謂重視時間、地點之敘述，主要是反映其重視一件事物的前後演變過程，歷史中各階段不同演變對歷史學領域都有同樣重要性。社會史作為歷史學的一門分支學科，自然需要重視各種社會面貌之時間性、區域性，重視相關演變之前後次序、意義，追尋相關的過程、原因，並且需要關注這些演變的區域性質，從而突顯社會史其中「歷史」的意義。

　　早期歷史學演變的過程中，曾一度出現過度強調理論，對時間、地點差異較少重視之現象。在十九世紀重視科學之年代，出現一種重視「大敘述」（Grand narrative）、「元敘述」（Metanarrative）的概念，認為全體人類有某種相似的發展階段，其論述之內容為全人類的歷史。此種思維被稱為「大寫歷史」（History），又可稱為「歷史主義」（Historicism），他們甚至將其所論述內容視為近代歷史研究的「範式」（Paradigm）。此種概念最知名者就是馬克思（Karl Marx, 1818-1883）的歷史哲學，還有認為歷史背後有上帝給予規律的蘭克史學。

　　然而，此種強調某種特定範式，追尋全人類共通規律、理論的態度，其所呈現的諸多論述往往無法和史料所呈現之內容完全配合，從而讓人不得不懷疑其可靠度。有學者指出這種大寫歷史之態度，事實上只是將西歐所具備的特色說成是全球特色，並非是其他各地實際的情形。因此，現在之歷史學已較少探討全人類之歷史，先後改以民族、國家或更小之社會群體作為探討對象。但這並不表示歷史學不應該運用社會學的理論探討歷史課題，尤其是社會史需要相關理論，強化對於歷史分析之能力。但此種現象同時也說明社會史不能僅僅是社會學的歷史，仍然要本於歷史學對時間、空間之重視，基於史料所呈現的現實去運用或調整社會學的理論。

　　針對政治史，早期歷史學研究高度集中於政治史之中，關注各種政治人物、政治事件等，對於歷史中的其他面向關注過少，這成為社會史興起的主要原因之一。因此，在相當長一段的時間之中，社會史學者刻意避開政治史不論。早期年鑑學派主張「總體史」（Total History）概念，探討各種經濟、社會、文化問題，形成一種缺乏「政治」的總體史。此種缺乏歷史一角的「總體史」，本質上就與其名稱所宣稱的「總體」不盡符合。再者，政治在事實上對於社會史的演變有諸多影響，倘若刻意忽視政治史之作用，反而會導致難以理解若干社會史之內涵。所以，現代社會史大多已經重新納入政治史的相關課題，但這並非是直接探討特定政治人物、政治事件之傳統政治史，而是看重政治在社會史領域所呈現的面貌。譬如，

性別史、族群史等不同課題都可能與政治史結合討論，可以分析社會現象如何反映在政治發展等議題，從而豐富我們對於歷史的認識。

　　關於經濟史，經濟史是研究歷史中的各種經濟問題，譬如商品生產、經濟發展規律等。經濟的各種問題往往與社會發展有關，兩者之間可以存在非常劇烈的影響，英國史學家特里維廉（George Macaulay Trevelyan, 1876-1962）在其《英國社會史》（*English Social History: A Survey of Six Centuries, Chaucer to Queen Victoria*）一書中指出經濟狀況是構成社會生活的基礎，而沒有社會史之經濟史將會難以理解。很多時候社會史被學者直接視同「社會經濟史」，在二十世紀前期知名的「中國社會史論戰」之中，「社會經濟史」課題就是討論的主要重點。關於社會史與經濟史之關聯，舉例而言如貴族制社會可以長期存於商、周時代，這與當時之農業經濟型態有諸多關聯，要討論貴族制社會就難以避免相對應的經濟問題。仍需注意經濟史、社會史兩者有時會關注相似的主題，但是兩者關心之重點不同。經濟史會更以經濟問題爲核心，譬如市場機制、供需問題等；而社會史看重相關課題中背後所呈現的社會秩序。

　　還有人類學，近年以來歷史學研究大量參考人類學之方法，以至於出現所謂歷史人類學。民眾日常生活史、文化史等都是近年歷史學研究關注重點，而社會學相關的理論較難適用於此類研究，文化人類學則較能夠解決此類問題，藉此詮釋相關行爲中的儀式、符號問題。人類學和歷史學的合作在若干學者的研究中被列爲社會史一環，然就如同本書在社會史定義中所指出者，此類研究更偏近於文化史、社會生活史之範疇，在篇幅、主題的限制之下，本書所論社會史將會較少涉及人類學相關議題。

　　社會史有可能產生關係之學科頗多，難以一一詳細列出，此處再以文化學、民俗學、心態史等三門學科，簡述這些學科與社會史之關係。文化學是研究文化系統結構、功能、演變過程等內容之學科，特別是物質文化、制度文化、精神文化等。文化學重視現象之源起、表現形式、演變軌跡，而社會史則會強調其對社會之影響，兩者所論有其相關之處，但非完

全一致。民俗學主要研究民間風俗習慣，諸如社交、節日、婚喪禮儀等，此類課題自然與社會史有關。正如文化史與社會史之關聯，比起探究相關習慣的源起、發展，社會史更會將相關現象用於探討社會課題，以及社會和民俗如何互相影響等。心態史是種運用心理學、人類學、歷史人類學的領域，其論述內容涉及愛情、兩性關係、宗教倫理等等，此類議題涉及「社會」，故亦被諸多學者視為社會史之一。

　　社會史涉及的相關學科頗多，究其根本原因就是人們對於何謂「社會史」之定義不同，自然涉及的學科就有所不同，乃至於無異將「社會史」視為一種排除政治的通史理解。正如前文所提，本書受篇幅與課程時間所限，「社會史」將與現代社會學所論內容關係較近，其中會參考其他相關學科之內容，但重點仍將置於社會層面本身。

中國社會史的概念

　　本書所論之社會史是歷史學的一個分支學科，主要以社會學概念中各種涉及社會層面的課題為主。在此，進一步的課題則是為何我們要探討中國社會史，其次則是何謂中國社會史。

　　前文論及社會史與社會學之關係時，指出人們曾一度追尋各種「大敘述」，希望探索一種適用於全人類的歷史發展範式。然而，此種論述往往是將西歐的歷史發展套用至世界其他區域，其所呈現的架構亦難以與各地之史料結合。因此，人們開始逐漸減少此種對人類史的探索，轉向以一個民族、國家、區域為探討對象，中國社會史也在此種浪潮中隨之興起。此種轉向並非僅是透過研究某個區域去回答「大敘述」之問題，而是去探索對這個區域自身有意義的歷史課題。

　　社會史的興起本質上是人們替現實社會問題在歷史中尋找答案，池子華即稱社會史是「在歷史與現實的交匯點上」。對於現實社會之關心被認為是社會史研究的出發點，而中國社會史就是應當探索對於中國社會具有意義之課題。許多今日社會所面對的現實課題都可在中國社會史尋找答

案，譬如黑社會、貪汙等今日社會的問題，實可從歷史中尋找到這些問題的形成脈絡，惟有準確地掌握相關問題之形成脈絡，才有可能去尋找解決相關問題的答案。美國史學家柯文（Paul Cohen, 1934-）於《在中國發現歷史：中國中心觀在美國的興起》一書的論述，或許更能貼切說明此一問題。柯文指出中國中心觀的歷史研究取向應當是由中國內部準繩決定哪些現象具有歷史重要性，而非是基於外部標準決定，同時可再由橫向（區域）、縱向（階層）去探索中國之歷史。柯文所述之研究取向，其部分就是直接在講述社會史。

因此，本書所談及之中國社會史，並非是在中國內部尋找歐洲歷史演變之特色，更非用於回答世界其他地區的社會問題。本書所涉及之中國社會史，主要以中國自身歷史發展為核心，探討各種社會層面之課題。而本書所謂之「中國」，在空間上主要配合「中國」在歷史演變時的內涵而有所不同，在人群上大體主要指居住在東亞、具備共同文化之漢人所構成的社會。超出此一空間、人群之內容，在回答特定課題時可能會論及，但其並非本書所論重點。

「社會」是指一群有相同文化、共同地域且會互動之人或團體組成，此處所謂「地域」之大小為何？中國社會史在某種意義上，可以視為更宏觀之人類社會史的一個區域。此種區域並不限於國家層面，其向下可以是一個小社區，向上則有如柯文以省、縣等為單位以橫向（區域）層面探討中國歷史的演變。由於各方面的限制，歷史學者往往難以對大區域進行非常細緻的社會關係分析，有時學者們就是透過這些對於小區域之研究，去還原更大區域歷史之內涵，現代歷史學者對於這些都已經有非常豐富的研究成果。本書較難細部呈現對於小區域研究之內容，主要集中在呈現對較大區域的研究成果，這並非否認這些內容屬於中國社會史的一環，而是由於篇幅關係所不得不為之取捨。

第二節　中國社會史的理論與研究

中國社會史作為歷史學的一門分支學科，自然有其相關的研究方法、理論，而且還有相關研究之特色與歷史分期問題，這些就是此處要進一步說明之內容。

社會史的內涵、對象與範疇

早自十九世紀開始，已經有歷史學家在研究時將「社會」作為研究之對象，而且對社會史研究最具象徵意義的《經濟社會史年鑑》自一九二九年出刊以來，其時間亦幾近百年。在如此漫長的時間之中，社會史之內涵並非是一成不變。伴隨社會史內涵之變化，其範疇、對象、目的同樣亦有變化。

關於社會史之內涵，年鑑學派可作為社會史最具象徵意義之關鍵，其主要理由是他們開始讓歷史學與大量的社會科學結合。英國史學家彼得‧伯克（Peter Burke, 1937-）指出年鑑學派以問題導向分析史學，並以人類活動整體史取代政治為主之歷史，同時與地理學、社會學、心理學、語言學等不同學科合作研究。在與這些學科合作的時候，歷史學家們就會採用相關學科之研究方法，並將其應用到歷史學研究之中。而且，在應用相關學科的知識時，歷史學家也要具備相關的專門知識，譬如討論經濟社會史，則要有經濟學的相關知識；論述到人口社會史，則要能夠掌握統計學、社會分析的相關方法。易言之，從事社會史研究不能僅把握歷史學知識，更需要其他不同學科的知識。

社會史自此大為盛行，社會史在運用各種社會科學理論之後開拓歷史學研究視野，但是其出現最主要的問題是相關研究中沒有「人」。譬如，進行經濟社會史研究時，我們或許可以分析某種經濟變化對於社會整體造成多大影響，可能有多少人牽連其中，但是卻見不到有名、有姓的歷史人物，歷史彷彿變成僅是一堆數字和理論模型。再者，雖然十九世紀盛行之「大敘述」至今已很少學者還會採用，但應用社會科學理論時，仍然出現

西方中心觀之現象，出現若干研究者以基於歐美社會發展所產生之理論，強行套用至中國社會，忽視兩者間的差異。乃至於相關理論與史料所述內容出現矛盾或無法調和時，其仍然以相關理論爲主，將此種矛盾視爲異狀，而非是針對中國社會現實調整、修正相關理論。

因此，要特別注意史學社會科學化與社會史兩者不能畫上等號。第一，社會史在應用社會科學理論時必須將其歷史學化、本土化，讓相關的社會科學理論可以和歷史學研究結合，絕非是生硬套用。第二，有些社會科學理論可能可以應用在歷史學的其他分支學科之中，並非全部都與社會史有關，故不可直接將應用社會科學理論就視爲社會史。

進一步觀察，從一九八〇、一九九〇年代在臺灣開始興起「新社會史」，其將社會史研究之焦點轉向至「個人」、「日常生活」，不再是只有各種較大的社會現象。而且，研究者開始應用各種過去探討政治、經濟、舊社會史不會運用的史料，諸如類書、小說等。相對之下，在此之前的社會史被視爲「舊社會史」，但是此處所謂之「新」、「舊」並不包含好、壞的涵義，「新社會史」主要是象徵傳統社會史課題之研究遇到瓶頸，故開拓一個新的研究空間。此種改變，同時也是將當代社會之環境、需求反映到歷史學家的研究中。譬如，「新社會史」會關心歷史上的養老課題，其本質上就是養老已經成爲當代社會關心的重點，所以才有相關之研究。而且，社會史並非是任意選擇課題，更絕非是毫無意義地在撰寫某種百科全書之內容，其相關課題都具備特定意義，但也不是把歷史作爲社會科學理論的實驗場。

關於社會史研究對象自然是「社會的歷史」，一如前文對「社會」是由一群有相同文化、共同地域並具互動關係的個人或團體所組成之定義，此即表示這具有明確的時間、空間概念，而非是以全人類爲研究對象。此處之空間不一定是國家，可以是某個地區社會之全體或大多數人，這會依實際研究需求調整其大小，但較少微觀至以少數一、二人爲討論對象。社會史所研究者並非是自然的人，而是一種透過社會結構、社會組織等社會

性將人所連繫形成之社會的人。人與人之間雖然有生活習性的差異，但受到整體社會之影響，其相同性仍大於相異性，故值得以此作爲研究對象。

若以知識體系看起，社會史首要探討者是社會結構史，尋求社會體系各部分之間的連繫關係。在研究時，需要注意社會學研究所運用的理論大體上有宏觀、中觀、微觀三種取向，藉此認識、了解現實社會。社會史既然大量應用社會學相關概念，則同樣要注重此三種層面，不宜僅探討微觀或中層之課題，同樣需要關注較爲宏觀之問題。宏觀問題概指中國社會整體長期演變的相關研究，中觀、微觀則會涉及特定時代、區域的研究，並以其時代長短、區域大小差異區分中觀、微觀。

社會史既然是以社會作爲研究的對象，涉及社會結構的相關課題，而構成社會結構主要涉及七大元件：人口、家庭、宗族、社區、民族、階級與階層。關於人口，社會史主要探討人口之內涵以及其和社會間的互動，譬如人口結構、人口遷徙的規律等。至於家庭，其是最普遍的社會組織，其結構、功能等問題，皆可作爲檢視社會的重要視角。在宗族層面，此爲一種由家庭擴大的社會組織，以血緣關係爲主要紐帶，研究者會探討其內部組織、凝聚力、瓦解、作用和影響等。社區則是指居住在一定地理空間之共同體，其有農村社區、城市社區等不同分類法，可用於探討城鄉關係，或是分析比較農村、城市之內涵。民族可以探討不同族群之風俗、宗教習慣，還可用於討論民族之間的關係。階級、階層兩者相似，但屬於不同性質之概念。階級主要依據經濟關係區分，譬如有商人、地主、佃農等。階層則除經濟之外，還包含社會地位、政治權力，譬如士紳、平民等。此七元件屬於社會結構一環，自然會被社會史視爲討論的內容之一。

社會史研究的範疇並不限於社會結構之中，還有如物質、人際關係等諸多層面，此處先以此二者爲例說明。物質早已是歷史學研究的一環，而社會史涉及物質的部分主要在探究其社會意義。當論及玉珮等配件時，如不同社會階層會穿戴不同材質、形式之配件，社會史看重其中彰顯的社會特性，爲何、如何產生這些社會特性，至於這些配件如何製作則非社會史

探討之內涵。人際關係更是社會史的關鍵要項,特別是其中涉及宗族的兄弟關係、五服關係等,這些實屬於社會結構中「宗族」的一環。至於人際關係中的朋友關係,就宏觀上可作爲社會史議題討論,如探討人們如何維持關係;但在微觀視角則未必屬於社會史議題,如某兩個特定文人之互動方式不一定可用於社會史討論。其實,其他各種政治、經濟、文化等涉及人們群體生活之範疇都有可能作爲社會史探討對象,其關鍵就是在於探討何種課題,只要是用以探討社會性的課題,其即可視爲社會史的一環。

當代中國社會史研究特徵

在進一步了解中國社會史之內涵前,值得先認識中國社會史研究之大概脈絡。由於中國社會史研究數量極多,相關研究細節可另行參閱研究指南,此處僅從較大層面之發展史說明。

社會史之起源可從二十世紀初期開始計算,中國社會史研究亦約略起於同一時期。中國社會史發展至今,大約可以分爲三個階段:第一階段爲一九四九年之前,第二階段爲中共建國至一九七〇年代結束,第三階段從一九八〇年代開始迄今。由於中國現代政治發展歷程對於歷史學研究有莫大影響,因此政治發展的轉折點,往往同時會成爲歷史學研究之重要轉變點。

第一階段爲一九四九年之前,此階段爲中國社會史的興起階段。歐美史學界的各種理論於此時傳入中國,梁啟超在其《中國史敘論》提出一段關鍵性話語:

> 前者史家,不過記載事實。近世史家,必說明其事實之關係,與原因結果。前者史家,不過記述人間一二有權力者興亡隆替之事,雖名爲史,實不過一人一家之譜牒。近世史家,必探察人間全體之運動進步,即國民全部之經歷,及其相互之關係。

此語揭示這個時期人們開始看重各種「解釋」，不復僅是記載歷史事實，這也是社會史研究的最大特徵。梁啟超此語後半部對人間全體之探討，或可視爲這時期中國社會史的特色之一。此時期的學者們大量學習歐美學界中的社會科學理論，諸如社會學、人類學、經濟學等等，並且將這些理論大量地應用到歷史研究之中。

在傳入中國史學界的各種社會科學理論中，對於中國社會史研究造成極大影響者爲馬克思主義（Marxism），更進一步引發最知名的中國社會史論戰。馬克思主義史學中有知名的五階段論（Social formation），主張歷史可分爲原始共產社會、奴隸社會、封建社會、資本主義社會、共產社會，而且其承襲十九世紀以降的大敘述思維，認爲此種歷史發展脈絡可適用於全人類。馬克思主義在此一時期廣泛流傳於中國學術界，從一九二〇、一九三〇年代開始，諸多學者開始討論如何將中國社會史的發展歷程與五階段論結合，從而引發諸多論戰。此一論戰的主要重點有四，第一是亞細亞生產方式問題，第二爲中國史是否有奴隸社會，第三何謂封建社會，第四何謂「商業資本主義」、「前資本主義社會」。相關論述有如陶希聖、傅衣凌等諸多學者參與，其核心內容就是要如何將中國史分期套用爲五階段論之概念，但是相關論述比起學術討論，更多是對於政治之關心。其社會史論述重點又以經濟社會史爲主，對於社會生活等其他部分涉略較少。不過，依然不可否認中國社會史論戰，激起人們對於社會史研究的熱潮；而且呈現人們對於歷史研究方法的改變，重視問題意識，不再僅是對於歷史事實之紀錄，大幅增加歷史解釋的內容。

第二階段從一九四九年開始至一九七〇年代結束，此一時期海峽兩岸分治開始，受政治影響極大的史學研究，從此也開始走向不同的道路。在大陸地區，馬克思主義史學成爲唯一之史學，史學在此一階段高度政治化。此時期歷史研究重點在於民族形成、中國史分期、封建土地所有制、農民戰爭、資本主義萌芽。相關論述出發點就是將中國歷史發展置入馬克思主義之中，而且將馬克思主義教條化，重視對理論的爭論，輕視相關的

史料是否能夠支持理論，乃至於無異強行套用理論。譬如過度強調階級鬥爭、農民戰爭，忽視其論述與史料產生矛盾。若干研究主題，更是配合政治運動而產生，以滿足相關政治之需求，故稱歷史學政治化。因此，雖然這個時期在名義上可看到諸多關於中國社會史之研究，但在政治指導下的史學，導致史學喪失自身精神，相關的研究事實上陷入停滯狀態。惟仍不可否認相關研究在局部領域取得成果，而且還有少數史家能夠在這種浪潮之中，保持自身史學研究之特色，取得成果。

　　與此同時，在臺灣史學界發展方面，在政治、社會環境發展之影響下，中國社會史通論著作不多，大多是翻印大陸時期相關著作。在個別社會史研究上，從一九六〇、一九七〇年代開始，逐漸受美國社會科學方法影響，但同樣出現以理論為主、史料為輔之現象。

　　第三階段主要是從一九八〇年代開始，此對應於文化大革命結束，中國社會史研究重新走上發展道路。其最重要之變化是放下馬克思主義史學的教條，重新以符合中國歷史自身發展進程之方式理解、研究中國社會史。在研究上除以新的角度探討階級問題之外，同時開始追尋社會生活史的議題，重視宏觀意義上的社會史課題，並且接受、運用從國外引進的社會史理論，不再只使用馬克思主義史學理論，社會經濟史亦不再是唯一重點。其新興之課題包含社會群體、社會組織、區域社會、風俗習尚等，修正過度強調經濟對社會影響之問題，並在其發展過程中重新思考史學與其他學科之關聯，以及強調歷史學與現實社會的關聯。

　　臺灣歷史學界之中國社會史研究同樣在一九八〇年代以後，出現非常劇烈的變化。首先是先後有不同學者出版《中國社會思想史》，探索歷史上關於社會的不同思想。其次，各種社會生活史相關的專題研究出現，相關論述涉及家族、家庭、階層、底層社會、婦女等諸多不同課題，大幅豐富中國社會史研究深度。再者，社會史與文化史結合，各種宗教、民間信仰等等課題都成為研究對象，同時以社會角度考察各種文化因素之作用，探求相關思維的起源。而且，臺灣「新社會史」概念、《新史學》期刊即

是在這個時期興起，標誌臺灣歷史學研究進入一個新的時代。

　　中國社會史研究在邁入新階段之後，區域史的研究值得特別關注。由於中國的地理空間極大、人口眾多，若要確實掌握中國社會之特色，有時候需要借助微觀、中層研究的幫助，此處微觀研究所指就是區域研究。微觀研究的累積，可以作爲宏觀討論的基礎。近年以來，各種微觀研究大幅增加，其微觀程度並非僅是由全中國轉化爲探討一省、一縣，而是更細部至「村落研究取向」，研究者會前往地方之村落探究宗族、廟宇等相關課題，乃至有「進村找廟，進廟找碑」之說，其可突破行政規劃、朝代的限制去研究，在研究方法上還會借鏡於人類學。相關研究確實取得諸多成果，但是也受到學者對其過度零碎化的批評，因爲社會史的演變有時與大規模跨區域之運動、風潮有關，僅從個別區域探討將難以理解其全貌。宏觀、中層、微觀三者並非對立，只看宏觀不論區域有其問題，僅看微觀區域不論宏觀亦有問題，三者相輔相成，方能得到更好成果。

本書的歷史分期

　　時間分期是歷史研究重要的一環，歷史學者依其研究主題性質之不同，按發展內涵之相似、相異程度，進而劃分不同的歷史時期。歷史要如何分期，往往是歷史學界重要的爭論內容，如中國社會史論戰之一就是中國古史分期問題。斷代史是傳統史學歷史分期法之一，依據朝代分期對探究政治史或有其助益，但是社會演變的脈絡、進度不盡與作爲政治史發展相符合，故需要採行不同的分期方式，本書各章節就是依據社會史之歷史分期而劃分，以下依序說明本書各章節所對應之歷史分期。

　　本書第二章爲史前時代，其時間範疇主要爲文字出現以前，包含人類發展的早期階段。這個時期值得獨立分期，並非僅是依據文字出現前後分期，而是其社會型態有其獨特性。在此一時期之中，人類逐漸由原始狀態發展出階層化的複雜社會，而中國社會也在此時逐漸由母系社會演變爲父系社會，奠定中國社會後續發展之基礎。

　　本書的第三章是商、周時代，其時間下限大約至春秋時代。這個時代社會的最大特色是貴族制社會或稱氏族制社會，此一形式社會背後是以國有土地制度作爲支撐。這一時代不僅是社會結構與後代有較大差異，在相對應的宗教上亦有其特色。

　　第四章戰國秦漢時期，此一時代下限可對應於宮崎市定對「古代」之定義。此一時代社會最大變化是貴族社會、土地國有制瓦解、土地私有制興起，社會開始出現稱爲「豪族」之力量，此種力量與皇權共同維持社會之運作。伴隨貴族制瓦解，姓氏、法律等都有相當之變化，自然可視爲一時期。

　　第五章魏、晉至隋、唐，此時代可對應宮崎市定「中世」的概念。在此一時期，「豪族」更進一步演化出現「世家大族」，「世家大族」的力量乃至一度可壓制皇權。伴隨此種變化，家族的組成、運作都隨之演變，其與前後時代都有較大差異，多數學者皆將此時代劃分爲一個時期。

　　第六章宋、元時代，此時期對應於內藤湖南之近世前期。在此一時期之中，伴隨皇權大幅強化，「世家大族」又在戰亂之中倍受打擊，從而促使新時代的形成。家族在此一時代再度轉型，社會中的生活方式、宗教亦產生轉變，奠定爾後明、清社會變化的基礎。

　　第七章明、清時代，此可對應於內藤湖南所分期之「近世後期」。此時期最大特色是「士紳社會」成形，此種形式社會與豪族社會、世族社會最大差異是皇權更形集中，科舉制度將任官權力集中到皇帝手中。隨社會經濟之變化，此時期社會觀念、宗教都出現變化，而面對經濟之困境，祕密社會在此時期有更長足之發展。

　　本書時間下限至清代結束，宮崎市定將中華民國成立以後視爲「最近世」，其變化的劇烈或可用李鴻章所謂「三千年未有之大變局」稱之。然由於此種變化迄今仍在發展之中，且受限於篇幅與課程時間之限制，本書只能將民國以後列於說明之外。

社會史的挑戰與問題

　　社會史已經是當前史學界研究熱點之一，許多歷史學者先後投入此一領域。然而，社會史研究仍然有諸多挑戰與問題存在，有志於學習社會史者必須注意到相關問題，其中最主要之問題不外乎社會史定義以及理論應用問題，此外還有社會史研究成果過於生硬問題。

1. 社會史定義問題。社會史固然發展至今已有相當時日，然而人們依然對何謂「社會史」無法取得共識，其根本問題在於歷史學界對於何謂「社會」都有不同見解。因此，雖然可以見到諸多關於「社會史」之研究，但若是細究其所探討之內容，有時可以見到南轅北轍，內容差異極大之研究。又因為目前研究者較少有整合相關定義之作為，從而此一問題目前短時間內恐怕尚無解決方式。故在閱讀相關社會史研究時，需要注意目前有此類問題，不同學者間所論之「社會史」可能就有差異。

2. 以偏概全問題。在中國社會史相關研究之中，最常見的誤區是以偏概全，易君左指出相關現象有六種：

   (1)以一個時代代表整個時代。

   (2)以一處地方代表所有地方。

   (3)以一個民族代表許多的民族。

   (4)以一種職業代表全體的職業。

   (5)以一種階級代表其他階級。

   (6)以一件事物代表一切的事物。雖然易君左離今日已久，但是他所言確實是社會史研究常見問題，學者在研究社會史的某個片段之後，過度地擴張其代表性。尤其是在研究中國近現代史，有學者論及中國現代化時，可能會以一城、一地為象徵，但這真能夠代表數億人、數百萬平方公里之變化嗎？又或者是論及「西方」時，其「西方」真的是全歐洲之共同特色，或者僅不過是歐洲某特定國家之發展而已？不論是作為讀者還是研究者，都要將此一問題銘記於心，隨時注意相關問題。

3. 理論套用問題，此一問題與以偏概全問題相關。社會史研究者往往會運用各種社會科學理論，此種「借用」本爲社會史研究之常態，其本當配合本地具體情形調整理論內容，但是運用不當者則變成「拿來」，不加思索、調整，直接強行套用相關理論，忽視其中與史料的矛盾之處，形成一種「削足適履」的景象。此種對理論的強行套用，無異變成在中國社會尋找其他社會的影子，最終將中國社會史從屬於其他社會。將其他社會科學理論運用到社會史之時，尤其需要將其調整爲可配合社會史之所用。對於已經是社會史之理論，則要注意形成理論之地區與自身研究區域的差異，但凡史料與理論產生矛盾時，則應該調整理論內容使之本土化，而非隱藏或扭曲相關史料的內容。譬如，研究中國近現代史有「傳統」即落後、「現代」即進步的對立觀點，然何謂「傳統」、「現代」之定義卻往往不固定，而這兩者又未必存在對立關係。又或者是以「威權」、「專制」稱呼中國傳統制度，但是其具體定義不明，而且無法區分中國不同時期皇帝權力之變化。舉凡此類情形就是過度套用理論之問題。

此處值得進一步關注史料與理論之間的關係。對於史料的掌握可稱爲考據、解讀，確保史料的眞僞、時間、內在邏輯等，此爲歷史研究的基本功夫。而理論可以解釋史料中所呈現的現象，賦予相關現象意義。過度解讀容易讓結論過於簡單，乃至無異於事實陳述；過度解釋，則容易淪於套用理論，缺乏史料支持。理論之解釋、史料的解讀此二者不可偏廢，兩者若能相互配合，才能讓歷史研究嚴謹並具備意義。

4. 理論研究不足問題。社會史研究存在套用理論問題，其或者是直接運用其他社會科學理論，又或是套用域外所發展之社會史理論。這一類現象背後的根本原因是社會史自身理論研究不足，從而出現相關套用行爲。社會史研究固然熱門，但是歷史學者對於投入研究理論本身則興趣較少，自然難以產生出具備本土特色之相關理論。此種現象對於社會史發展亦屬不利，尚有待學者未來持續研究。

5. 缺乏總體史，此點可謂與理論研究不足有關。年鑑學派是社會史的重要代表，其提出總體史的概念，但是仍缺少普遍公認的總體史著作。社會史研究者大多投入小課題，其或是某一時代的特定課題，又或是某個小區域的研究，缺乏連繫各種課題、區域之統合性理論。最終，容易給人們一種社會史零碎之印象。這一問題是未來社會史、區域研究都必須面對之課題，各種社會史小課題綜合之後，究竟要帶給我們怎樣的社會史。

6. 缺乏故事性。過去社會史長期被批評的是「人」從歷史中消失，爾後興起各種社會生活史、文化史試圖補充此種不足。這些研究中固然可以開始看到「人」，但是除分析各種問題外，就是各種理論、公式。此類研究給其他歷史學家閱讀都會難以閱讀，更遑論給社會大眾閱讀。歷史學在漫長的歷史長河中可以興起，其根本原因是給予歷代讀者有意義之故事，讀者向上能夠在這些故事中學習到鑒誡，向下至少可以享受這些故事。因此，如何能讓社會史研究具備故事性，同樣是社會史未來所需面對的挑戰。

第三節　中國社會史的史料與相關工具

中國社會史的史料問題

史料是所有歷史研究的基礎，缺乏史料的歷史研究將無異於空談。社會史既然作為歷史學的一個分支學科，史料對於社會史自然同樣有無比的重要性。社會史研究興起的最大意義是帶來「資料革命」，不再是只專注於典籍資料，只要能夠發揮助益，任何性質的史料都可供社會史研究利用。其原因是由於有諸多新觀念、新領域出現，社會史相對於傳統歷史學對於史料的運用，吸納各種傳統被排斥在外的資料，其史料範圍大幅拓展。對於傳統歷史研究最重要的歷史文獻，由於各類歷史文獻可以展現中國歷史上社會的面貌，故依然是社會史重要史料之一，相關研究者對此不可忽視。

　　社會史拓展史料之範圍，但是社會史的史料往往高度分散、零碎，相關的新史料並不會無故出現在研究者面前，往往需要研究者前往民間或是其他地方蒐羅，無法僅待在圖書館內求取相關的資料。而且，社會史研究者在具備較高的資料蒐集能力之外，其必須能夠自過去所遺留的事物之中，找出具有社會史意義的部分，這些資料可能是族譜，可能是繪畫，也有可能是建築上的裝飾，其類型族繁不及備載。社會史研究者必須能夠了解如何應用這些資料，因此需要具備其他相關學科之知識，譬如具備建築學的知識能夠更清楚建築物上各種裝飾之意義。因此，傅斯年所謂「上窮碧落下黃泉，動手動腳找東西」，確實是諸多社會史學者致力的作為，他們會到各地去實地蒐集資料，這可視為社會史研究的重要特色之一，這更是社會史研究「資料革命」核心之所在。

　　社會史研究者需要到各地蒐羅史料，其根本原因就是史料不足，無法僅依既有資料研究。社會史研究者擴張史料的方式除到民間蒐羅各類文字資料外，同時還包含口述紀錄，以及找尋圖像資料。縱使如此，由於史料形成的先天侷限，難以出現記錄一切事物的史料，不論從事何種社會史研究都要面對程度不一的史料不足問題。

　　社會史可運用的史料範圍極廣，幾乎不限使用類型，其重點是在於如何應用這些資料，以下將分別簡要說明社會史可運用史料的類型。相關資料可分為傳統典籍、其他文字資料、考古實物資料、影音資料等四大類。

1. 傳統典籍。傳統典籍是傳統政治史研究的核心，但是其中同樣具備諸多社會史相關資料，對於諸多不同社會史課題都能夠提供或多或少的相關資料。在傳統典籍中的社會史史料，除散落在字裡行間的零碎史料之外，大多會依據相關典籍的類型不同，分別集中於特定的篇章之中。

 (1)正史，此為中國歷朝歷代官方所接納的史書，諸如《史記》、《漢書》等。在這一類的典籍之中，常常可見如〈禮樂志〉、〈刑法志〉、〈食貨志〉、〈貨殖傳〉、〈游俠傳〉等與社會史高度相關的專章，在各紀傳文字中亦有可能找到諸多社會史相關零散資料。因

此，社會史研究者仍然需要詳細閱讀正史的相關內容，藉以充實社會史相關研究的內容。

⑵政書，此類書籍記載各種典章制度，可分為通史、斷代史兩種類型，通史類如《通典》，斷代史則有如《會要》。在政書之中有〈食貨典〉、〈禮典〉、〈樂典〉等諸多與社會史有關的篇章。在相關的典章制度之中，可以發現社會結構、經濟生活、服飾等各方面不同的社會史相關資料。

⑶禮書，記載各種禮儀制度。所謂的「禮儀制度」幾乎包含各類典章制度，譬如官制、婚喪禮儀等，並且呈現社會中的等級與結構，對於理解社會史有非常豐富之助益。

⑷其他典籍。其他常見典籍還有如法律類的《唐律疏議》，紀事本末的《通鑑紀事本末》等，傳統典籍的種類數量極多，無法一一列舉各類典籍，其多少都具有社會史相關的內容。

1. 其他文字資料。主要指官方典籍之外的其他文字資料，除包含民間士人階層的作品之外，更包含過去被排除在歷史研究之外的各種民俗資料。相關的資料由於性質所限，不適宜直接用於佐證政治史的發展，但是其中富含作者的情感，以及乘載作者生存時代的社會生活背景，乃至於其所處時代社會的觀念，這些性質的內容對於社會史研究都有極大的幫助。關於這些文字資料的具體類別，可分為幾項說明。

⑴文學與藝術作品。此類文字資料包含詩、小說、劇本等各種具備文學或藝術性質的文字作品，諸如有《白氏長慶集》、《太平廣記》、《倩女離魂》等眾多相關作品。此類作品能夠以直接或間接方式呈現社會運作的各種面貌，譬如《紅樓夢》第四十一回載：

> 只見妙玉親自捧了一個海棠花式雕漆填金雲龍獻壽的小茶盤，裏面放一個成窰五彩小蓋鍾，捧與賈母。

雖然這是小說中的一個片段，但是其呈現明清時代社會上層生活食衣住行等生活面貌，有助於豐富我們對當時社會的認識。而且，還可在文字之中透露出人們的價值觀、感情。文學與藝術作品對社會史研究而言，可謂是不可多得的重要資料。

(2)筆記、文集、遊記等。此類資料為文人基於各種原因所撰寫的作品，此類作品對社會史的助益和文學與藝術作品相似，其文字中有時可由間接方式揭示社會生活的面貌，又有些時候則是作者有意識地直接書寫、記載某時某地之社會風俗、面貌等。其較諸傳統典籍，更能細部書寫諸多社會現象的細節。相關的作品有諸如沈括《夢溪筆談》、劉安《淮南子》、《西京雜記》等。

(3)類書。類書是具有百科全書性質書籍的統稱，其中會收錄各類型的資料，對於研究社會史有諸多助益。譬如陳夢雷《古今圖書集成》中有〈交誼典〉、〈神異典〉等涉及人際關係、宗教之內容，社會史研究者可憑此書了解歷朝歷代的相關事宜。

(4)民間各類圖書。民間圖書約可指涉各種非知識份子依傳統意義所撰寫的圖書，此類圖書多為傳統史學所摒棄不用，但其中往往包含社會各種面向的資料，足以為社會史研究所用，故社會史將其納入史料範圍。此類圖書中的族譜、家訓等，對於理解家族生活、組織都有諸多助益。其他還有如祕密宗教的寶卷、民間日用類書等，民間日用類書中有如《三臺萬用正宗》一書（圖1-3）就蒐羅民間生活中的生活環境、物質生活、精神生活與社會生活等諸多社會史相關內容。此類圖書類型、內容極多，無從一一介紹，但是其為當代社會史研究的極佳史料。

(5)各類檔案資料。檔案資料主要指歷朝歷代官方之間或官方對民間的各類文書，此類文書數量極為龐大。逮至近代以降，各種單位開始有系統的整理、保存相關文書以供研究者利用，較知名的檔案管理保存單位有國史館、國立故宮博物院、北京第一歷史檔案館、南京第二歷史檔案館等，更遑論還有諸多地方型的檔案管理保存單位。相關檔案涉

圖1-3　《三臺萬用正宗》中的「二女爭夫跌法」

資料來源：余象斗纂，《天下四民便覽三臺萬用正宗》（日本東京大學和蓬左文庫收藏，
　　　　明萬曆己亥余氏雙峰堂刊本），卷14，〈武備門〉，頁11b。

　　及內容極廣，諸如政治、經濟、文化、宗教等不同事務，對於社會史
　　研究者而言可謂是不可多得之史料，可用於探討全國或某地方之社會
　　史相關事宜。有些檔案管理單位更將所藏檔案數位化並公布於網路，
　　如國立故宮博物院就有「清代檔案檢索系統」，對於相關研究者更為
　　便利。惟相關檔案數量之多，可謂浩瀚，社會史研究者需要具備能夠
　　在眾多檔案中發掘具有社會史意義檔案的能力。

(6)報刊雜誌。近代以降，各種報紙、雜誌先後興起，依其主題不同，其
　　內容主要刊載出版當時與主題有關的各種事務，而且版面上往往還會
　　有各種廣告。不論是報刊雜誌的正文或是廣告，兩者都可以作為社會

史研究的良好材料，其可能呈現中國人如何面對現代世界的轉變，又有可能點出人們在日常生活中最關心之事項有哪些，凡此種種皆可以呈現社會的不同面向，從而成為社會史研究的資料。在諸多的報刊雜誌之中，特別知名的有如《大公報》、《申報》、《點石齋畫報》等，這些資料亦多重新彙整出版並收藏於各主要圖書館。

⑺調查資料與口述資料。近代以來，隨歐美社會科學理論傳入中國，諸多單位開始運用各種社會調查方法，調查各地社會的情形以供社會研究使用，在此過程中形成數量龐大之資料。相關調查資料諸如有《河北省懷柔縣事情調查》、《豐鎮縣調查記》，此類資料後多收錄於類似《民國時期社會調查資料彙編》等叢書之中。至於口述資料，則是由調查人員依據當事人口述所編纂而成的資料，視其所述內容不同，有些對於社會史研究有所助益。然而，受限於口述資料的性質，運用時仍需多加審酌或配合其他資料一同使用。

3.考古資料。考古資料主要指出自於墓葬、遺跡等關於過去的實物證據，除文字資料之外，還可能包含食衣住行等各方面古人實際用品。在歷史漫長發展的過程之中，早已有各種前人文物在各種因緣際會的影響下問世，如《竹書紀年》就是其一。惟從近代以來，考古逐漸成為一種專門領域，諸多研究者開始有系統地挖掘、整理各類考古資料。關於考古實物資料作為社會史研究的資料，其簡要可以分為幾個類型。

⑴甲骨、簡帛、碑刻等文字資料。在紙張普遍流行之前，中國社會曾使用甲骨、簡牘、帛等不同材質作為文字之載體。相較於帛、紙張等材質，甲骨、簡牘又因為其材質之特性，較能夠保存至今日，從而人們能夠在考古發掘時發現這些史料。這些考古文字資料所涉及的內容非常廣泛，從皇帝詔令、法律文書、官方公文等公務文書到宗教書、私人書信、習字簡等民間日常使用文書都有，其中可涉及領域極廣，對於社會史研究自然有極大助益。其文書範圍從社會上層至社會底層皆有所包含，對於深化社會史研究有莫大意義。譬如《睡虎地秦墓竹

簡》中有《日書甲種》、《日書乙種》，此爲選擇時日的文書，涉及當時社會的宗教信仰，自然可成爲社會史研究對象。相關的資料數量極多，此處不另一一介紹。

(2)實物資料。實物資料廣泛指各類型非文字資料，其可以是衣服、生活器具、繪畫、陪葬品等各類型物品，乃至於房屋、城市遺跡本身都可視爲一種實物資料。實物資料的第一步作用是可用於檢驗、對照文字史料所記載內容，或彰顯文字資料的錯誤，或是顯示相關文字付諸實物之情形。而且，實物資料本身就可呈現其時代的情形，甚至可以顯示過去文字資料中所未曾提及的事項。這些實物資料對於社會史研究者同樣具有很大幫助，協助研究者了解、認識過去社會之樣貌。

不過，考古資料在投入運用之前，有必要先進行各種基本史料考證研究，確定相關資料所適用的年代、地點。而且，還需要特別注意其普遍性問題，斷不可將一時、一地出土之資料，直接視爲普遍現象。

4.影音資料。此類資料主要指照片、影視、錄音帶等各種非文字資料的留存，這些資料雖可以實物型態存在，但是其重點在於相關載體所內涵的資料，而非實物本身。譬如，錄音帶重點在於其內部所記錄的聲音，而非是錄音帶本身。這一類資料能夠捕捉、記錄人類歷史發展的某個片段，惟其是因應近現代技術進步而產生，故會運用此類資料者，同樣是以研究近現代歷史者爲主。此類資料所涉及的範圍極廣，且能夠提供和實物史料類似的直觀感受，對於社會史研究同樣有極大助益。

總體來說，社會史研究最大的特色是廣泛接納各種資料，主要有助於了解社會史研究者所探討的課題，就可將該類資料納入討論。只是在研究的時候，仍然要注意不同史料之特性，譬如小說可用於理解社會生活、社會關係，但不宜將小說中所寫內容一切直接視爲事實討論，如不可將《漢武洞冥記》中的神怪故事直接視爲現實。

中國社會史重要研究指南

　　中國社會史是個目前發展蓬勃的學術領域，然而由於其涉及問題範圍廣泛，對於有志投入中國社會史研究者，往往造成諸多困擾。譬如，某個課題是否已經有學者探究，又如不知有哪些新史料可以用於研究，此時就有必要以研究指南作爲入門的重要工具。研究指南是由相關研究者所撰寫，主要會分門別類介紹前人學者的研究成果，有時還會說明各種重要史料，能夠大幅節省新入門研究者的上手時間。至今已有諸多研究指南出版，本書實在無法一一介紹，僅在此簡要介紹五種與中國社會史相關的重要研究指南。

1. 《中國史研究入門》。此書係由日本學者山根幸夫主編，一九八三年九月由山川出版社出版，其內容上起先秦，下迄當代。此書原爲日文版，一九九四年時由田人隆等人翻譯爲中文，交社會科學文獻出版社出版，爾後又於二〇〇〇年出版《中國史研究入門（增訂本）》中文版。此書內容最豐富者爲詳盡收錄日本學界對於中國史研究之成果，同時兼及中文學界、韓國，還有其他地區的研究成果。此書作爲研究指南，其分類歸納出中國史研究的課題，並且會說明這些研究課題的大要內容，再去介紹相關的研究成果有哪些。因此，剛入門的歷史研究者可以直接閱讀此書，即可掌握相關的研究動態，而不用擔心難以理解相關的研究成果。由於此書出版於一九八三年，其所收錄的內容自然已有相當時間，但其中對於日本學界研究成果的詳盡掌握，仍然值得今日的研究者參考閱讀。

2. 《中國史研究指南》。此書爲高明士先生主編，一九九〇年四月由聯經出版事業公司出版，全書共計五冊，上起上古、秦漢，下迄近現代。內容主要收錄臺灣、香港地區學者一九五〇年至一九八五年之研究成果，同時包含山根幸夫主編《中國史研究入門》的相關內容。此書體例之特點是各冊皆分爲三部分，分別書寫臺灣、香港、《中國史研究入門》之研究成果。此書蒐羅、分類相關研究成果，單就閱讀章節架構而言，即

可初步了解相關領域的研究方向。在細部課題上，此書同樣會說明該課題之概要，並會酌情說明各學者相關研究內容之大概，而非僅是羅列相關研究成果。此書固然出版已有相當時間，但是此書對於入門之研究者而言，仍具有極高參考價值。

3. 《戰後臺灣的歷史學研究1945～2000》。此書由高明士先生主編，二〇〇四年由行政院國家科學委員會出版，全書共分爲八冊，上起先秦，下迄近現代史，並另包含臺灣史、世界史的相關研究。由此書標題即彰顯全書特色，其主要收錄臺灣歷史學界的研究成果，主要收錄時間範圍是一九四五年至二〇〇〇年。此書雖然名爲一九四五年至二〇〇〇年，但是仍會視需要向上衍伸介紹更早之前的研究，而且所論內容並不完全限制於臺灣的歷史學界之中。此書的時間範圍可以接續高明士先生《中國史研究指南》一書止於一九八五年之內容，同時向上推至一九四五年。此書結構同樣是整理、分類既有的研究成果，對於各時代的研究課題，此書則會介紹學者所做相關研究的大概內容。將此書與《中國史研究指南》一書一併閱讀，將可掌握華人歷史學界研究概況。

4. 《中國社會史研究概述》。此書爲馮爾康主編，一九八八年一月由天津教育出版社出版，此書爲該出版社所主編《學術研究指南叢書》之一部分。此書是專門針對於中國社會史的研究指南，因此其結構與通論性研究回顧不同。其第一編主要探究中國社會史研究之概況，性質已幾近於學術史研究，並非是單純的研究指南。第二編則爲中國社會史研究綜述，其將中國社會史約略分爲先秦兩漢、魏晉隋唐、宋元明清、近代社會等四大段，並盡可能列出其共同研究取徑。在細部上，除列出學者研究成果外，同時會簡要概述相關研究者的成果。此書第三編、第四編則分別簡介中國社會史研究專著、論文，並有相關研究索引可供參考。此書最大特色是對於中國大陸之研究成果有較爲全面的收錄，其所收錄資料時間範疇爲一九一一年至一九八六年六月，雖然離出版已有一段時日，但是仍然值得參考。

5. 《新時期中國社會史研究概述》。此書屬於「二十世紀中國社會史研究
　的回顧與展望」計畫的一部分並由常建華等人編著,再於二〇〇九年六
　月由天津古籍出版社出版。由書名可推知此書爲一九八八年所出版《中
　國社會史研究概述》一書之延續,常建華亦曾參與《中國社會史研究概
　述》一書的撰寫。此書定位既然作爲續作性質,其主要內容就是涉及
　一九八六年七月至二〇〇〇年十二月,補足前書所未論及的部分。此書
　在時間分段上與《中國社會史研究概述》一書一致,但是對於細部課題
　分類方式則有較大不同,這應當是對於中國社會史研究重點不同的反
　映。內容撰寫上會說明某特定課題之主要探討重點,再說明相關研究成
　果的具體內容。此書與《中國社會史研究概述》一書相似,其整理列出
　「中國社會史論文、著作索引」,供使用者快速查找相關研究成果。

　　中國社會史迄今仍然是非常熱門的研究方向,雖然已經有諸多的研究
成果,但是隨社會關注的重點不同,亦將創造新的研究空間,未來仍值得
後進研究者投入。

第二章
史前時代

第一節 人類出現與社會的形成

原初人類的出現

在開始追尋中國社會史的發展歷程之前，似乎值得先行理解為何人類會組成社會，從而才能認識整體社會發展的意義。

人類是一種社會性生物，同時，許多其他生物亦具有社會性，為何生物會具備社會性呢？若從生物學中達爾文主義的觀點看起，生物生存主要目的是將自身之基因傳遞至後世，生物本身不過是基因暫時的載體。任何能夠在子代傳遞更多基因的方式，其都會漸漸讓該物種增加特徵，以增強生物將基因傳遞到後代的能力。生物會以社會行為輔助基因自我複製，利他行為開始出現並且盛行。利他行為可以降低個體對環境之適合度，亦即生物透過利他行為協助相對不適應環境之個體，減低環境對於個體生存之要求、限制，使更多個體得以生存在該環境。具備利他行為者有助於其後代數量的增加，從而將利他行為逐漸擴散至整個基因庫。而利他行為本身在高度社會性物種之中往往可以發揮有效影響，從而有助於基因以最大程度傳播，人類就是此類生物之一。誠然，「社會」在生物學還有其他特徵，並非是只有「利他行為」，但是我們可以理解生物透過互助、利他，其確實有利於該生物之繁衍。這就可以理解為何人類會發展出複雜的社會，因為這有利於人類這種生物繁衍。

在地球歷史漫長的發展過程之中，有一種像猴又像人的猿人漸次出現，這類生物逐漸由爬行發展至直立，同時演化出能夠製作、運用工具的雙手，讓人類在發展的過程中取得很大優勢。人類彼此之間會互相招呼、

合作，其最大特色是人類會成群活動、集體生存與勞動，漸次讓人類在世界上繁榮發展。

　　雖然人類在演化的過程之中，曾經演化出多種不同之「人屬」生物，然目前生存於世界上的「人屬」生物僅存「現代人」。學者追蹤現代人之源起，其依據DNA判斷所有現代人都可追溯至二十萬年前一位生活在非洲的女性，此即所謂的「源於非洲論」（Out of Africa）。關於此種論點，考古文化工藝演變與份子生物學證據兩者存在難以解釋之處，故其實際上是如何演變與運作，仍有諸多不同意見。但是，「源於非洲論」業已成為關於人類起源之主要學說（圖2-1）。

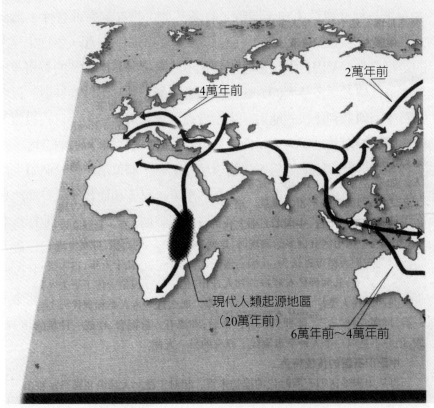

圖2-1　現代人類擴散路線圖
資料來源：許倬雲，《萬古江河：中國歷史文化的轉折與開展》（上海：上海文藝出版社，2006），頁8。

　　將焦點轉回至位處東亞的中國大地上，在考古上目前所見出土最早期的人類是兩百萬年前之巫山人，巫山人出土於重慶市巫山縣，他們已經是一種直立人。而目前已知考古上在中國境內最早的文化，應當為位於山西的西侯度文化，該文化距今為一百八十萬年前，但是西侯度文化並未出土人類遺骸。在巫山人、西侯度文化之後，同時出土人類遺骸、文化遺址者，則當為雲南省元謀縣上那蚌村的元謀人，或稱元謀直立人（Homo erectus yuanmouensis），其距今已有一百七十萬年。一九二七年在北京周口店遺址發現享負盛名的北京猿人（Homo erectus pekinensis），其年代為距今七十萬年前，其體型屬於直立人，但已開始有部分現代人特徵。中國的人類持續發展，在三十萬年前左右開始出現早期智人，諸如有大荔人、許家窯人等。其後在距今四萬年前左右，山頂洞人已然出現。山頂洞人生存年代為舊石器時代晚期，他們屬於晚期智人，體型已接近現代人，並具備原始蒙古人種之特性。

早期人類的生活

　　人類早期如何生活，在中國通史、世界通史相關書籍中，大多會詳細介紹，自然不須此處再行敘述。而在社會史之中，或許首先值得關注者是人類最早期的「社會」為何。人類最早期所關心的是追尋自身之生存，可是由於各方面的限制，人類個體的力量微不足道，需要集體合作去克服自然環境之挑戰、面對野獸之威脅，才能增加生存之機會。從而，這個時期之人類往往會共同勞動，以獲取勞動之成果，而且也必須共同享受其勞動之成果。其實，關於如何劃分新、舊石器時代，知名歷史學家柴爾德（Gordon Childe, 1892-1957）提出其關鍵是人類取得食物之方式到底是採集食物還是生產食物，這亦呈現如何追尋自身的生存，實為早期人類最關心的內容。早在北京人時期，其可能就已有合作打獵之群體。在周口店遺址，由其中所出土的物品看起，其應當有一定的群居生活。

　　人類最早的群體稱之為「原始群」（Primitive Horde），此時人類與

獸類差距無幾，其最早階段對於性關係幾無限制，不排除血緣關係，乃至
於父女、兄妹等皆可發生性關係。此種景象，一如《呂氏春秋‧恃君覽》
所云：

> 昔太古嘗無君矣，其民聚生群處，知母不知父，無親戚
> 兄弟夫妻男女之別，無上下長幼之道。

此種狀態下，人與禽獸相異有限。此種狀態顯然不利於優生學，但是受於
環境與時代之限制，人類尚且無法認識到相關的威脅。等到時代之進步，
人類開始實施同輩男女婚配的群婚制，禁止不同輩男女發生性關係。因
此，兄弟姐妹之間可以同時為夫妻，但父女、母子之間則不可再發生性關
係。據信，北京猿人時期業已進入此一階段。這稱為血緣婚，與其相對應
群落稱為血緣家族。

　　隨時代之再演進，至舊石器時代晚期山頂洞人的年代，人類進一步限
制同輩具血緣關係者發生性關係、結婚，轉化成要求出生於不同群落者婚
配的群婚制。此種群婚制之男女，其生前各自居住在自身的群落中，死後
亦埋葬在各自的群體中，子女則跟隨母親的群體。

圖騰的意義

　　圖騰（Totem）是原始時代的一種文化現象，世界上多數民族都曾經
有圖騰。圖騰一詞源出於北美原住民，爾後學術界將所有此類現象都統一
稱之為圖騰。圖騰文化本身是一種人類早期宗教、社會意識混沌未分時代
所產生的文化現象，其既具備宗教性質，同時又具備社會性質。

　　圖騰多為動物，其次為植物，其他事物較少。各人群會選擇其所在
區域或相鄰區域，實際存在之事物為圖騰，而不會以該地區根本不存在的
事物為圖騰。這些圖騰大多與人類生活的某個方面有關，早期多為某種動
物，以植物為圖騰時間相對較晚，以自然現象、非生物為圖騰則應當已是

圖騰時代晚期。圖騰文化特別興盛於舊石器時代，至新石器時代則開始逐漸衰弱。

　　圖騰之形成，在最早期階段，人類由於對自然無知，無法區分人類世界與自然世界，往往基於求安心理，將自然世界中的某種動物或其他事物視為自身的血緣親屬，期許此一動物或事物保護自身，或是取得該動物、事物之能力。對於此一動物、事物，人類可能會使用父母、兄弟的稱謂稱呼，並且以此方式稱呼對應的事、物，還可能將自身裝扮為圖騰的樣貌。圖騰在此時期，具有原始宗教性質，且可稱為圖騰親屬概念。由於現存資料的限制，目前尚缺乏中國早期圖騰親屬文化之遺跡，目前僅在少數民族中尚存以動物為自身親屬的傳說。

　　爾後，人類在探索自身的起源時，人類認為自身是某個動物或事物繁衍而來。相較於圖騰親屬時代之人類是廣泛地將某種動物、事物全體視為自身的親屬，此時則改以該種動物、事物中某個特定個體為自身的祖先，此稱為圖騰祖先概念。人類亦是從此時代開始，逐漸產生祖先之概念。在中國傳世文獻之中，可以看到若干以動物為祖先之傳說，譬如《詩經・商頌・玄鳥》就載：「天命玄鳥，降而生商。」這顯示商人以動物作為自身的祖先。

　　再進一步發展，人類開始體認到圖騰中的動物或事物不可能為自身之祖先或親屬，而是將其視為具有超自然力量的保護神，此種觀念稱之為圖騰神。此種神不可與相對應的動物、事物混淆，其具有神聖與崇高之地位，能夠保佑其所屬群體之人群。有學者認為在中國社會之中，龍就是人群所共同崇奉之圖騰神，而其原始就是從蛇圖騰所演化而來。

　　由於資料的不足，在中國社會歷史演進的過程中，較難追尋上述圖騰發展順序可直接對應的年代。然有試圖將傳說中的五帝與圖騰概念結合者，譬如認為黃帝部落以雲為圖騰，炎帝部落以火為圖騰，太皞部落則以龍為圖騰等。而這些圖騰涵蓋的範圍業已超出一個血緣團體之外，其再向下發展就是姓氏。人類在圖騰興起之後，逐漸開始各群體的自我意識區分

自我、他者，各圖騰的徽紋、名稱就是用以區分群體的關鍵。在中國社會之中，這些圖騰逐漸轉變爲古姓，譬如商代王室的子姓、周代王室之姬姓。個別姓氏究竟由何種圖騰轉變而來，至今依然有不同說法，但是姓氏自身出自圖騰，則早已爲學界之共識。

第二節　母系社會的運作與消亡

何謂母系社會

在人類組成群體之後，人類逐漸發展出氏族（Clan）之概念，氏族社會隨之出現。尤其是在農業出現以後，土地乘載量提高，人們能夠組成較大規模的定居聚落。此種定居聚落是由血緣、婚姻等關係所構成的群體，其中有親疏關係程度之差別。因爲其主要是由血緣氏族構成，故此時稱之爲氏族社會。而此種演變，似乎對於處在原始階段的人類有相當之普遍性。

此種氏族社會，其核心是一種共同的生產集團，而且主要以血緣、親族維繫成員之關係。由於當時社會生產力低落，個別人類難以脫離氏族生存，整個氏族需要團結才能生存。氏族成員依據性別、年齡分工，男性負責狩獵、防禦，女性則負責採集、煮食等工作，成員之間地位平等，彼此互相守護。人們既然開始組成稱爲氏族之群體，則群體之間就有必要尋找一種方式區分彼此。而圖騰就是作爲區分氏族之關鍵，圖騰象徵祖先，同時也是氏族的族徽，而且與氏族間的婚姻禁忌有關。

在氏族社會，人們如何婚嫁成爲關鍵重點之一。人類在演進的過程之中，隨累積的知識逐漸增加，由於逐漸體認到近親生殖之禍害，人類對於婚姻的禁忌隨之增長，由排除兄弟姐妹彼此生殖，進一步擴張到排除其他較近之旁系親屬。人們發展出一種稱爲「普那路亞」（Punaluan）之家庭型態，這是一種族外的集團群婚制度，原始群體開始由血緣內婚向血緣外婚發展，人們不再允許近親之間產生性關係，此種對於血緣婚配的徹底排除，有助於人類身體向更健康之方向演進，避免相關的禍害。氏族內部不

通婚，改爲兩個氏族男女間不穩定的婚配關係，互爲群婚配偶，這又可稱爲氏族群婚制。一個氏族有可能因爲人數增加或其他原因，分裂爲多個氏族，這些原屬同一氏族之氏族又可稱爲胞族，其彼此關係相對其他氏族較爲密切。相互通婚的氏族，以及血緣較爲親近之氏族，還會進一步組成部落。每個部落大多會生活在特定區域中，其擁有共同宗教、風俗。

　　此群婚類型社會之特色是男子集體出嫁到另一個氏族之中，並且是和另一群女子互爲夫妻。在此種群婚的關係下，由於女性可以和所婚嫁之男子群體發生性關係，在缺乏現代技術協助下，該女性無法確認子輩的父親是誰，子輩亦只能確認自身的母親爲何人。因此，氏族成員必然只能依據母系血統維繫血緣關係，子輩屬於母親之氏族，並且會使用母親氏族之圖騰、姓氏。從而此時生成的原始氏族，其共通特色就是以母系血緣爲紐帶，其全體成員可向上推到一位共同之女性始祖，而此類型之社會稱爲母系社會（Matrilineality）。女性在此時可發揮確定氏族內部血緣關係之作用，她們更對於維繫整個氏族生存有關鍵作用，這自然進一步強化女性在社會中的優勢地位。

　　母系社會還有幾個較爲特別之特色：

1. 其氏族成員僅由具備血親關係者組成。
2. 整個氏族既是血緣單位，同時也是共同生產之經濟單位。
3. 兄弟之間可能不同姓，兄弟之間若分別與不同氏族之女性婚配，則兄弟之子輩將分別使用不同氏族的姓氏。
4. 由於族外婚姻的影響，氏族內產生各種圖騰成分，圖騰出現各種融合等變化，圖騰至此時逐漸不再是某個部落或氏族之名稱，而是鄰近部落會使用同樣圖騰，其成爲較爲廣泛之象徵，不復爲單一氏族之代表。
5. 在母系氏族社會時代，由於人類發展尚未進一步階層化，故人們之間相對平等。凡事按照習俗處理，氏族內有重要事件則由集會決定，人們死後埋葬於公共墓地，隨葬品相對較少，反映社會階級化程度尚屬有限。

　　隨歷史演進，隨人類能夠進一步克服自然之限制，氏族就有能力對血

親間婚姻實施更多限制，通婚範圍進一步縮小，婚姻開始由族外群婚演變
爲男女相對穩定的對偶婚制。不過，受限於整體經濟水平，此時對偶婚夫
妻無力形成獨立經濟體，世系依然按照母系計算。而且，雖然男女形成對
偶婚，男性死後仍然要歸葬其本氏族，子輩則留在母系氏族之中。再者，
其實質接近於男子有多妻制，女子有多夫制，顯示此時對偶婚尚處在相對
不固定之時期。

中國母系社會的傳說

　　在中國的傳世文獻之中，雖然未見使用「母系社會」一詞，但是在諸
多傳說之中，則可見到各種母系社會特色。由於傳說時代較難直接對應到
考古所見諸文化，較適宜單獨認識傳說所見母系社會特色，作爲認識考古
所見相關文化的基礎。在中國最能夠代表母系社會者，莫過於各種「感生
神話」。感生神話係指女性並未與男性發生性關係，卻在接觸物件、自然
現象之後懷孕生兒子，此位兒子會成爲男性始祖。此種神話本身是標誌由
母系社會到父系社會之轉換，此處則可集中觀察在發生轉換之前，神話中
所呈現的母系社會景象。

　　太昊爲中國上古傳說人物之一，《三才圖會‧五帝世系之圖》記載
他的出生：「太昊之母，居於華胥之渚，履巨人跡，意有所動虹且遶之，
因而始娠生帝。」至於五帝之首的黃帝，《古本竹書紀年‧黃帝軒轅氏》
稱：「黃帝軒轅氏母曰附寶，見大電繞北斗樞星，光照郊野，感而孕。」
還有舜，《古本竹書紀年‧帝舜有虞氏》：「母曰握登，見大虹意感，而
生舜於姚墟。」最典型的故事莫過於商、周祖先之傳說。針對商代祖先，
《史記‧殷本紀》載：

> 殷契，母曰簡狄，有娀氏之女，爲帝嚳次妃。三人行
> 浴，見玄鳥墮其卵，簡狄取吞之，因孕生契。

至於周人之始，《史記・周本紀》云：

> 周后稷，名弃。其母有邰氏女，曰姜原。姜原爲帝嚳元
> 妃。姜原出野，見巨人跡，心忻然説，欲踐之，踐之而
> 身動如孕者。

關於感生神話的故事頗多，無從一一列舉。故事中可見這些女子在並未與男子接觸的背景下，可能會因爲踩到足跡、看到彩虹、吃到鳥蛋等原因懷孕，這些就是感生神話的典型內容。以社會史的角度去觀察這些數量龐大的故事，這些故事雖然表示這些女子以「感生」的方式懷孕，但這些故事本質上是說明小孩是「父不詳」。又因爲小孩「父不詳」，其只能在母親所在氏族成長，而且必然使用母親的姓氏，這些就是母系社會的主要特色之一。

　　母系社會在傳說故事中的另一個呈現是男性從女性之氏族。在《國語・晉語》中可見：

> 黃帝之子二十五人，其同姓者二人而已，……其同生而
> 異姓者，四母之子別爲十二姓。凡黃帝之子，二十五
> 宗，其得姓者十四人爲十二姓。

黃帝之子竟可有多種不同姓氏，其中同姓者二人反映此二人屬於同一氏族。還有，舜本人爲「有虞氏」，其弟象卻是「有庳氏」（或稱有鼻氏），兄弟二人同父異母，其即呈現兩人分屬不同氏族，學者多認爲這些資料就是母系氏族社會之具體呈現。

　　此外，在中國早期傳說之中，可見有「有巢氏」、「燧人氏」、「伏犧氏」、「神農氏」等氏族名稱，其時間可能橫跨母系社會。然而，這些氏族本身應當只是象徵人類歷史發展的演進歷程，不必然表示確有其人或

氏族。

中國母系社會的運作

　　在傳說之中可見諸多關於母系社會的記載，但是這些傳說如何反映在具體的歷史之中，則同樣令人感到好奇。在仰韶文化半坡類型遺址之中，可見諸多母系社會運作的跡證。

　　首先，合葬墓中僅埋藏血親。合葬墓多可至幾十人以上，被埋葬者之間存在不同輩份，成年男女數量不相當，相關研究指出，埋藏的死者屬於同一個家族，且無法證明有夫妻合葬。易言之，相關墓葬只有血親而無姻親，此爲母系社會主要特色之一。因爲，母系社會中配偶會歸葬其所屬本氏族，不會出現在對方氏族的墓中。此種現象亦將導致婚姻無法調節氏族男女比例，其氏族男女人數將受自然規律所影響。而且，此種現象不僅存在於墓葬之中，在活人居住的村落之中，由考古所見的居住形式，亦呈現整個村落爲具有血緣關係的群體。

　　其次，墓葬中呈現女性有較強的財產支配力。以仰韶文化之元君廟遺址爲例，若對比男、女性彼此之單人墓，以及純爲男性或純爲女性之合葬墓，則可以發現女性相關墓葬之陪葬品會較男性墓葬爲多，這可直接反映當時社會女性有較強財產支配力。而且，此種現象除反映經濟力之外，可能亦可反映女性有較高的社會地位。這種現象並不僅僅存在於元君廟遺址，半坡類型之埋葬制度多有類似特色，在馬家濱文化中也有相似現象，這些都呈現此類文化處於母系氏族社會階段。

　　再者，女孩可使用成人之儀式。兒童性別難以用遺骸確定，但可使用陪葬品內容推估性別。在半坡類型墓葬中可見女孩死者可使用高規格之墓葬，甚至會遷移年紀更大的死者以與女孩合葬。由於女孩的年紀太小，最小者僅三至四歲，她們不可能是因爲對整個氏族有何特殊貢獻而取得特殊待遇。學界認爲這應當是這些女孩因各種原因繼承母親的財產、地位，因此在下葬時就可使用母親財產、地位所相對應的墓葬規格。此種現象表

明，此時財富與地位的繼承係以母系爲核心，女性地位高於男性。還要注意，成人、孩子之待遇不同，或許反映當時社會有年齡層級制度，成人才可參與公共事務。

　　中國早期存在母系氏族社會，此點應當沒有疑問，進一步值得理解其相對應的婚姻制度如何運作。半坡類型遺址中，可見容納一夫一妻與其子女居住之小屋，其應當已實施偶婚制，但尙未達到專偶婚制。這表示男女之間已經形成相對穩定的配偶關係，但是不限於與固定配偶居住，居住時男方隨女方居住。在墓葬中只有男女分葬、同性合葬、多人合葬墓，而無夫妻合葬墓、父親與子女合葬墓。這是因爲男子與其他氏族偶婚，死後需歸葬本氏族，且必不與本氏族女子產生配偶關係，故無夫妻合葬墓，更不會有父親與子女合葬墓。伴隨對偶婚出現，子輩開始有可能認得自身之父系血脈，此奠定未來社會進一步演變的基礎。

　　男子要避免與本氏族女子產生配偶關係，其必然是搭配一整套可以區別氏族之制度，圖騰本身就具有區別氏族之重要作用。圖騰興盛的時代，大約就是母系氏族社會，故亦有學者稱此時爲「圖騰時代」。人們之所以使用圖騰固然有其宗教上的因素，其另一個重要的作用就是限制同氏族成員結婚。原本一個圖騰或姓爲一個氏族之標誌，爾後隨該氏族人口日益增長，其會分裂出更多氏族。而這些分裂出來的氏族，雖然在形式上屬於不同氏族，其婚配似乎可視爲某種族外婚，但這些氏族仍然具有血緣關係，爲避免近親繁殖之惡害，這些氏族之間仍然不可通婚。爲區分這些氏族與其他無血緣氏族，故這些氏族會使用同一個圖騰或姓作爲共同標誌，圖騰或姓不復爲單一氏族之標誌。但是，爲有效區分這些氏族之不同，因此又產生新的標誌，這些標誌稱之爲「氏」。

　　在氏族的發展下，家族漸次成形。在磁山遺址之中，似乎已經反映村中存在次級同居單位，此一單位可能爲家族。在半坡類型遺址中，建築物可分爲大、中、小三類，在房子外圍會有儲藏用窖穴，反映財產是由整個房組或房群的人所共有。這些建築物，約可區分出供三層親疏有別的組織

利用，此三層被認為可約略相當於家族、氏族、部落。不過，少數對偶家庭經濟力大於一般對偶家庭，社會中的私有制可能已有一定程度發展。而且，伴隨人類社會之演進，社會開始出現階層化的現象。在仰韶文化的遺址之中，出現明顯較大的房屋、墳墓，至大汶口文化進一步在墓中可能會有棺、槨，大量隨葬品如玉器、陶器。這些現象都表示社會有貧富分化，而且隨時間有益發明顯之趨勢。

　　另一方面，母系社會和女性掌握權力並非等號，仰韶文化時男性首領比例已經很多。而且，人類在生產上逐漸分工，女性一開始具有相對重要之地位，故可在社會中產生領導作用。爾後，狩獵工具、農具逐漸發展，男性隨即承擔相對應的生產工作，男性在經濟生產中的重要性逐步提高。至此，母系氏族社會即將迎來天翻地覆的大變化。

第三節　父系社會的出現

由母系到父系

　　隨母系氏族社會的持續發展，社會的經濟、權力持續分化，社會最終轉型成為父系氏族社會（Patrilineality）。據考古資料顯示，中國社會在五千年前左右進入父系氏族社會，此時期為新石器時代後期，其最具代表性之文化為龍山文化、良渚文化。而中國社會由母系社會走向父系社會，這在傳統史籍就可見其跡象，而此種演變的主要原因與經濟發展有關。

　　針對中國早期社會之演變，或可看《史記·夏本紀》所載內容：

> 以天下授益。三年之喪畢，益讓帝禹之子啟，而辟居箕山之陽。禹子啟賢，天下屬意焉。及禹崩，雖授益，益之佐禹日淺，天下未洽。故諸侯皆去益而朝啟，曰「吾君帝禹之子也」。於是啟遂即天子之位，是為夏后帝啟。

此處稱大禹死後，王位在益、啟二人相讓後，最終由大禹的兒子啟繼任。對此一事件，史籍中屢屢可見如《漢書‧蓋寬饒傳》所云：「五帝官天下，三王家天下家以傳子，官以傳賢。」又如程珌《洺水集‧大禹謨》所稱：「堯、舜傳賢，禹獨傳子，可謂犯天下不美之名，然可以杜天下萬世爭奪之禍。」等語。這些內容主要是在表達中國由堯、舜時代「官天下」的禪讓政治，逐漸轉換為大禹以降的「家天下」時代。然而，這些故事同時與母系社會向父系社會轉換有關。所謂之「傳子」就是指父系繼承制度，其本質是對應在此之前的母系繼承制度，此種演變遇到相當程度之反抗，故《古本竹書紀年‧夏紀》中所謂：「益干啟位，啟殺之。」即有學者認為這是母系繼承制度支持者對父系繼承制度之反抗，然最終無法抵擋時代趨勢而失敗。權力縱使未必是父死子繼，但必然是由父子兄弟等父系成員所繼承，母系被排除在其外。至此，姓氏由母系傳承，開始逐漸改為由父系傳承。此一時代約略可對應於三代之始的「夏代」，相對於更早之前的時代，人們可整理出夏代明確的繼承世系表，此恐怕並非偶然，其反映中國社會自此開始由父系繼承。就考古所見文化遺址而言，此種母系社會向父系社會的演變並非僅限於夏代之王室，其廣泛見於相同時期之文化。大體上而言，其越處在中心區，且與其他地區聯絡越多者，其演進的程度益發明顯。

堯、舜至夏禹的傳說，其固然說明中國社會由母系社會轉向至父系社會的時間點，但是並未說明此種改變的原因，此種改變可能與社會經濟的變化有關。伴隨生產工具的發明、改良，農業、紡織業、製玉業、製陶業、冶金業、畜牧業等不同產業有所發展、進步，對各種商品的交換、交易亦隨之出現，男性在這些產業、商業中有重要角色。隨產業益發複雜，社會總體生產力提升，相關的分工更形細密，男子在經濟活動中的重要性逐漸提高，承擔主要工作，並取得經濟上的主導地位。與此同時，女性雖然在經濟活動中仍有一定作用，但是已逐漸退居次要地位，乃至於更多承擔家務活動，從事經濟活動的比例下降。而且，私有財產制在此時亦逐漸

發展，男性控制的財產超越女性，從而男性取得與女性對抗的經濟力，此種在男性主導經濟生產能力、財富累積程度的交互作用下，最終出現由父系制度取代母系制度之現象，實為意料之內。

　　此種由母系社會向父系社會轉換的過程，其在新石器時代晚期的墓葬中可見到相關跡象。在大汶口的墓葬之中，開始出現半坡類型遺址所無的男女合葬墓，而且男子位處墓的正中央，女子則在其左側，隨葬品多放置在男性側。在男性墓之中，可見有生產工具作為隨葬品；女性墓、男女合葬墓則有裝飾品。這應當顯示，男性在經濟生產中具有主導地位，女性已處次要地位。至龍山文化相關的齊家文化時，男女合葬墓由女子居於左側，進一步變成男子仰身直肢，女性則屈肢側身面向男性（圖2-2）武威皇娘娘臺遺址M38號墓所示。甚至還在其他墓地中出現女性被綑綁埋葬，或是將女性殉葬之情形。此類演變，無不說明男、女主從角色之改變。

　　面對此種由母系社會向父系社會的轉化，女性並未強烈反抗，主要是女性要生育子女，又要承擔高強度的經濟生產活動，女性在母系社會之生活極其艱困。在屬於仰韶文化的元君廟墓地中，呈現女性壽命較男性為短之景象，活至四十六歲以上的女性僅為男性之37.5%。女性生活艱辛，因此當男性取代女性承擔經濟重任時，不至於引起大規模的反抗，對於多數氏族成員而言，其生活仍與過去相似。

父系社會的婚姻與祭祖

　　社會由母系社會轉向父系社會，不僅是在經濟方面由男性取得主導地位，還出現男性「祖先」崇拜。在父系社會的考古遺址中，譬如屈家嶺文化、臨夏張家嘴遺址等，屢屢可見「且」型器具，材質可能為陶製或石製，此即為祖先的「祖」字，其為男性生殖器的直接象形。對於此種男性生殖器的祖先崇拜，其必然是呼應於父系氏族組織。此種演變說明，父系社會並不僅僅只是在經濟上由男性主導，其開始逐漸建構一整套以男性為中心的價值觀（圖2-3、圖2-4、圖2-5）。

北

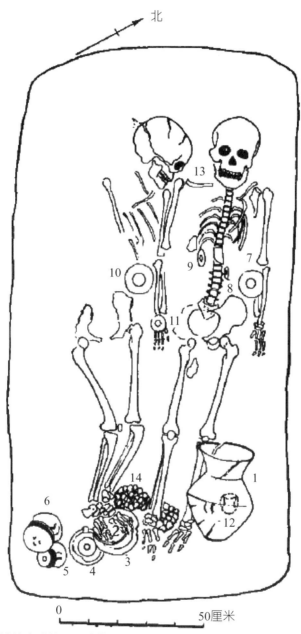

0   50厘米

圖2-2 武威皇娘娘臺遺址M38號墓

資料來源：甘肅省博物館，〈武威皇娘娘臺遺址第四次發掘〉，《考古學報》，1978年第
　　　　 4期，頁429。

圖2-3　甲骨文中的「且」
字
資料來源：https://www.zdic.
net/zd/zx/jg/%E7%A5%96。

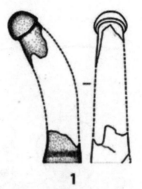

圖2-4　雙堆文化陶祖
資料來源：陳艷，〈雙墩文
化遺址陶祖形器的考古學分
析〉，《宿州學院學報》，
31：2(2016.2)，頁83。

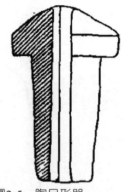

圖2-5　陶且形器
資料來源：北京大學考古系
商周考古實習組等，〈陝西
綏德薛家渠遺址的試掘〉，
《文物》，1988年第6期，
頁35。

　　男性在取得經濟主導地位後，開始要求在血統上按照父系計算世系，
打破母系的婚姻秩序，父系社會關鍵就是在婚姻、血統方面改以男性為
主。為確保子輩一定是出自於父系血統，其改變的標誌之一是由從婦居改
為從夫居，女性離開自己氏族，前往男性的氏族居住，減少女性與其他男
性發生性接觸之可能性，女性死後亦安葬在男性氏族的墓地。此種現象造
成另一個重要的影響是氏族開始由純血親關係構成，變成兼具血親、姻親
關係。因為，嫁入男性氏族之女性，相對於該男性氏族之其他成員，該女
性並不具備血親關係，女性是以婚姻形成親屬關係進入男性氏族，該女性
的原生氏族以此和女子所嫁入之男性氏族產生姻親關係，姻親關係的出現
可謂是父系社會之象徵。對於氏族本身而言，縱使出現女性需要嫁到其他
氏族而損失勞動力，但也會有其他女性嫁進本氏族補充勞動力，因此在氏
族方面不至於有太多的反對。
　　以父系為中心的婚姻，逐漸演變成一夫一妻制，此種婚姻具備獨占性
質，而且較諸對偶婚為穩定。由於男性掌握社會、經濟之優勢地位，此處

所謂之「獨占性質」，係指一名女性只能被一名男性獨占，但是並不限制此名男性是否占有多名女性。然配合社會現實，縱使存在少部分男性占有多位女性之現象，惟由於其數量偏少，大多數男性只能獨占一位女性，故此仍不致影響人們對一夫一妻制的認識。

此種由母系社會向父系社會的改變並非一帆風順，父系社會以緩慢的腳步，逐步消除母系社會傳統。所謂「搶婚」、「盜婚」之習俗，就有學者認為這是母系社會在向父系社會轉換過程中，曾經出現的反抗。而且，此時尚且只能在名義上要求父系血統，但男性無法在事實上追究子輩是否一定是父系血統，因為在父系社會早期階段，尚且無法禁止女性和其他男子發生關係。

此種父系社會發展之跡證，可在相關的考古遺址中見到。在大汶口文化出現過去所無的成年男女合葬墓，有時還有成年男女與小孩之合葬墓，其中的成年男女應具有夫妻關係。此種合葬墓的出現，應當是基於父系血統之一夫一妻關係形成後，其漸次影響喪葬習俗，從而出現此種類型墓葬。逮至龍山文化時，一夫一妻制已經成為社會主要婚姻型態。

財富與家庭

父系社會形成的主因是財產不再為氏族所共有，私有財產制出現，男性在生產、經濟上取得主導地位，而且財富在男性之間繼承、累積，最終男性的財富累積超越女性。私人財富累積的出現，其必將導致社會財富分化的出現。與此同時，一夫一妻制之形成與確立，亦是仰仗於財富相對獨立的家庭形成。

在人類早期發展階段，由於技術的限制，人們必須仰賴集體力量，才能維持生活，人們難以獨立生存，更遑論存在私有財產概念。伴隨歷史之演進，逮至龍山文化時代，各種生產工作開始有分工之趨勢，此種分工有專業化的傾向，已非是單純依據性別、年齡分工。同時，由於生產工具的更形進步，生產效能提高，各種財富累積開始出現，創造私有財產制的基

礎。在此一過程之中，男性承擔主要工作，並且出現專業工作者，他們取得較多財富，得以累積更多財富。這些增加的財富，就如同前述，成爲男性將母系社會轉化爲父系社會的關鍵之一。

父系社會所謂將世系改由父子計算，其核心所指概念就是財產繼承發生在父、子之間，作爲父、子間財富繼承的實現，子女都會作爲成員留在父親的氏族之中，取得各種氏族成員之權利，子輩更會繼承父輩財產。相對於此，子女不再留於母親的氏族，不具備母親氏族成員的權利，亦不能繼承母親氏族的財產，過去母系社會財產繼承發生於母、女之間的制度被取代。此種轉變現象早在仰韶時代晚期即已出現，財產在男性之間累積，更有助於其最終取代母系社會，從而取得主導地位。

生產分工以及產品交換加速財富累積，男性對於財富的累積，並不僅止於取代女性，婚姻、世系改以男性計算而已。縱使皆是在男性成員內部，此種累積更進一步產生財富分化，從而讓社會出現貧富差距現象。

人類開始分工、財富累積的跡象，可由各種墓葬的隨葬品不均現象呈現。在山東曲阜西夏侯遺址（圖2-6）中，有墓地隨葬陶器達到一百二十四件，這遠遠超過常人之所需，在相當程度上反映貧富的分化。在大汶口文化的墓地中，還可見到石斧、豬骨之類的遺存，這些可能反映墓主生前的職業。在龍山文化陶寺遺址（圖2-7）中，隨葬品較多者，可見有樂器、武器、漆器、玉器、木倉、全豬等，隨葬品內容可謂十分豐富。相對於此，絕大多數的小型墓葬卻無任何隨葬品，相似的現象還可見於三里河遺址、柳灣遺址等地，這些現象顯示當時已經有相當程度的貧富分化。

母系社會發展至後期，對偶婚制已經出現，但是其既不穩定，亦無足夠經濟力量。逮在父系社會形成，財富開始分化的年代，一種更穩固的家庭概念也隨之出現。伴隨經濟生產活動分工，氏族在經濟運作中的必要性降低，以家族、家庭爲規模經濟生產日漸重要。因此，開始形成一種新的婚姻形式、家庭關係：以父系爲核心、經濟力相對較爲獨立的一夫一妻

圖2-6　山東曲阜西夏侯遺址1號墓
資料來源：中國科學院考古研究所山東隊，〈山東曲阜西夏侯遺址第一次發掘報告〉，
　　　　《考古學報》，1964年第2期，頁57-106。

制核心家庭。此種演變並不僅限於個別家庭，這種家庭成為整個社會的基
礎單位，如多個屬於同一男性所生後代構成的家庭，同時開始共同組成家
族，所謂宗法家長制的概念，亦隨之發展。在大汶口文化相關墓葬可見，

圖2-7　陶寺遺址玉石鉞

資料來源：高青山，〈陶寺遺址早期大墓出土玉石鉞探析〉，《文物鑑定與鑑賞》，2020
　　　　　年第16期，頁14。

以父系為中心的家庭開始逐漸從氏族中分離，其獨立性逐漸強化。不過，
此種發展為緩慢演變，在早期階段個體家庭尚且包含於大家族之中，家庭
經濟並非完全獨立。

　　在家庭發展的早期階段，在一夫一妻制家庭之中，夫妻二人都要從

事經濟生產活動，兩人僅爲分工不同，因此兩人之間的經濟、社會關係尙屬相對平等。不過，由於男性生產力逐漸上升，男性有能力以一己之力養家，女性工作內容遂逐漸朝向家庭內部爲主，長期上將導致女性地位慢慢下降。不過，相對於不穩定之母系社會對偶婚，父系社會家庭的夫妻之間會建立起相對鞏固、持久之關係。

在對各種遺址的考古之中，其中有諸多現象說明家庭業已形成。在母系社會興盛時期，建築物分布呈現環形向心格局，墓地則可見數十人的合葬墓，這些現象無不顯示許多氏族高度團結與內聚。然而，在龍山文化以降的遺址之中，單人墓、男女合葬墓增加，房屋突破整齊之格局，出現適合個別核心家庭居住的分間式小房屋，這些顯示家庭逐漸從氏族中獨立。

權力的集中

在父系社會開始發展的年代，同樣是人類社會演進逐漸複雜的年代，人類的群體、聚落不再僅由具親屬關係者構成。家庭、家族、氏族等其成員間具有血親、姻親親屬關係，但是往更上層之部落、部落聯盟，則未必具有親屬關係，而是屬於社會性的群體，乃至於早期國家的政治性群體。而且出現文化區系、文化圈之現象，超越單一村落的聚落群產生，聚落群的居民們會共同採用且認同特定之文化現象，逐漸產生一種具有共同意識的群體。這些演變，可謂是爾後更複雜社會誕生的基礎。

在社會產生財富分化現象之後，財富的累積促進權力的變化，戰爭亦讓領袖的權力不停增長，更遑論戰爭會掠奪敵方財富、俘虜，從而讓軍事領袖可以加速累積財富，再強化其權力。多個家庭組成家族，多個家族可組成氏族，多個氏族會組成部落，多個部落可再結成部落聯盟，這些層次不同的各級單位，又分別有其領袖。在以父系血脈構成的家庭、家族之中，家長、族長對所屬成員具有統治地位，宗法家長制概念形成。部落有其名稱，以及主要活動區域，部落內部開始組成管理機構，一開始是以推選方式選出領袖。此一領袖要處理各種部落事務，戰爭時則成爲軍事統

帥，統籌規劃戰爭的一切事務。由於對各種資源的爭奪，部落間戰爭的隨之增加，部落開始組成部落聯盟，並且組成部落聯盟的管理機構，此一層次的機構由部落首領、軍事統帥、宗教領袖所組成。在此種演變的過程之中，統治階層、政治組織皆開始發展。相關領袖職務由推選產生，逐漸變成長期擔任，乃至於成爲世襲職務。在中國早期歷史記載中，舜傳位於大禹，大禹傳位於其子啟，不就是此種現象之呈現。

此種權力分化的演變，對於各階層的成員而言，或許正如《淮南子・氾論訓》所載：「神農無制令而民從，唐、虞有制令而無刑罰。」一語，人們可以開始感受到權力之影響。人們由無法制的時代，初步變成有各種規範，限制人們的作爲。而此種規範亦有其演進階段，早期雖有制令，但是尚未施加刑罰。爾後，則進一步產生各種刑罰，以暴力手段要求人們服從制令。此種演變，當與權力之逐漸分化有關。

大約在新石器時代晚期，從仰韶文化到龍山文化時，已經可以見到這些權力分化的概念付諸實現。相關考古顯示，當時財富的累積，已足以產生專門的工匠。還出現職司各種禮儀、管理之工作者，他們掌握知識，並可能已經會運用文字、符號等，這些除表明人類的分工更加複雜之外，還象徵文明的出現。儀式性建築出現，而且不同的儀式性建築可能存在層級差異。在各種不同的人類聚落之中，同樣產生層級化現象，出現明顯較其他聚落爲高等之中心聚落，中心聚落兼具多種功能，其防衛設施亦更加完善。財富、權力出現分化，而且社會爲執行管理機能，社會體轉化爲政治體，國家開始出現。

良渚文化或可作爲權力分化的具體象徵。先以文化分布而言，良渚文化分布廣泛，由花廳遺址所呈現之特色，良渚文化可能已經運用武力征服大汶口文化所屬區域。良渚文化遺址中出現貴族墓地，這類墓地會設置在公用墓地之外，這進一步顯示權力的分化。在這些貴族墓之中，可見大量各種玉器，且其中包含玉璧、玉琮等涉及祭祀用禮器。這些現象似乎顯示這些文化的領導者可能兼具軍事、宗教職權，而且具有相當顯赫的權威，

以及數量龐大的財富。一種新的集權、階級化之社會逐漸出現，中國社會即將進入其下一個篇章（圖2-8）。

圖2-8　良渚文化瑤山遺址7號墓出土玉琮
資料來源：浙江省文物考古研究所，《瑤山》（北京：文物出版社，2003），頁247。

第四節　宗教的形成

宗教的出現

　　在目前已知的世界中，除卻人類之外，並無其他生物具有宗教。宗教並不僅僅只是人類的精神產物，其與人類社會的發展有高度關係，故要了解中國社會，自然有必要認識其宗教。在現代社會的概念之中，往往喜於將早期人類的宗教視為某種愚昧、幼稚之象徵。不過，宗教能夠出現的前提，主要是人類開始追尋、探究自然與自身的關係，同時追求一種善與美的目標，這是人類開始脫離動物的一步。追求宗教需要人類具備相當的想像、思考、情感，以及相呼應的社會組織。因此，在早期人類每日僅能追求維生時，無暇顧及生命的其他面向時，人類與其他生物一樣都沒有宗教。爾後，由於人類對生產工具的改良，整體生產力上升，人類開始有多

餘能力讓少數人可以從事非生產事務，這些多餘人力可投入精神、文化事務，使宗教的出現成爲可能，宗教更成爲各種文化發展的關鍵之一。

在人類開始投入精神、文化事務時，人類會製作各種裝飾性的事物，顯示人類身上產生愛美觀念。與此同時，人們會將死者放置到墓地之中，並且這些裝飾品放在死者身旁陪葬。這些無不顯示人類脫離動物，對於死者會有一定的處理，而非是將其置於荒野而不顧。更重要的是，陪葬品象徵靈魂觀念的出現，宗教的初期型態就此出現。

當人類開始初步有能力去思考自身與自然的關係時，放在人類眼前的卻是自身之渺小、無力，無法和自然對抗。從事漁獵生活的人們，可能要面對風、雨的殘酷挑戰，隨時有可能喪失自身的生命；即便是從事農業者，同樣要擔心自然氣候、生物對自身的農作物造成破壞。面對這些對於自我生命之威脅，人類仍然有求生慾望，因此人類開始對自然有依賴、敬畏、神祕之感覺，人類進一步認爲這些自然現象背後有主宰，人們需要向其膜拜以取得庇佑，或是避免其降災，從而奠定形成宗教的基礎。姑且不論這些崇拜是否能夠發揮實際作用，其仍然可以組織、團結人們，並且讓人們在艱困的環境之中，可以重拾信心，面對世界的挑戰。

人們有需要向自然膜拜，但是人們又是如何認識自然則爲另一個值得注意之問題。早期人類在初步產生意識後，他們尚且無法有效區分萬物與自身的差異，從而以自身的經驗、體驗去認識世界萬物，以一種擬人化的方式，認爲世界萬物是具有某種意義的生命體，而且具有與人類自身相似的意識，亦存在各種不同的情緒，此種概念可稱之爲「萬物有靈論」（Animism）。此種觀念是當時人類對於周遭世界觀察的結果，亦可視爲一種人類經驗的累積。若由此點觀察，自然看似一種與人平等的存在，但是就如同前文所述，自然卻對人的生命有無比影響力，自然顯然又不是與人平等之存在。在人們對於自然的觀察、認識之外，另一個讓早期人類非常困惑的課題就是生與死。何謂生？何謂死？這恐怕是長期困擾人類之課題，況且對於早期人類更是如此，靈魂概念就在此種發展之下逐漸誕生，

進一步成為宗教發展重要的基礎。

　　在人類社會發展的歷史中，若以考古學標準追尋宗教之形成，則其關鍵是在於出現任何一種安排死者生活之方式，而墳墓中出現陪葬品就是其中之一。就目前所知，中國宗教約莫出現於山頂洞人時期，周口店遺址發現當時人類已經有特別放置死者之地點，已經會在屍體旁放隨葬品，以及在屍體四周放置赤鐵礦粉末。就隨葬品而言，顯示山頂洞人已經有死後世界的概念，因此會有一系列安排，讓死者攜帶物品前往另一個世界繼續居住。有學者認為赤鐵粉象徵鮮血、生命之來源，在死者四周放置赤鐵礦粉，主要是祈求給與死者新生命，這是對於死者生活的安排。這些跡象無不顯示，中國最遲在山頂洞人的時代已經形成宗教。關於隨葬品以及對死者生活的安排，其中宗教層面固然涉及諸多想像之內容，不過人們仍然只能基於其所生存時代之物品安排，並以其認識能力所及範圍，決定宗教的相關內容、形式。

靈魂觀念的出現

　　在人類逐漸開始與其他動物分離之早期階段，人們尚無能力思考生死，對於死者亦不特別處理。宗教之出現，以人們開始安排死者的生活，以及在墳墓中放置隨葬品為開端，此種對於死後世界的想像，就是象徵靈魂觀念出現，靈魂觀念屬於宗教發展的最早階段之一。

　　當生活壓力稍微減輕，人類稍微取得空閒之時間後，人們開始思索生與死的課題。人類認識死亡的方式，其大多是以人類自身對於睡眠的體驗為出發點，此種認識方式之起源，主要是死者外觀乍看似在睡覺，但又不是睡覺，因為死者永不甦醒，身體更會逐漸腐爛。而人們在睡眠之中，身體不動，但是精神卻可在夢中遇到各種超越現實世界之情節，在原始人類眼中，精神與肉體兩者看似可以分離。既然死亡與睡眠有某種相似性，人們就開始相信人在死亡之後，一如人在睡眠中可以作夢，精神仍然可以獨立存在，這些思維更成為靈魂概念的基礎，這可視為一種人類對自我生命

現象理解的嘗試。在另外一方面，死亡彰顯生命的可貴，人對於生命留念的情緒日漸強化，人們不願意讓死亡成為自身的終點，甚至也不希望死亡是親人的終點。因此，人們產生靈魂觀念，希望人就算在肉體死亡之後，人依然可用某種方式存在於這個世界之中。如此一來，不僅是自己可以持續存在於世界之中，還有機會尋找、接觸死去的親人。其實，靈魂觀本質上就是人類早期之生死觀。

在這些背景之下，靈魂觀念誕生。在此概念之中，在人活的時候，靈魂以精神的形式存在於身體之內；人死之後，靈魂離開身體，成為鬼魂。人們相信鬼魂會關心自身的屍體，而且會生活在墳墓周遭，因此出現各種埋葬、祭祀之儀式，還會讓死者帶著隨葬品下葬。

在中國社會，約莫在山頂洞人時期開始有隨葬品出現，讓死者可以攜帶這些物品前往另一個世界生活，並以赤鐵礦粉保護死者的屍體。以赤鐵粉灑於死者四周，此種習俗可見於世界多個地方，其共通概念可能是以赤鐵礦粉象徵血液。而隨葬品除裝飾物品、生產工具之外，有時還可見到大量的豬骨，這應當是死者財富的象徵。

關於喪葬儀式，山頂洞人時代已經對死者之屍體有一定的處理、安排方式。對於死者的安排，往往是現實世界的對應，如母系社會時代多喜於將氏族內死者合葬，這本身顯示這些氏族內部關係的緊密，希望死者們可以在死後世界共同居住、組成共同之氏族社會。至於屍體本身，大多已經採用仰身直肢葬，對於凶死者，則會使用屈肢葬、俯身葬等不同處理方式。而且，安葬屍體時，同一文化之遺址，其死者頭部多會指向特定方向，具體方向隨文化不同而有差異，其可能顯示人們期待死後會前往一個特定處所生活。

綜觀中國社會中的靈魂觀念、葬俗，其呈現幾個意義：

1. 靈魂觀象徵鬼魂世界、現實世界之二重世界觀出現，現實世界的改變可影響鬼魂世界之內涵。
2. 葬俗複雜化，顯示人之間的感情加深，既照顧死去的族人，同時透過葬

俗減少生者之哀傷。

3. 葬俗有助強化社會制度，譬如父系社會可見女性殉葬於男性墓中，這會
　強化男性之權威。

　　靈魂觀念的出現，奠定後續各種宗教發展的基礎，進一步值得觀察的
則是自然崇拜。

自然崇拜與圖騰崇拜

　　人類早期生活受到自然的影響極大，自然的力量可導致人類之生存或
死亡，人類對於自然而言非常軟弱。早期人類對自然缺乏認識，但是又仰
賴自然環境維繫自身生存，因此在宗教概念逐漸形成之後，自然開始成為
人們崇拜、尊重、畏懼之對象。基於萬物有靈論，人們相信自然萬物都有
靈魂，人們從而可以使用各種方式與自然溝通，請求自然配合人類的意志
變化。

　　中國社會的人們對於自然之崇拜，由簡單逐漸變得複雜，其自然崇拜
大約可分為幾個不同之類型：

1. 天體崇拜，諸如日、月、星辰，尤其是太陽與農業關係極高，故成為崇
　拜重點。

2. 天象崇拜，諸如風雨雷電等，這些現象在早期人類眼中威力強大，對人
　的生存影響極大，故成為崇拜對象。

3. 山川湖海崇拜，指各種地理景觀，這些地理景觀往往可提供各類資源供
　人類生存，遂受到人們崇拜。較諸遙遠的天體、天象，人類居住在大地
　之上，故對山川湖海更感依賴。

4. 動植物崇拜，早期人們所崇拜之動植物多與人類自身生存有某種形式關
　聯。

5. 社稷崇拜，社為土地神，稷為農神，此二者對重視農業的中國社會非常
　重要，故此類與農業相關的祭祀在中國社會相當發達，這甚至成為中國
　後世宗教的重要核心。

6.火、石崇拜，火與石影響早期人類發展，故被人們崇拜。

　　在自然崇拜眾多的類型之中，其中的動植物崇拜，又進一步慢慢演變出圖騰崇拜。關於圖騰的意義，前文已有說明，此處再補充其作為信仰的內容。圖騰崇拜形成有兩大原因：

1.是圖騰崇拜之對象多為動植物。人類因生存需求而崇拜動、植物，其中
　動物比起植物更突顯其智慧、行動力，故常見以動物為圖騰。

2.原始圖騰崇拜具有探尋氏族共同起源性質，並可團結氏族成員。

　　人類崇拜動植物的進一步發展是相信這些動植物為本氏族祖先或是保護神，這與人類追尋自身起源、劃分他我有關。圖騰崇拜特別盛行於祖先崇拜形成以前，在時間上多見於母系社會。

　　圖騰崇拜在實踐上，早期人類往往會將其刻劃在各種器具，如陶器上（圖2-9）。在器皿刻劃圖騰，在早期人類階段屬於相對耗費資源之行為，人們卻仍然製作這些器物，當有其背後的宗教性動機。刻劃在這些器

圖2-9　人面魚紋彩陶盆

資料來源：何星亮，《中國圖騰文化》（北京：中國社會科學出版社，1992），頁34。

具之圖騰，其核心是這些圖騰背後所象徵的超自然力量，而不僅是圖騰自身所呈現的圖象。圖騰在演變的過程中，可以見到不同圖騰融合之趨勢。許多圖騰最原始階段是單一動物或植物，但是當不同氏族融合時，其各自的圖騰可能隨之融合，讓圖騰更顯複雜，不再僅是單一的動、植物。此種現象特別常見易於交通、往來等交流頻繁之處所，諸如黃河、長江流域等，這些地區的文化也隨之特別發達。在中國社會中極爲知名的龍、鳳等圖騰，其本質就是高度複雜、融合的圖騰。

圖騰崇拜的演變過程可分爲三階段：

1. 氏族想像動、植物爲自身親屬，尤其是作爲動物的獸，更是多數圖騰的來源，而且常見爲單一氏族之代表。
2. 圖騰出現半人半獸形象，人們開始認爲人是自身的祖先之一，但是其與獸的形象結合。譬如，女媧之形象就是人身蛇尾，此即爲一種半人半獸的形象（圖2-10）。
3. 圖騰經歷多次融合，早已脫離單一動物形象，甚至不再能代表單一氏族，而成爲較爲廣泛族群之共同象徵。譬如龍就已經不是單一動物，其流通範圍極爲廣泛，並非單一氏族之圖騰，更可理解爲一種宗教信仰的象徵。

生殖崇拜、祖先崇拜

自然崇拜、圖騰崇拜之核心爲人與世界的關係，生殖崇拜則是涉及人自身的問題。人口繁衍是所有氏族興盛發展的關鍵，故《孟子・告子上》載：「食色。性也。」「色」的重要性僅次於維持生命之飲食。又因爲各方面因素的影響，人的夭折率極高，所以要維持人口總數不便或邁向增長，對於生殖的需求就更加緊要。更遑論在技術落後、人口稀缺的年代，人口的增加有利於提高氏族的收入。因此，人們開始重視生殖、崇拜生殖，往往會崇拜人的生殖器官以及其他突出繁殖能力之象徵。前述之圖騰崇拜，其被認爲是自然崇拜與生殖崇拜的結合，其最終目的都是確保本氏

圖2-10　天帝與伏羲女媧
資料來源：吳曾德，《漢代畫像石》（北京：文物出版社，1984），頁110。

族之繁衍與強大。生殖崇拜核心是期許自我族群之生存、發展，其與後代
追求兩性關係之性文化有所不同。

　　人類社會早期爲母系社會，生殖崇拜早期崇拜的對象往往就是女性。
生殖現象最直接的呈現就是嬰兒從母體中誕生，這對醫學知識發達之前的
人們而言，此種現象幾近於無中生有，故會將女性作爲生殖崇拜的對象。
生殖崇拜的出發點既然是生殖能力，因此崇拜的焦點大多爲性器官。爾
後，人們體認到生殖是兩性結合成果，父系社會在此時亦逐漸興起，人們
開始慢慢認爲男性才是生殖的關鍵，故生殖崇拜開始逐漸轉而崇拜男性與
其生殖器官，乃至於有性交崇拜。若以中國早期神話中的感生神話看起，

殷契的母親簡狄食玄鳥卵而懷孕，后稷母親姜原踏巨人跡而孕，此處的玄鳥卵、巨人跡皆為男性生殖器之象徵，其所表達概念就是男性在生殖行為中的重要性。

　　生殖崇拜付諸具體呈現，可看出幾個階段性演變。首先，針對女性的崇拜，或可以紅山文化牛梁河遺址女神廟中的紅山女神像為代表，廟中所出土的女神像據信為孕婦，而且有出土乳房等象徵女性生育力的部件。而在原始遺址考古過程中，常常可在陶器上見到魚紋、雙魚紋，這為女性生殖器的象徵。魚紋除在外觀上近似女性外生殖器，而且魚強大的繁殖能力，更成為人類所崇拜之對象，故魚紋成為生殖崇拜的象徵之一（圖2-11）。

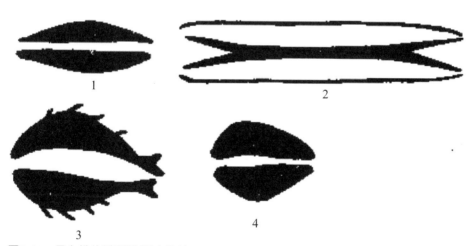

圖2-11　具女性生殖器性質之魚紋
資料來源：趙國華，《生殖崇拜文化論》（北京：中國社會科學出版社，1990），頁169。

　　其次，針對男性的生殖崇拜興起，生殖崇拜的對象開始改為男性與其生殖器。相對於魚紋為女性生殖崇拜之代表，鳥形則為男性生殖崇拜的代表。鳥的頭部、頸部為男性生殖器的直接象形，鳥卵則為象徵男性的睪丸。而且，認為一如鳥由鳥卵中誕生，人類則是將男性卵（睪丸）內部的

「種」注入女性腹部孵化成人。在後世的三足鳥圖象,其三足是兩隻腳加上男性生殖器,故爲男性生殖器的象徵(圖2-12、圖2-13)。

圖2-12　仰韶文化廟底溝雕塑鳥頭
資料來源:趙國華,《生殖崇拜文化論》
(北京:中國社會科學出版社,1990),
頁256。

圖2-13　日中三足鳥
資料來源:吳曾德,《漢代畫像石》,頁
49。

　　生殖崇拜對於中國文化、中國社會有極重要的影響,不論是禮儀、習俗、思維等都可見到生殖崇拜的作用。對中國社會有極大影響的儒家、道家,其思想內涵皆可追溯至生殖文化。《論語‧學而》所謂:「愼終追遠,民德歸厚矣。」一語,「愼終」爲對先人葬禮的重視,「追遠」爲對先祖之祭祀,這些就是祖先崇拜之呈現,而祖先崇拜就是生殖崇拜的進一步變化。

　　祖先崇拜的出現有幾個基本因素:

1. 其奠基在靈魂觀念之上,面對艱苦之環境,人們週期性地崇拜對本氏族有功的鬼,並且相信自身的祖先有超自然力量,故求其庇佑本氏族。此處所謂「有功」之鬼,主要崇拜其崇高人格或豐功偉業,對於血統並未特別強調,其後世再演變出聖賢崇拜之性質。
2. 祖先崇拜係由生殖崇拜而來,主要採用其中的傳宗接代概念,可謂是生殖崇拜的更高級階段。
3. 包含圖騰崇拜之氏族尋根概念,透過確定成員有統一血統以強化氏族之緊密程度,早期圖騰其實亦具有氏族始祖之概念,當人們將自身的起源

由圖騰轉化為祖靈之後，祖先崇拜可謂就此誕生。

4. 「祖先」一詞與父系社會有直接關聯，中文之「祖」字其實就是對男性性器官的生殖崇拜。

母系社會時期生殖崇拜重點為女性，祖先崇拜之主要對象亦為女性祖先。作為祖先崇拜之女性，其不僅僅是如生殖女神重視繁衍後代，更含有護衛氏族等不同功能。因此，女性祖先之形象不再突出生育機能，而會更完整呈現女性之形象。隨時間推進至父系社會，祖先崇拜開始轉換為崇拜男性祖先，而且逐漸建立非常豐富的祖先故事，更成為後世維繫中國社會運作的主要核心之一。

祖先崇拜付諸實現就是對「祖」之崇拜，「祖」字的甲骨文、金文為「且」字。此為對男性生殖器之崇拜，具有男性生殖器造型的崇拜物為「且」形器具。關於「且」形器具之形狀，可見於前文述及父系社會與祭祖之篇章。對「且」形器具之崇拜，主要見於黃河、長江流域等諸多龍山文化以降的遺址，少數為仰韶文化晚期。由此亦可知，在中文範疇中「祖先」一詞既用「祖」字，「祖先」一詞所指就是男性先人。

自然崇拜期許、感謝自然保障人類之所需，因此人有崇拜自然之作為，或可稱為「敬天」。祖先崇拜則是感謝先人賜予自身生命，故《孝經‧開宗明義》稱：「身體髮膚，受之父母，不敢毀傷，孝之始也。」生命並不起於未知的神靈，而是出自於人自身的父母、祖先，故人們有崇拜祖先之作為，祖先崇拜之具體表現為對喪禮的重視，以及定期向祖先祭拜之「祭祖」。祖先崇拜爾後又慢慢產生宗法制度，成為中國社會運作的核心之一。

宗教工作者

在中國社會演進的歷程之中，早期宗教工作者對中國社會有極大影響，並非僅涉及宗教事務而已。在原始宗教誕生之後，宗教工作者便隨之出現，此時宗教工作者或可稱之為「巫」。這些宗教工作者是人與神之中

介，協助兩者溝通，而且還涉及醫療、占卜、祭祀等不同事務。在早期原始社會之中，普通人亦可自行與神溝通，故宗教工作者尚無特別權力與地位。

逮至仰韶文化時代，由於宗教工作的日漸複雜，常人難以掌握完整宗教祭祀工作，故開始出現專門的工具人員，這些人亦被人們敬重、奉養。不過，在早期階段可以通天的人數較多，尚未被少數人所控制。爾後，隨社會中權力分化益發明顯，宗教工作者亦分出等級，乃至於逐漸排除一般人通天權力。政治權力的掌握者往往控制較高階之通天權力，一般人不僅在政治上需要服從這些人，在宗教上也要仰賴他們。

在早期社會的宗教，往往同時兼具其他職能。在良渚文化的相關遺址，往往可在墳墓的隨葬品同時發現玉琮、玉鉞，其中玉琮是宗教用的通天器具，玉鉞則是軍事統帥的象徵，這說明墓主同時掌握宗教、軍事之權力。此外，早期人類往往認為疾病是靈魂與身體不協調所致，故會以宗教方式解決疾病，因此宗教工作者也具備醫療職能。不論是宗教、軍事、醫療，這些都與人們的生死存亡有很高關聯，從而讓相關工作者對普通民眾有很大影響力。另外一方面，宗教活動也是早期人類少數可以放鬆並且彼此互動之日子，農業祭祀的社日集會更逐漸產生出「社會」一詞，顯見宗教活動對人們的重要性。

中國早期宗教之發展具有幾個特性：

1. 自發性。其信仰的內容是在人們的生活中自然產生，並非有人刻意創造。
2. 氏族性。早期宗教為氏族共同信仰，相關神力的影響範圍不超出氏族範圍，尚且缺乏普世性神。
3. 地域性。自然崇拜中的神祇與氏族所處環境有關，如山神、海神等，具自然宗教特點。
4. 實用性。人們尋求神祇協助解決自身日常問題，而非是單純尋找宗教之寄託。

第三章
商、西周時代

　　史前時代、歷史時代是以文字之有無爲分界線，目前在中國歷史最早可確認之文字爲商代的甲骨文，從而可以認爲中國至遲在商朝進入歷史時代。而在中國社會史的發展脈絡中，商、西周時代自身則是以宗族、宗法制度爲核心的年代，構成一個具有封建制度、等級結構之社會，然其家庭組織尚未如後世發達。商、西周時代此種特色，向上可追溯根源至確定形成父系社會的夏代，向下又轉型變化至豪族興盛發達之戰國、秦漢時代。本章即以商、西周時代的宗法制度、宗族爲核心，探索中國社會史在此時期之演變。

第一節　社會結構與秩序

商、周社會秩序的演變

　　人類早期以血緣建構社會，在母系社會的氏族之中，其所有成員皆具備血緣關係。而從父系社會開始，氏族之中開始出現不具備血緣關係者，她們透過婚姻關係而成爲成員。此種血緣色彩逐漸減少之發展，可謂是商、周時代社會演變之特色。

　　以夏代社會而言，其統治者稱「后」，據信其在甲骨文中可作「育」、「毓」，這被認爲是在以血緣爲主的母系社會中，人們會感懷有生養之功的母親、祖母，故以相關詞彙爲尊稱。此種具有血緣色彩的用詞，至已開始父系社會的夏代依然使用，主要用於稱呼對社會有貢獻者，成爲領導者的頭銜。夏代社會中依然存在諸多氏族社會之特色，不過已經出現超越強調血緣的氏族社會，凌駕於全社會之上的公共權力，此種權力並非純以血緣爲其根基。

　　商代的王是政治領袖，同時又是群巫之長，這是結合王權、神權的象徵。商王透過崇拜祖先，運用祖先神無與倫比的尊崇地位，強調自身對各方國的主導地位。商王雖然利用神權，但是神權同樣可讓其他人運用，如方國領袖亦可使用大巫名義瓜分神權。因此，商王在尊崇神權同時，又要逐漸弱化神權，強調自身的王權。從而出現前期商王敬畏神權，但是後期商王甚至敢「射天」之現象。在此種背景之下，商王對於各方國之控制已較夏代為強，但是各國仍有相當之自主性，對於商王未必完全服從。而且值得注意，在商代前期，所謂之一國，其往往就是氏族社會中具有血緣的一族。

　　就商代社會而言，前期仍具有強調血緣的氏族社會之色彩，逮至商代晚期則逐漸過渡，開始邁向地緣社會。氏族由血緣組織，亦漸漸轉化具備地域性，而這也象徵作為組織的氏族逐漸邁向瓦解。此種演變的成因是社會分工逐漸複雜，開始出現較為專業的工人、商人，各氏族由於需要這些專業分工者所提供之服務，因此允許這些人可以從其出生的氏族移居到自身的氏族，這就導致氏族內開始出現不具備血緣、姻親關係之成員。更遑論還有因為政治性因素，某些人群被交付另一氏族管理。而氏族主要透過祭祀活動等維繫氏族內關係，然而如《春秋左傳・僖公十年》所載：「神不歆非類。民不祀非族。」這些氏族內新出現的外來者無法參與氏族祭祀活動。因此，開始逐漸產生一種區域性組織取代純血緣組織，將生活於該區域的人們納入管轄。此類組織發展至商代後期，縱使在名義上仍為氏族，但實質上已是一種以地域性為主的組織。

　　周人在取代商朝之前，其原本同樣為以血緣為主體之組織。但是，自古公亶父以降，周人在立領導人時開始納入政治考慮，不再僅依據血緣傳遞職位，從而有古公亶父為將王位傳給姬昌而立季歷之現象。此種作為之目的是周人為替自身謀取利益、抗衡商人的打壓，這可視為一種政治性目的。逮至周滅商、三監之亂以後，周公整理商代滅亡原因，決心改變商代政治架構，實施宗法封建制，政治考慮成為周人安排社會秩序的重要考

量。氏族由血緣組織被改造成爲宗法制，在宗法封建制中領導者固然仍爲宗、君合一，但此類組織之政治的向心力爲其首要考量，血緣則爲其次要考量。

周代宗法封建制打破商代前期一族一國的血緣制，周王分封姬姓、異姓建國到首都附近或是重要交通要衝，而這些國家內部由周人、被遷移殷人、土著、其他方國的人群組成，大多數的人彼此之間不存在血緣關係，其性質已轉化爲地緣國家，因其身處此地而受國家管轄。這些國家位處重要地點，內部又可集結各族專業分工後的人才，從而讓其力量遠超過傳統血緣國家，統治效率亦得到提升。

在周代宗法封建制的社會秩序中，各層級的身分既存在血統衍生之關係，同時又具備主從關係，此種關係具體呈現爲昭穆制、大小宗制。關於昭穆制、大小宗制的具體內容，本章後面會再說明。透過宗法封建制，周王與封國之關係較商代更爲緊密，各封國縱然仍有一定之獨立性，但是他們對周王之臣屬關係亦更強，存在貢賦、隨王出征等封建義務，並形成一種由天子至士的梯形分封結構。

封建與貴族

商、西周時代是實行封建制度的貴族社會年代，特別是周代以降的宗法封建制，更是封建制度的全盛期。由於上古資料的缺乏，人們往往難以探索早期的社會結構，目前相對有較多資料可供探討者爲周代。西周社會的人群可約略分爲天子、諸侯、卿大夫、士、平民、奴隸等六個等級，並以此形成相當穩定的社會結構，而其中從天子到士都屬於貴族階級。

「貴族」一詞中有「族」字，其特色之一就是依族而居。在商、西周時代的貴族制中，其依然具有氏族社會之傳統，貴族有其所屬的領地、臣民。統治權力分散於各級貴族手中，此可視爲一種貴族分權制，貴族擁有其所管轄領域內的土地、人民，從而成爲政治實體，諸侯更無異於一種獨立王國。周代貴族會實施宗法制度以結合具有血緣之貴族，此一制度包含

大宗、小宗、嫡長子繼承等概念,貴族可以世襲官職。上下級貴族之間存在主從關係,上級對下級實施錫命禮,藉此確定下級對上級的臣屬關係。不過,周代除封建姬姓族人之外,還會封建上古共主之後裔、原屬商朝國家、異姓功臣。周朝會特別監管原屬商朝國家,但是仍承認他們的社會地位,以及其領土、臣民。

　　周代封建體系主要特色是宗統與君統合一,這是指統治者既是其宗族之族長,同時又是國家領導人,統治者集族權、君權於一身。其中族權以血緣關係為核心,君權則是以地緣關係為核心。此種現象是呼應於商代以降國家與氏族的發展,作為血緣的氏族逐步衰退,而以地緣為核心之國家在興起。此時氏族依然是構成社會的基底,故統治者仍需要把握宗族領導人的地位,但重視作為地緣組織的國家統治者。而且,西周實施世族、世官制,世族指世代擁有土地、人民的宗族,世官則為世代為官。官吏由宗族世襲,這些官吏大多是某宗族的宗子,他們是代表自身的宗族參政。不過,縱使是周天子,他仍然屬於宗權體系的一環,而非超越於宗族之外。且君權尚在發展階段,統治者的權力遠小於後代的君王。

　　此處值得進一步觀察在周代社會結構之中,其貴族呈現何種特色:

1. 天子。周武王滅商之後,他需要尋找一種方式控制他的集團,以及穩固周政權,故採行宗法封建制,冊封姬姓與異姓諸侯。在宗法架構中,周代天子是諸侯之大宗,諸侯則為天子的小宗,天子以大宗、宗子的身分統治諸侯。天子是社會結構中的最高等級,名義上為全國土地、人民的管理者,但事實上沒有直接治理全國人民之權力。

2. 諸侯。諸侯來自於姬姓、異姓功臣、殷商遺族、上古共主後裔等,還有天子的兄弟與族人,他們在宗法制度中是天子的小宗,但又是自身所屬卿、大夫的大宗。諸侯在封國內有相當獨立性,周天子無法干涉。卿大夫在其封地內同樣有相當獨立性,諸侯無法干涉。周代形成高度等級化的社會,諸侯是否可分為五等爵仍有討論空間,但出土之西周墓葬,其大小、隨葬品皆出現隨等級不同而有差異之特色。

3. 卿大夫。卿大夫是諸侯的小宗,卿大夫則是士的大宗。卿大夫的來源之一是諸侯的諸子,或因各種因素被安排至諸侯國的氏族。卿大夫世襲諸侯國內的采邑、官職,惟其爵位、職位主要給嫡長子繼承,土地則會分給諸子。卿大夫在其領地內有較高獨立性,擁有城邑、軍隊,同樣也有自身的宗族組織。

4. 士。士為卿大夫的小宗,他們主要來源之一是卿大夫的諸子。士同樣由其嫡子繼承,其餘諸子則成為平民中的「國人」。士為貴族階層中的最低層,他們的土地稱為食田、祿田。

鄉遂制度與國人、野人

在周代社會結構之中,貴族之下還有人民,人民內部可以再分為國人、野人,這兩種人的社會地位不同。要了解何謂國人、野人,則要先認識周代的鄉遂制度,此一制度與周代平民的社會結構有高度關係。《周禮》將周王治下區域分為「國」、「野」兩區。其中國都之內稱為「國中」,及國都城廓外相當距離內稱為「郊」,在「國中」之外、「郊」之內設有六鄉,此即鄉遂制度的「鄉」。而在「郊」之外一定距離內的區域稱為「野」,在「郊」之外、「野」之內設有六遂,此即鄉遂制度的「遂」。一般而言,「郊」以內的區域可以稱為「國」,「六遂」所在地區則稱為「野」。住在「六鄉」以內區域的人稱為「國人」,住在「六遂」的人稱為「野人」,兩者皆可統稱為「民」,需要替上層的貴族服務。

「六鄉」、「六遂」兩者的差異並非僅是到國都的距離,其本質上為社會結構不同階級的制度。在「六鄉」之中,其採行比、閭、族、黨、州、鄉之組織,此類組織具有氏族組織之特色,居民間仍以血緣作為維持關係之關鍵。在「六遂」之中,其組織為鄰、里、酇、鄙、縣、遂等,此類組織為地緣組織,居民間為地緣關係、鄰居關係,不復以血緣關係為主體。

　　「國人」是「六鄉」的居民，其來源有周人、殷商遺族、其他氏族等，與貴族可能有血緣關係。譬如，「士」除嫡長子以外的諸子，若未能繼承爵位，則會變成「國人」，而這些諸子亦是「士」的小宗。「六鄉」之所以仍具備血緣特色，其關鍵就是「國人」縱使並非貴族，他們仍然是國家統治集團的一部分，因此有需要以血緣團結這些人。雖然「國人」作為「民」，並無直接施政的權利，但是作為統治集團的一部分，統治者遇到國家大事時需要徵詢「國人」的意見，譬如遷都、和戰，乃至於廢立統治者等，統治者需要得到「國人」支持，才能穩定統治。出現統治者需要徵詢「國人」這種現象的成因，可能與早期氏族共權有關。作為統治集團的一部分，「國人」還有從軍之權利，他們可以被徵招為武士，以武力支持整個統治集團。《周禮》中軍隊的組織編制，與「六鄉」之鄉黨組織高度配合，他們成為「六軍」的基礎。「國人」雖屬於統治集團的一環，但是他們同時也是「民」的一部分。因此，「國人」還是需要耕作土地、自食其力，並且要承擔各種軍賦、力役等。

　　值得特別一提的是「里」。在「六遂」制度中的「里」應為城外里，作為「國」核心的城市中亦有「里」。國人會依其族群，住在各自的里，里由「里君」管理、控制，里君同時也是該族群之長。里內人口大約為五十戶，周圍有里牆，有出入用之里門。里中的成員共同耕作、納稅、祭祀，乃至形成一種共同體的概念。

　　「野人」為「六遂」的居民，「野人」大多數與貴族間並無宗族關係，「六遂」的組織偏向於地緣組織，主要是因為「野人」屬於被統治者，沒有政治權利。「野人」隸屬於各級貴族，需要向貴族納貢、服役，除少數與貴族存在宗族關係的「野人」較為自由之外，大多數的「野人」沒有遷徙自由，人身受貴族控制。「野人」雖然缺乏政治權力，但是他們與貴族關係之好、壞，仍足以影響貴族的實力。「野人」無法正式參軍成為武士，戰爭時他們僅能隨軍隊服勞役。「野人」的來源包含當地原住民、士的隸子弟等。「野人」居住在野外的邑、里、社，邑、里皆有圍牆

與門。貴族可能會領有數十至數百個邑、里，每個邑、里大約有三十至四十戶，他們共同耕作、納稅、祭祀，同樣形成一種共同體。在田地的邊界，貴族會利用自然地景、人造設施建立「封疆」，並且在「封疆」派「候」監守，防止「野人」逃亡，從而確保人們會耕種貴族之土地。

「國人」或「野人」各自在自身的聚落中生存，而這些聚落的成員受限於生產技術，他們必須以「耦耕」的形式共同生產，從事農業勞動，再共同分配勞動的成果。又因為賦役是以聚落為單位課徵，故作為聚落成員的「國人」和「野人」較能平均分配承擔賦役。

第二節　宗法制度

宗法的起源與作用

宗法制度是商、周時代社會重要的制度，此一制度之關鍵是區分出大宗、小宗，並以此作為相關繼承的依據。而宗法制度自形成之後，其歷經各種演變，下限可發展至中國近現代，其對中國社會之影響不言可喻。在說明大宗、小宗以及相關繼承制度之前，有必要先說明宗法制度的起源，以及其主要的象徵意義為何。

「宗法」又名宗族之法或宗廟之法，亦可理解為宗子之法，這是一種為協助解決貴族在繼承、權力、財產之紛爭，藉此以穩固封建的制度。此一制度是讓宗族內部可以透過血緣對族人控制、約束，為實施有效控制，其必須界定族人之範圍。商代祭祀祖先範圍極廣，諸如多祖、多妣、多父、多兄等，其最終將導致需祭祀人數過多，如何制度性地淘汰或保留那些祖先以祭祀，這就是宗法制度的作用之一。但這種制度並不限於血緣之中，這是一種將血緣與政治關係結合的制度。據信商代已經初步產生宗法制，周代則是宗法制的全盛階段，藉此維繫其宗法封建制的運作。

中國社會至遲在夏代已經邁入父系氏族社會，而起於商代、興盛於周代的宗法則是由父系氏族社會的家長制演變而來，這可由下列諸點發現。原始的祖先崇拜轉變為宗廟制度，氏族墓地形成族墓制度，氏族名稱漸變

成姓氏，族外婚變成同姓不婚，管理氏族事務的氏族長漸變成宗主主管制，氏族協助管理人員漸變成家臣制。宗法制度將氏族轉化成為宗族，進一步成為政權基層組織，然進一步的問題是為何會產生這些變化，此種變化的意義何在。

　　宗法制度存在的最直接作用是防止宗族成員對地位、財產之爭奪，希冀穩定貴族之統治。商代曾發生「九世之亂」，從中丁到陽甲的九任商王出現王位爭奪，爭奪導致的混亂讓商朝中衰，故不論是商代或周代的人們，他們都想思考可以避免此種現象再次出現的制度。宗法制度就是殷、周時人所想出的解決方式，王國維在〈殷周制度論〉中指出：

> 蓋天下之大利莫如定，其大害莫如爭。任天者定，任人者爭；定之以天，爭乃不生。故天子諸侯之傳世也，繼統法之立子與立嫡也，後世用人之以資格也，皆任天而不參以人，所以求定而息爭也。

宗法制主要核心之一就是嫡長子繼承制，讓誰能夠繼承交由「天」決定，而不由人的作為決定。比起人們用武力爭奪帶來之禍害，家庭分裂、國家衰弱，縱使嫡長子未必是最賢能的人，嫡長子繼承制仍是相對更為理想的制度。需要化解繼承問題者並非只有天子，各級貴族都有其爵位繼承問題，故宗法制是針對所有貴族普遍實施。在化解人們互相爭執的同時，宗法制還可以凝聚宗族、強化領導者權力。

　　宗法制度對於中國社會的最大影響，主要在於其允許中國社會內部存在以血緣為核心的私法團體。國家承認血緣團體領袖可用私法代替公法對成員處置，乃至於讓此種團體成為國家行政、私法的基本單位，這就是中國社會被認為具備家族主義色彩的原因。雖然從商、周時代的宗法制度與後代宗法有諸多差異，但是此種制度之起源可向上推至商、周時代，則當無疑問。

　　在周代宗法封建制之中，其另一個重要的概念是君統、宗統兩者合一。關於宗統，若以周天子舉例而言，周天子是諸侯的大宗，諸侯是周天子的小宗，故在宗族關係中周天子屬於諸侯之宗主，諸侯對其擁有基於血緣關係的向心力。而且，各級貴族之所以可以掌控政權，這與他們和王室的血緣有關，故以血緣爲基準的貴族們需要宗統，他們也會盡可能維持周天子族長權威，藉此間接保護自身。對於異姓諸侯，周天子再依據同姓不婚原則和異姓諸侯產生婚姻關係，從而將異姓諸侯納進宗統之中。至於君統，則是指周天子同時又是諸侯的君王，周天子有領導權、資源分配權等政治領域支配的權力，諸侯對天子有基於政治關係服從的義務。因此，周天子同時在血緣、政治兩方面對諸侯都有支配地位，這就是所謂的君統、宗統合一，整個制度讓國（君統）、家（宗統）兩者高度結合，成爲眞正意義之「國家」，大幅強化周王的權威。

　　君統、宗統兩者合一，其目的都是爲穩固貴族統治，但是兩者的地位、權力並非平等。宗子在族內的地位，一如國君在其國內的地位，而且宗統、君統都採用一樣的嫡長子繼承制。但君統之重要性高於宗統，如天子、諸侯面對自身兄弟時，他們必須以國君身分對待兄弟，而非親屬關係。政權的重要性大於族權，故血緣關係必須屈從於政治關係。本章第一節曾提及由商代演進到周朝，其關鍵演變之一就是打破血緣國家，以地緣的形式將無血緣者納入管轄。而君統既然可管轄這些以地緣形式被納入者，其可控制人口大於宗統，君統力量自然大於宗統。在中國社會未來長期的歷史演變過程中，君統的力量將進一步擴大，宗統的力量將會慢慢被君統所吸收。至於宗法制的適用範圍，早期學者多認爲其不適用於天子、諸侯，僅適用於卿大夫、士。然經後續研究，學界多認爲宗法制應當普遍適用於貴族階層。

　　西周社會以宗法封建制爲核心，藉此建立大規模、宗法化的國家，並以周天子爲宗主，這奠定周代的社會秩序，並促使周代進入鼎盛時期。周代宗法制可謂是其社會秩序的基石，從周天子到士，每一層除周天子之

外，每一層都是上層的小宗，同時又是下層之大宗。譬如，諸侯是天子的小宗，但同時是卿大夫的大宗。不過，諸侯對於土地控制之能力大於周天子，卿大夫是替諸侯管理土地者，卿大夫並不具備諸侯對土地之控制力，諸侯才是較有能力形成獨立王國者。

大宗與小宗

在宗法制度之中，其最重要的概念為大宗、小宗。商代已經出現大宗、小宗的概念，由於商代資料殘缺，就目前資料可知商代諸王都立尊廟，商王死後若有子繼承王位，則祭祀於大廟，此稱為大宗。商王若死後無子繼承王位，縱使商王本人是嫡長子，依然收於小廟祭祀，此稱為小宗。此種大、小宗的區別方式，顯然與周代不同。

周代宗法制度重視的是嫡長子繼承制，以及區分大、小宗。至於何謂大宗，其要符合幾個基本概念。

1. 嫡長子。中國社會自開始實施父系社會以來，即開始採行一夫多妻制，然只有正妻所生子可稱為嫡子，其中的長子為嫡長子。

2. 可祭祀始祖。每世周王都以嫡長子身分繼承，而且為下任周王所祭祀者，則其世系可祭祀始祖。其為嫡長子且可祭祀始祖者，其人必為宗族中最大的嫡長子，其人稱為宗子，其世系稱為大宗，而大宗為百世不遷之宗。宗子繼承宗廟，而一個廟只有一個祭主，宗子就是宗廟唯一的祭主。宗法制度特別強調尊祖，並以對祖先之祭祀典禮表現，不論是大宗或普通族人都需尊祖。而在宗廟主祭始祖的權利，自然是專屬於身為祭主的大宗宗子，其餘族人必須敬重有此特權的大宗。周王是周代社會中最高階的大宗，而除周王之外，其他身為大宗者，往往同時又是他人之小宗。

關於小宗的特性，是其對於大宗而言，小宗五世則遷，意即大宗、小宗在五世之後成為遠族。然小宗的範疇為何，或可由周王的層級理解。周王之同母弟、庶母兄弟受封為諸侯者，皆稱之為小宗。而這些諸侯又是他

們所屬卿大夫之大宗，卿大夫是諸侯的小宗。卿大夫則爲士的大宗，士爲卿大夫的小宗。透過如此，其構成一個層層相連之宗法形式政治組織。在此一架構之中，各級大宗對其小宗而言，都享有前述大宗的地位，並可對諸小宗實施統治。縱使是在異姓諸侯之中，其內部同樣是採用大、小宗制運作。

　　此種大、小宗的宗法制度，其首要是保障大宗、宗子的絕對地位，並建立起宗子管轄其小宗家族之等級秩序。《春秋左傳・定公四年》所謂：「使帥其宗氏。輯其分族。」其就是表示大宗可以統帥作爲分族的小宗。大宗、小宗的關係並非單方面，大宗有保護、幫助小宗的責任，小宗則有支持和服從大宗的義務，從而構成完整的宗法關係。周人設計此種制度的目的之一，主要是透過宗法制串聯周族，使其不致在分封的過程中，變成許多不相關聯的單位。

　　由於周代宗法封建制採行君統、宗統合一，故大宗的宗子並非只是宗族之族長，他更是小宗的君主。如周天子既是姬姓貴族的族長，他同時也是治理天下的王，他具備血緣、政治雙重領導者身分。諸侯作爲周天子的小宗，他們既是天子的族人，也是天子的臣子。依此類推，諸侯既是他自身宗族的族長，也是他的封國之君主。卿大夫則是諸侯的族人，亦是諸侯的臣子。因此，小宗對於大宗之服從，並不僅僅是宗族內血緣關係之服從，更是在政治上臣子對君王的服從（圖3-1）西周班簋銘文拓片，就是記載毛伯服從周王旨意，討伐外敵的內容。

　　要理解周天子爲「天下大宗」的眞正涵義與適用範圍，則要理解宗法制度中君統與宗統的結合。前文已經提及，周王以大宗、宗子的身分統領身爲小宗之諸侯。可是，周王與已立多世、早已分氏的諸侯之間，周天子與諸侯之間不再具備同氏關係，兩者將不復有以血緣約束之同氏關係，周天子將不再是諸侯的族長。如此一來，兩者又是以何種原因持續維持？其實，周王對於諸侯之管轄權力，其最核心是出自於政治上的地位。至於血緣關係，主要運用於各種認親行爲中。由商代到周代的歷史演進進程觀

圖3-1　西周班簋銘文拓片
資料來源：https://www.newton.com.tw/wiki/%E7%8F%AD%E7%B0%8B

之，此種現象符合血緣國家向地緣國家轉變的歷程，人群之間的政治性關係逐漸強化。宗法關係中具有私法性質之團體，具有完整之宗法關係者，已逐漸由較為廣泛的整個宗族，慢慢變成運用於同氏集團之中。此種現象不僅是發生在天子與諸侯之間，各層次貴族之間都可能出現類似現象。

宗法與繼承

　　母系社會、父系社會之根本差異在於繼承問題，由此可知「繼承」本身足以構成劃分時代之關鍵，更遑論嫡長子繼承制可謂是宗法制的核心，而在商、周時代兩者之間，可謂是此種繼承制度發展、演變的關鍵時代。《史記・梁孝王世家》載：

> 殷道親親者，立弟。周道尊尊者，立子。殷道質，質者法天，親其所親，故立弟。周道文，文者法地，尊者敬也，敬其本始，故立長子。周道，太子死，立適孫。殷道。太子死，立其弟。

此語顯示商代在繼承時重視宗親關係，似乎未特別區分直系、旁系，但是周代則更進一步強調直系宗親關係。具體而言，其呈現的意象是商代兄終弟及，周代父死子繼。漢代時人是否能夠充分理解商代社會制度，自然仍有諸多討論空間，但是商、周有別則當無疑義。

　　關於商代的繼承制度，其並非如漢代學者所認識的單純，實有前、後期之不同。商代前期採行兄終弟及制，此種制度被認為是母系氏族社會制度之殘存。因為，在母系社會中血統按照母系計算，即具有同一母系血脈者為本氏族成員，同母兄弟會被視為同一個氏族之成員，而父、子必然是不同氏族的成員。誠然，商代業已脫離母系社會，但是由於制度往往落後於實際社會變化，故原有母系社會若干概念可能依然殘存，從而出現兩個制度過渡階段的特殊現象。雖然在社會現實上已看重父系血脈，繼承發生在男性成員之間，但對於男性領導人而言，兄弟在母系社會概念中是同一氏族之成員，其關係相對較「親」。至於男性領導人之兒子，在同氏族不婚的背景下，其與領導人並不具備同一母系血脈，「親」的程度將會低於兄弟。雖然在事實上商代氏族成員計算早已以男系血脈為準，但在早期階

段當發生繼承的時候，相關的地位、財產將會優先選擇傳統被視為本氏族成員的「弟」，傳統被視為其他氏族成員之「子」的順序則為最後繼承。從另一方面而言，「子」擁有繼承權利，這顯示父系社會概念亦已發揮作用。故商代前期兄終弟及的現象，應當作為一種母系社會向父系社會轉變，並出現在父系社會早期的現象。

　　商、周社會的演變，主要過程是由血緣國家向地緣國家轉變，在此演變的過程中，商代中、後期商朝由經常移動的國家，轉換成定居於特定空間的國家，似乎更突顯其地緣性的作用。在商代此種轉變的同時，父死子繼且為嫡長子繼承的制度逐漸確立，宗法制度的雛形逐漸誕生。其中間有若干漫長演變過程，此種演變首為明確區分直系、旁系，直系指父、子繼承，旁系為兄終弟及。商代甲骨卜辭中已開始厚直系、輕旁系，兩者所祀祭典不同，出現等級差異。在重視直系的背景下，此種演變進一步是產生直系內部嫡、庶制差異，商代可能存在父子直系繼承中採嫡、庶並傳之階段，隨後即朝向區分嫡、庶制，並以嫡長子為尊的階段發展。商代甲骨卜辭中對於「帝」、「介」德區分，咸信就是與嫡庶制接近之範疇，「帝」就是「嫡」的前身。此種制度至遲應當已在商代晚期成型，由《史記‧殷本紀》所載：

> 帝乙長子曰微子啟，啟母賤，不得嗣。少子辛，辛母正后，辛為嗣。帝乙崩，子辛立，是為帝辛，天下謂之紂。

一語可知，商紂王帝辛雖然並非長子，但由於其母為正妻，故商紂王身分為嫡長子，最終王位就由他繼承。這顯然就是嫡庶之別在商代晚期已經確立，嫡長子制的發展與確立，這或可作為氏族社會向宗法封建制時代轉變的過程。

　　周代承續商代中、晚期確立的父死子繼制度，並採用更為明確，實施

嚴格的父系單系繼承制度。《春秋公羊傳・隱公元年》載：「立嫡以長，不以賢。立子以貴，不以長。」此語顯示周代嫡長子繼承制的特色。周代宗法制度的核心並非是尊祖敬宗，而是嚴格區分嫡、庶制，確保嫡長子繼承制。周代貴族在繼承爵位時，不論是天子、諸侯或是卿大夫，雖然在社會實際案例中總有例外，但其主要發生在父、子之間，特別是以嫡子中最長的嫡長子優先繼承。若無嫡子，則由庶子中最長的庶長子優先繼承。整個制度的本質就是調和兄弟之衝突，以免產生各種內亂，進而穩定宗族組織。至於財產，則與爵位繼承不同，周代已經採用所有男性子嗣均分或共同繼承的制度，並非僅給嫡長子。財產分產時間，可以是家長生前，亦可是家長死後。

　　在周代宗廟制度中，有一種稱爲「昭穆制度」的特殊現象。在宗廟之中，在太祖以下採行左昭右穆的次序排列。具體而言，首位得位或受封者稱爲太祖，太祖之子位於太祖左側，稱「昭」；太祖之孫位於太祖右側，稱「穆」；太祖之曾孫又回到太祖左側，又稱「昭」；以此類推，循環不已。依此種排列順序，除太祖本人之外，祖、孫必在同一列，父、子將分開兩列（圖3-2）周代昭穆順序所示。此種排序並非是僅用於宗廟之中，

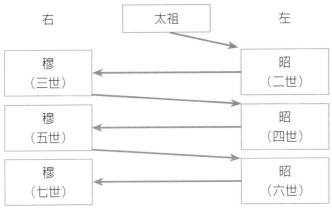

圖3-2　周代昭穆順序
資料來源：自製。

宗族公墓、宗族重要活動，乃至於聚餐或酒會時，皆按照此一順序排列。一如《禮記・祭統》載：「是故有事於大廟，則羣昭羣穆咸在，而不失其倫。」其展現的就是昭穆制實際運作的場景。

昭穆制度本身的運作不難理解，但問題是在於為何會有此種制度。在宗法制度之中，父、子關係最親。但在昭穆制度之中，變成祖、孫最親，兩人排在一起；父、子卻分開，兩人關係似乎較遠，這是一種只論輩份，不分親疏的制度。有學者認為這是氏族共權特色的呈現，近期則認為這是亞血族群婚制的殘留。在母系社會之中，以母系血緣決定一個人所屬之氏族，昭、穆原為母系社會時代，兩個彼此通婚之不同氏族。由於其彼此通婚，則長期運作上則如第一世身為昭族的父會與穆族女子生子，此子身分將為穆族成員；屬於穆族的子爾後再與昭族女子生孫，孫將為昭族成員；如此一來，祖、孫將為同一氏族，父、子則為不同氏族，這剛好符合周代昭穆制度的運作機制。

昭穆制度固然起源於母系社會，但周代早已脫離母系社會，為何又採行此種制度？有學者認為這是母系氏族社會的制度殘存至周代，也有認為這或許與周人滅商之後，需要眾多人力統治東方領土，因此起用關係較遠族人有關。爾後，隨政權穩定，分封不再無限進行後，昭穆制先轉化作為維繫氏族成員的作用，最終為大、小宗制所取代。

第三節　商、周的宗族

宗族的意義

宗法制度是商、周時代社會的重要制度，與此相對應的「宗族」更在商、周時代有重要意義。世界許多文化都可見到宗族之存在，宗族制度並非中國社會所獨有，但是中國社會之宗法制度卻是最為完整。為轉化商代前期純血緣氏族國家之不足，商、周宗法制度的特色是結合血緣關係、地緣關係，其具體呈現就是呈現為宗族與政治制度合一的制度，其發展高峰可謂為西周時期。

關於宗法制中的大小宗、嫡庶、繼承等問題，其多爲商人開啟其變，周人完善相關內容，這些業已於宗法制度一節中說明，本節將著重於「宗族」本身。在宗族方面，周人在滅商之後，固然有面對若干政治問題的調整，但是其宗族型態等仍受商人宗族影響甚大。

然而，此處所謂的「宗族」究竟所指爲何？周代人們對於宗族已經有深入認識，宗族爲一種以親屬血緣爲基礎的組織，沒有血緣關係者，縱使是姻親，除少數特定身分之外，皆不屬於宗族成員。然而，有血緣關係者，亦不必然屬於同一個宗族，血緣關係需在一定範圍之內，才構成宗族關係。首先需要理解，此處所謂之血緣是以父系血緣爲本位，並不包含母系血緣。在具備同一父系血緣的概念下，可再參考《白虎通·宗族》所載：

> 族者，何也？族者，湊也、聚也。謂恩愛相流湊也。上
> 湊高祖，下至玄孫，一家有吉，百家聚之，合而爲親，
> 生相親愛，死相哀痛，有會聚之道，故謂之族。

由此語可知，宗族主要的血緣範圍是向上推至具有共同高祖，向下推至玄孫，這些是屬於同一個祖先世系下的直系、旁系。在此範圍之外的人，縱使具備血緣關係，亦不列入宗族之中。這顯示周代人們對於親屬中的直系、旁系、世代關係等都能夠精確區分，方能以其作爲區分標準，這亦顯示人們對於宗族之認識已經相當深化。所謂的「族」、宗親，所指就是特定範圍內的父系親屬團體。至於此一團體之人數多寡，有學者據甲骨文指出，一族約由百家所組成，至周代依然如此，故《周禮·天官冢宰下》疏載：「百家爲族。」

在周代已經有「三族」、「五族」、「九族」之概念，但是這與後代將這些用詞用於指涉對於同一宗族內部關係不同，如後代所謂「九族」約略近似於《白虎通·宗族》所指「宗族」範疇。但在周代，這是一種基

於諸如政治、軍事等特定目的，由多個宗族所構成之暫時性宗族聯盟。這屬於一種人為有意識地組成之團體，其彼此之關係可以是直系，亦可是平行，只需符合此聯盟之需求即可。

作為「族」的宗族，其從商代開始就是社會的基本單位，商王朝之核心就是以「子」為姓的族群。族內部的結合讓其以群體形式存在，並構成一股相當有力之力量，統治者如何統治團結、組織化的「族」，其複雜度高於統治諸多零散的「個人」。受限於技術水平，此時各種經濟活動需要以集體方式進行，商王往往以族為單位派遣人們開墾土地。

商代的族不僅是從事經濟活動單位，更是一種武裝集團，可以作為軍隊派遣。商代王族是由商王同族之「眾人」所構成，王族是戰爭時的中堅部隊。此種概念逮至周代依然可見，周人以姬姓、姜姓為核心，他們在全國各地實施宗法封建制，各地周人宗族內的成員會成為武士，這是讓周人宗族在武裝化後對各地實施統治。

周宗族進一步的作用是維繫統治。周人以少數統治投降殷人與廣大國土，周人更有必要維持內部緊密關係以統治。而此種維繫分為兩個層次，第一層是周王室與各地諸侯維繫關係，並以諸侯屏障周王室；第二層則是各地貴族需要內部維繫關係，以面對被分配到其領土殷人族群，以及當地原住民。故宗族確有其存在之現實需求。這些人能夠發揮政權支持者的作用。

不過，雖然商、周時代有宗法封建制，宗族在其中有重要角色，但要注意這兩者不能畫上等號。宗族本質上為一種血緣團體概念，其可以獨立於作為地緣性質的國家、封疆存在。即一個宗族縱使沒有任何封疆，其亦可存在、運作。相對地，周代以降國家、封疆的地緣性質日漸增強，其可以獨立於宗族存在，此點到春秋、戰國以降將會更為明顯。

宗族組織與結構

在宗法封建制度之下，各地存在大、小不同宗族，而在認識宗族的

意義之後，進一步則需理解宗族的組織與結構。宗族最重要的核心為「宗子」，其又可稱為「宗主」。「宗子」之來源為嫡長子繼承制，其身分為世襲。「宗子」具備族長身分，地位最為尊貴，並可掌握本宗族所相對應的政權，成為政權的領導人，「宗子」具備政治之權力。「宗子」向上繼承並掌管全族的一切權力，他具有財政大權，故可管理本族所持有的土地、人民等共同財產。「宗子」又掌握有宗族的兵權。而且，「宗子」還具有神權之權力，「宗子」是宗廟唯一的主祭者，因為宗族內只有「宗子」有主祭始祖的權利。「宗子」可謂是集血緣、政治、經濟、軍事、宗教等各方面大權於一身，這是「宗子」管轄族人權力之來源，最終讓「宗子」成為其宗族內權力最大的領袖。「宗子」並不僅僅是享受各種權力，他還有庇護宗族與其成員的職責，《春秋左傳・襄公三十一年》所載：「故能守其官職，保族宜家。」一語，此就是各「宗子」對於其自身宗族的責任。

「宗子」是由父系氏族的氏族長制演變而來，對其宗族掌握諸多不同權力，而且又有極高的社會地位，此種現象可呼應於獨尊一人的政治發展，其地位無異於宗族的統治者，故有學者稱「宗子」之於宗族，一如國君之於國家。越高度發展的宗族，由於其發展出複雜、嚴密的組織，此類組織自身運作的能力，可以克服「宗子」能力問題，故其對於「宗子」個人的品質、能力要求越低。因此，比起追求「宗子」個人能力，將會更重視透過嫡長制選擇人選，盡可能減少領導人更迭造成的動亂。這點在周代，不僅是發生在宗族內部繼承之中，在政權繼承時亦有相似現象。

宗族中最為知名者為「宗子」，但宗族之所以可以作為一種複雜、嚴密的社會群體存在，其內部業已發展出繁複的管理機構、管理人員，透過這些人將諸多不同家庭串連成實力強大之宗族。逮自商代開始，貴族已經有規模較大的宗族組織，並且可見「宗氏」、「分族」、「子」、「小子」等各種不同與宗族相關的詞彙，但由於留存資料有限，較難具體確定其運作方式。商代氏族基本成員稱之為「眾」，族內有重要大事時，族長

需要向「眾」解釋原因。

　　周代貴族的宗族組織就是統治機構，有專門管理貴族事務的官員，諸如宗正、宗臣、宗老等，由其代替「宗子」執行各種業務。在宗族內掌管全族財產、政務、事務、武裝力量的單位稱爲「宗」或「家」或「室」，其最高管理者爲「宗子」。倘若宗族滅亡，「室」就會被他人所奪取。宗族之所以可以降低對「宗子」個人能力之要求，正是由於其有如此複雜的組織協助統治。

　　針對商、周時代的宗族，其共通特色是聚族而居。在商代，聚族而居最小的單位稱爲「邑」，此爲商代社會基層組織，具備血緣、地緣兩系合一的特色。此外，由於一族約爲百家，故族長亦爲百夫長，千夫長則爲十個宗族之代稱。

　　在宗族組織之外，進一步還可觀察宗族內部的結構，商代宗族有宗氏、分族等宗支結構，商朝王室爲子姓，「子某」則爲王子之族，多在父王死後由王族分化而出。「子某」之後裔則被記爲「多生」，意指「多姓」，此爲分族的族長。商王族的結構近似於爲「王族──子族──多生族」，另有其他因婚姻取得連繫之異姓宗族。宗族結構到周代，大宗、小宗本身就是一種宗族構成，一如《春秋左傳·定公四年》所謂：「使帥其宗氏。輯其分族。」其分別又可稱爲「宗氏」、「分族」。而此種分族可以有多個層次，分支下面還可有子分支。

　　商、周時代有諸多宗族，其彼此之間的關係又是如何。在各種宗族之間，在各種政治活動之中，同姓宗族間的關係優先於異姓宗族。而在任用人員，又或是有其他重要事務時，正如《春秋左傳·昭公十一年》所謂：「親不在外。羈不在內。」要優先仰賴、任用同姓宗族。在宗族內部事務，同姓親屬被視爲宗親，其地位高於異姓親屬。

　　不過，宗族關係並非總是融洽。嫡長制度會確立宗族繼承者，被排除在外的眾子弟、庶子等則會產生離心傾向，會有以自身爲中心，逐漸發展出一個新的宗族之趨勢。而且在商代，此種分離出去的宗族，還有可能形

成新的政治力量，乃至於以武力對抗原有的宗族。

　　在政治上，處於核心的宗族需要其他支族、氏族的支持。譬如在商代，商王需要將占卜結果通知各宗族長，重大事件需要徵詢各宗族的意見，從而爭取他們的支持。甚至，商王位在發生需要繼承時，還會受到王族各宗族勢力均衡的影響。周代的封建體系，其核心概念亦是以姬姓周氏宗族為核心，以姬姓異氏宗族為骨幹，異姓異氏宗族為輔的宗族群，藉此穩固周王的統治。

　　在商、周時代，王族、諸侯擁有宗族，而社會各階層亦有自身所屬宗族。特別是貴族，由於其存在爵位、土地繼承之問題，故存在宗族當無疑問。在大宗、小宗概念中，卿大夫屬於諸侯的宗支，士則為卿大夫的宗支，連國人亦有宗族組織。周代貴族之宗族，其規模較大，具備軍事、政治團體的性質。此外，周代貴族宗族開始允許無血緣異族擔任官吏，這些任官者雖非貴族一員，卻成為家臣，此點為商代所無。

　　至於平民，其是否有宗族有諸多爭議。目前至少可以認為，有些平民具有宗族者，其原本屬於貴族。譬如，在周人滅商之後，有淪為平民的殷人遺民；又或者是周代各貴族在歷史演變的過程中，有些貴族發生衰落，其後人成為平民。這些人雖然成為平民，但是依然保留宗族組織。不過，由於平民並無爵位，在封建體制下亦缺乏土地可繼承，從而缺乏讓宗族制存在的必要性，故平民之宗族組織極不發達，對此應當可以理解。庶民宗族比起重視爵位、土地的繼承，其更被視為一種從事農業生產的組織。在平民之下的奴隸，則無宗族，他們依附於主人的宗族之中。但是，他們又不具備主人宗族成員的資格，僅作為一種被役使的對象。

宗族的維繫

　　宗族有其嚴密的組織，宗族還可由宗廟、族墓、族譜等三個方面維繫其組織。宗廟是祭祀祖先的場所，其基於史前時代的祖先崇拜而產生，而特別盛行於貴族制時代。「宗法」一詞之「宗」，其文字中的「宀」為

宮室的象形,而「示」則代表其中的神主,其象形字(圖3-3)甲骨文中的「宗」字所示。《說文解字・宀部》載:「宗,尊祖廟也。」又因時人認為「廟」是祖先所住宮室,故「廟」又可稱為「宮」,還有「室」、「寢」、「朝」等諸多不同名稱。

圖3-3　甲骨文中的「宗」字
資料來源:https://www.zdic.net/zd/zx/jg/%E5%AE%97

　　「宗廟」一詞呈現人們在宮室中祭拜祖先,但為何人們需要祭拜祖先?先由宗教觀念看起。首先,《禮記・祭法》載:「人死曰鬼。」而《春秋左傳・宣公四年》又稱:「鬼猶求食。」顯示人們認為人就算死後變成鬼,鬼也還是需要飲食,故祭祀就是提供飲食給鬼。而且,《春秋左傳・僖公十年》所載:「神不歆非類。民不祀非族。」一語,這顯示人的宗族關係並不因死亡而消滅,人死後仍然為宗族一員。從而,祭祀祖先成為子孫的責任,如果任何子孫讓宗族滅絕,其將導致宗廟絕祀,如《春秋左傳・定公四年》稱:「滅宗廢祀,非孝也。」這會被認為是不孝的行為。

　　「宗廟」對於商、周時代的人們非常重要,商代已產生宗廟制度,並有一定規則。周代相關制度則更加完備,宗廟祭祀的宗法關係與貴族之等級關係一致,並有《禮記》記載廟制、祭法等。以祭祀對象而言,商代祭祀對象為各世代的男性親屬,展現父系繼嗣制。至於周代,其祭祀對象則限制在於直系祖先;祖先的配偶只有正妻被納入祭祀,其稱之為「妣」。宗廟內還有代表祖先的墓主,其稱之為「主」。

　　「宗廟」唯一的主祭者為「宗子」，故「宗子」又可稱為宗廟主。「宗子」常常需要「告廟」，向祖先報告、學習、請示各種不同事務，祈求得到祖先之幫助和庇祐。如〈番生簋〉（圖3-4）所載：「番生不敢弗帥型皇祖考。」就是祭者向祖先學習之言。祖先需要子孫祭祀，祖先則會庇祐子孫，祖先、子孫兩者互相需要。商王即以「宗子」身分主持貴族對王室祖先之祭祀活動，從而對宗族成員取得支配地位。宗族權力的直接體現，最主要就是在於主祭權，此點至周代更為明顯。

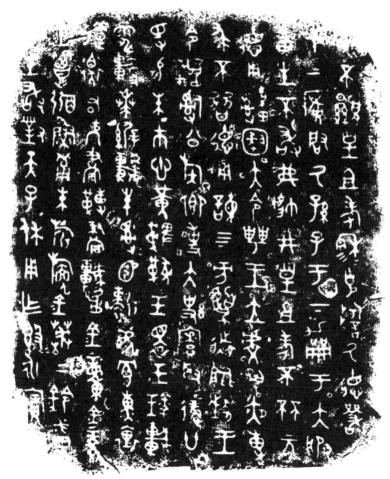

圖3-4　〈番生簋〉銘文拓片
資料來源：http://www.9610.com/xianqin/panshenggui.htm

　　宗廟並非僅是祭祖之處，宗族內之重要典禮會在宗廟舉辦，而關於宗族的重要決定也會在宗廟公布。重要大事、典禮之所以在宗廟舉辦，這與「宗子」同時是政治、軍事領袖有關，「宗子」藉此表示向宗族表達自身尊重且聽命於祖先，而且得到祖先庇祐、神力支持。「宗子」核心目的是要鞏固宗族團結，統一全族行動，進而強化軍事力量與統治能力。

　　祖先崇拜觀念是維繫宗族穩定之核心，宗族之存在，有賴於族人對於共同祖先之尊敬。其影響範圍能夠橫跨多個世代，這是一種從宗教、哲學層面概念維繫宗族，其能夠維繫之範圍、層面遠大於宗親概念。人們既然崇敬祖先，則祭祀祖先的宗廟自然成為人們的精神中心，祭禮則是維繫宗族的手段，「宗子」作為此一中心的唯一祭祀者，其又能夠強化自身的權位。

　　商、周皆重視宗廟，並且有祖先崇拜。但是，由商到周卻出現祖先崇拜概念的劇烈變化，這與商、周政治變革有關，更是周代人文精神興起具體呈現的一環。錢杭在《周代宗法制度史研究》提出祖先崇拜有從商代「祖神合一」到周代「祖神分離」之有趣見解。

　　商代「祖神合一」概指祖先以神靈形象出現，其與人具有一種神祕的關係。商代的人們非常崇拜鬼神，《禮記‧表記》稱：「殷人尊神，率民以事神，先鬼而後禮。」凡有要事多占卜請示先王、上帝，鬼、神就是指祖先、上帝。「祖神合一」為早期宗法時期之特色，祖先與「帝」高度連結，乃至於此二者成為極接近之概念。商代祖先、上帝一體化，其結果是讓商王的祖先神化，而商王又因為與祖先有血緣關係，這結果就是間接神化商王，並且成為商代絕對天命論的基礎，天命永遠維持在商王身上。此種現象是讓政權、神權、族權混合，這穩固商王之統治，但也會阻礙處理人與人關係的倫理學發展，從而成為爾後周代演變的基礎。

　　「祖神分離」則是周代特徵，這是讓祖先與天命分離，從而建立起解釋周人能夠從殷人手中奪取天下的理論基礎。在此概念之中，「祖先」、「神」為兩個分開事物，商王之「祖先」固然仍專屬於殷人，但「神」或

「天命」並不專屬於商王、殷人，其有特定的轉移機制，故《大雅‧文王》有「天命靡常」的記載。此種轉移機制使天、人之間的關係不再是無條件存在，開始出現天命以民心向背爲依據的概念，如《尚書‧泰誓》：「民之所欲，天必從之。」一語，乃至漸次形成「以德配天」的概念。

周代人們依然崇拜祖先，而且畏懼上帝，祖先本身不復爲神。且天命的維持更仰賴君王是否具備「德」、是否能夠善待百姓，正如《尚書‧泰誓》：「天視自我民視。天聽自我民聽。」所言，神透過人民的耳、目認識君王的作爲，君王不再只是因爲身爲祖先的後裔就能夠獲得天命。與此同時，祖先也隨之道德化，祖先必須是具備道德之人，從而呼應「天」的道德化。

至於族墓，這是宗族內僅次於宗廟的聖地，這是史前時代氏族公共墓地演變的結果，同時也是一種維繫宗族之手法。宗子有事除要到宗廟請示之外，緊急事件也往往需要到族墓向祖先報告。族墓與宗廟制度相輔相成，其核心目的同樣是維繫貴族團結、增強統治力量。商、周時代的宗族，他們生前聚族而居，人們認爲墳墓是人在另一個世界的住宅，死後自然要如生前一般聚族而居，從而形成族墓。所有的族人在死後都應當葬於族墓，只有凶死者不得入葬。周代族墓似可分爲兩種，一種是埋葬貴族的「公墓」，其中埋葬各級貴族，由「冢人」掌管。另外，還有埋葬國人之「邦墓」，此由「墓大夫」掌管。

商、周時代貴族的族墓，可在考古中見到其跡證。一九五六年在河南省三門峽市上村嶺發現周代虢國貴族墓葬群，其中發掘出二百三十四座墓，另有車馬坑、馬坑。整個墓地南北長二百八十公尺，東西寬二百公尺，墓地的年代爲西周晚期至東周早期，墓葬中有出土各類青銅器、漆器、武器等，單一墳墓隨葬品最多如一千五十二號墓的九百七十件。由墓葬形制、隨葬品可知，此處必然是貴族墓葬，應當爲虢國的「公墓」（圖3-5）。

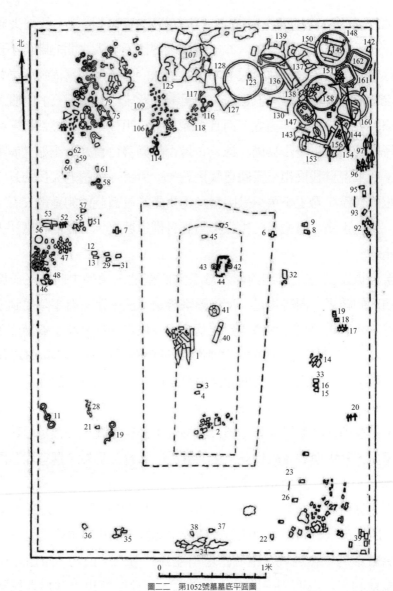

圖二二　第1052號墓墓底平面圖

1、32、40.石戈　2、27、38、34、35、55、106、107.銅槨飾　3-5、15、16、21、22、36-38、45、51、57、123、125、142銅鈴
6、7.銅軸頭　8、9、18、19、23-26、93-95.銅合葉　11、19、58、114、116.銅銜　17、20、52、92、96、151.銅揪　39.小骨管
41.石璧　42、43.玉玦　44.成組串飾　12、13、29-31、61、62、75-79、106-109.銅車馬器　46.銅小罐　47.貝　48.銅雙環　53
銅戈　56.銅弧面形器　59.蚌泡　60.金泡　97.銅矛　117、118.骨器　127、128、130.銅編鐘　136、137、139.銅鼎　138.銅豆
143、158.銅鬲　144、149、150、153、160.銅甗　147、161.銅壺　154、銅劍　162.銅●

圖3-5　上村嶺虢國墓地1052號墓墓底平面圖

資料來源：中國科學院考古研究所，《中國田野考古報告集：上村嶺虢國墓地》（北京：
　　　　科學出版社，1959），頁29。

　　編纂譜牒是宗族非常重要的活動，藉此記載宗族歷史，登記族人資料，釐清族人的血緣關係，並將這些資料用於祭祀、繼承。此類譜牒爲官修，並且產生譜系之學。周代王室設「小史」管理譜牒，如《周禮・小史》所載：「小史掌邦國之志。奠繫世。辨昭穆。若有事。則詔王之忌諱。」其職責就是書寫周王家繫之《帝系》與諸侯世系的《世本》，確定昭穆關係，並告知周王關於先王的忌日、名諱。這些資料對於在當時維繫宗族有其實用價值，對於後代則有史料價值。關於家族譜系，目前可見於甲骨文、金文。還有分氏族譜系，這以複合氏名的形式呈現。

第四節　親屬稱謂與姓名

親屬稱謂

　　知名人類學家摩爾根（Lewis Henry Morgan, 1818-1881）指出親屬制度可直接反映古代社會的情況，故值得我們觀察商、周時代的親屬稱謂，並從其中理出其背後所象徵的社會意義。由商代到周代，親屬稱謂呈現日益複雜的趨勢，這同時反映中國社會之變化。

　　商代親屬稱謂相對簡單，這可由幾個方面展現。若以自身爲起點，對於父親、父親的兄弟都稱爲「父」。對於父親的配偶，則不分是否爲生母，一律稱之爲「母」。對於兩代以前的先王，皆稱爲「祖」或「高祖」；對兩代以前先王的配偶，則稱「妣」或「高妣」。在其親屬稱謂概念中，尚未明確區分直系、旁系，對於嫡、庶之別亦尚未展現。

　　周代親屬稱謂發展急遽複雜化，奠定今日親屬稱謂之基礎。周代親屬稱謂特色是區分宗親、姻親，同時區分直系、旁系，重視長、幼次序，再突出嫡、庶之別，並使每一種親屬關係都有其稱謂。這些項目其實就是反映周代血緣關係規範、家庭型態。至於世代、性別之區分，僅對一定範圍內重視，超出此範圍則相對較不重視。而呼者自身的性別，對於呼喚對象的親屬稱謂影響較低。親屬稱謂還不重視對象之生、死區別，除少數例外，親屬稱謂生前死後維持一致。此種現象呈現的是「宗族」對周代人們

已經有深入影響，其產生上百種親屬稱謂，這些親屬稱謂實質上反映「宗族」的範圍。對於相關關係之強調，這亦是對周人「宗族」認識、宗法思想強化的象徵。「宗次」對於周人而言並非是一種空言，而是非常真實之共同體。

在父系氏族社會時期，盛行父系單系世系規範，亦即親屬關係中僅有男性世系相關的親屬稱謂。周代親屬稱謂中卻存在男性祖先之配偶，其同時以父方、母方親屬追溯宗親關係等雙親系世系之特色。不過，又因為周代以降，已經出現父權特別強大之傳統，故父方親屬稱謂更為全面，母方親屬稱謂涉及成員明顯較少。因此，可知周代業已超越父系氏族社會時期的父系單系世系規範，周代以降的親屬關係可以視為一種不對稱雙親系世系。

在《爾雅》等周代典籍之中，每一種親屬關係都有獨特的親屬稱謂。在諸多稱謂之中，《爾雅》分類這些親屬，宗族、母黨為血親稱謂，諸如父、兄、外王父等；婚姻則為非血親稱謂，如舅、婿等；妻黨中有少數血親稱謂，如甥、姪等，其餘多為非血親稱謂。目前可見的親屬關係統計可達一百二十九種，這在人類學範疇中相當罕見，這同時顯示血緣關係、家庭關係在中國社會之中，具備非常重要的地位。

周代親屬稱謂首要概念為區分宗親、姻親，人類學中所謂的二分（Bifurcation），指的就是區分宗親、姻親。周代對於宗親、姻親的區分非常嚴格，而且具備系統性。沒有任何一個親屬稱謂是宗親、姻親可以共用，此與其他實行雙親系世系的民族有極大不同。譬如，周代親屬關係中，絕不混用甥、姪之親屬稱謂，但是在其他文化之中，甥、姪卻可以共用同一親屬稱謂。

關於「宗親」，其所指就是父方親屬，並且為周代親屬稱謂之本位，故可用「親」一字代稱父方親屬。周代宗親親屬稱謂數量遠超過姻親，縱使宗親中存在沒有對等的姻親稱謂，仍不可將宗親稱謂用於姻親身上。譬如，「從孫甥」指姐妹之孫，這是在指兄弟之孫的「從孫」基礎上，加上

「甥」字以表示其非宗親關係。作為宗親的父方親屬，其地位高於其他性質之親屬，這不僅僅只是一種現象，更成為周代社會的重要概念。《禮記・大傳》所載「上治祖禰，尊尊也。下治子孫，親親也。」一語，「尊尊」、「親親」是周代非常重要的概念，惟此語中所謂的「尊」、「親」都是指父方親屬，差別為對長輩或晚輩，顯示周代親屬稱謂確以「宗親」為本位。

「姻親」指的是母方親屬，「宗親」、「姻親」之別，其關鍵更是要由「姻親」看起。周代以父方親屬為本位，故稱為「親」，而母方、妻方親屬則是對位，所以稱為「姻」。姻親具親屬身分，此在周代已經確立，並且姻親在當時社會有相當重要性，諸侯之間透過聯姻建立、維護關係，背棄姻親將遭致譴責。而且，在用人的時候，姻親又往往是首要選擇對象。

不過，就算對姻親關係再好，姻親地位仍是低於宗親。《春秋左傳・成公四年》所謂：「非我族類，其心必異。」姻親就包含在其中。姻親有三點較為重要之特色：

1. 姻親不能繼承宗親之姓氏。考諸周代典籍，此點沒有任何例外，這亦是對姻親之親密度不及宗親原因的一種。

2. 姻親範圍比宗親小。姻親需要服喪服者，若以「母」為核心，則只推及一世，包含其父母兄弟姐妹，至其兄弟姐妹之子而已。以「妻」為核心者，則只有其父母、兄弟。有服之姻親親屬稱謂有十二種，而宗親者有服之親屬稱謂則高達四十種，而周代認為無服者無異於沒有親屬關係，顯見姻親之親密度低於宗親。

3. 姻親服制低於同等血緣之宗親。周代喪服等級可分斬衰、齊衰、大功、小功、緦麻五等，而對姻親的服制最高不超過小功。譬如，對當事人而言，祖父母、外祖父母之血緣程度一致，對祖父母服齊衰，但是對於外祖父母則服小功，相當於宗親之從祖祖父母。

對於直系、旁系的區分，此為周代親屬稱謂另一個非常重要的面向。

直系、旁系親屬稱謂區分非常嚴格，所有直系、旁系宗親之親屬稱謂都不同。如當事人自身之後代稱「子」、「孫」，而兄弟之後代稱「從子」、「侄」、「昆孫」等。對於父輩，對事人對自身直系稱「父」，對父親兄弟則稱諸父、「世叔父」等，絕不混稱父親兄弟爲「父」。對於父親兄弟之子，稱「從兄」、「從弟」等，也不會將其稱爲象徵直系「父」之子的「兄」、「弟」。總之，直系、旁系之親屬稱謂絕不相混。而且，此種對於直系、旁系的區分，甚至會應用到姻親之中。譬如，當事人母親的姐妹稱爲「從母」，以「從」字表達其爲旁系，絕不將其混稱爲「母」。

長、幼有別是周代親屬稱謂另一個特色，此種特色未見於古羅馬與現代歐美社會。周代親屬稱謂在基於區分性別的基礎上，進一步區分長幼，而且各自有親屬稱謂。譬如，兄、弟、姐、妹這四者，其在輩份上皆屬平輩，但是會依其性別、長幼次序給與不同稱謂。出於同一父親，年紀長於自身的男性平輩稱爲「兄」，年紀幼於自身的稱爲「弟」，這在英語親屬稱謂中卻只用「Brother」一詞涵蓋。周代以降對於此種長幼順序的重視，當與家庭、繼承制度有關。

嫡、庶之分是周代親屬稱謂另一個特色，這對於世界其他民族是一種頗爲罕見的特色，大多並不存在相關概念，乃至於人類學者較少涉及此一區塊。此種區分涉及的親屬稱謂不多，但這是周代婚姻、家庭極重要的特色。嫡、庶之分主要涉及男子配偶、配偶的了女。男子配偶可分爲嫡妻、庶妻、嫡母、庶母等，配偶的子女又有嫡子孫、庶子孫之別。此種概念主要配合周代以降的一夫一妻多妾制概念，顯示此種婚姻制度對於社會有很大影響。

「世代」也是周代親屬稱謂所考量的事項之一，這呈現周代人們對於親屬的重視程度，與其親屬關係遠近有關。《爾雅》、《儀禮》等書詳細記載親屬關係，上至高祖、曾祖，下至曾孫、九世孫等，並對其中直系、旁系都有詳盡論述。然而，在金文以及其他文獻之中，周人對於世代較遠的親屬稱謂，並未嚴格區分世代。周人一般比較關心五代之內的親屬，此

五代爲祖、父、己、子、孫，此五代以內稱謂絕不混淆。但是，超出此範圍，周人則對於其世代較不在意，並可能會使用較籠統的稱謂稱呼這些人。誠然，五代之外的人有其專屬親屬稱謂，但是人們仍使用較籠統稱謂之原因，應當是彼此關係相對較爲疏遠，故不太在意其使用之稱謂。

姓、氏、名字

在商、周時代，社會演變的另一個關鍵是姓氏，其運作與商、周的宗族制度有很高關係，使用方式與後代有顯著差異。《通志・氏族略》稱：

> 三代之前，姓氏分而爲二。男子稱氏，婦人稱姓。氏所以別貴賤，貴者有氏，賤者有名無氏。……姓所以別婚姻，故有同姓、異姓、庶姓之別。氏同、姓不同者，婚姻可通。姓同、氏不同者，婚姻不可通。三代之後，姓氏合而爲一，皆所以別婚姻，而以地望明貴賤。

鄭樵對於姓氏的解釋，有相當參考價值，大致符合歷史之演變，不過鄭氏所謂「男子稱氏，婦人稱姓」一語，尚有待進一步解釋。在商、周時代，「姓」、「氏」兩者不同，「氏」是同「姓」者的不同分支之血緣象徵，其使用方式如「姬姓某氏」，此二者在周代都有很高的重要性。周代男子有「姓」，但在一般情況下用「氏」，而不稱「姓」，且「氏」在某些時候比「姓」更爲重要。姓氏還可由人類學中世系集團（Descent group）之概念理解，這是指按照一定世系原則的親屬集團，而周代就可分爲同姓集團、同氏集團、近緣氏集團三層概念理解。這三個層次有彼此內在關係，但在運作上又各有不同，值得至於此處一併理解。

「姓」就其文字而言，其字係由「生」字演變而來，周代金文中所謂的「百生」就是「百姓」。在此基礎上，「姓」字就是由「女」、「生」二字所構成，《說文解字・女部》載：「姓，人所生也。」其象徵人由女

子所生。其實，周代以前的「姓」主要係由圖騰轉變而來，其時代尚處在母系氏族社會時代，姓依母系血緣傳承，故其字由「女」、「生」所構成，自然有其合理之處。此時「姓」所涉及的人群團體遠較後代家族為大，在周代這亦是最廣義父系宗親的標誌，此類的「姓」又可稱為「古姓」。周天子自身為姬姓大宗，並以此身分領導作為小宗的同姓諸侯。

上古氏族社會雖然有各種「氏」，諸如共工氏、高辛氏等，但其為氏族名稱，其與姓氏中的「氏」不同。「氏」大多起於周代，「氏」為「姓」的支宗。「氏」的來源主要有幾種：

1. 封地、采邑之名稱。諸侯若領有或受封於某國，則會以國名為「氏」，譬如魯國為周公封地，魯君就是「姬姓魯氏」。而諸侯會分封采邑給卿大夫，卿大夫就往往以某地的地名為「氏」。不論封地、采邑之起源究竟是商、周君王所封，抑或是其從氏族社會時代即已領有之土地，其皆可作為「氏」使用。

2. 職官名稱。有些人會以其所任職官為「氏」，諸如「司馬氏」等。

3. 以父、祖名、字之一部分。有時人們會因為各種原因使用父祖名、字的部分為氏，此種情形頗多見於王族、公族之中，譬如「林氏」的起源之一為周平王庶子林開。以上三種為氏的主要起源，其他還有如以職業、居住地、次第等諸多不同情況作為氏之例子，此處不另一一列舉。以上這些「氏」的起源，其共通特色是主要出自於父系來源。

封地、采邑、職官是「氏」名稱的主要來源，而這些是需要天子、諸侯之同意，故《春秋左傳·隱公八年》載「天子建德，因生以賜姓，胙之土而命之氏。」其顯示「氏」需要由國家認可才能取得。此外，在宗族的概念之中，立氏就是成立一個新宗族。

進一步值得關注「姓」、「氏」在社會史的脈絡中，其分別有何作用。「姓」固然是由史前時代之氏族演變而來，但至周代「姓」已非一種實體性組織，主要作為一種共同體的意識存在，讓人們會藉此感到彼此之間存在特殊關係，其功用發揮於道義、禮儀、政治等領域，譬如史前時代

的同氏族不婚，在「姓」興起之後，演變爲「同姓不婚」，繼續避免近親繁殖。商、周時代所謂之「宗族」主要發生在「氏」的層級，如周王室固然是「姬姓」，然《國語‧晉語四》所載「黃帝以姬水成，……故黃帝爲姬。」顯示「姬姓」起於黃帝，周人僅是黃帝後代之一，周王室本質上爲「姬姓周氏」，其爲姬姓諸多的「氏」之一，並非是「姬姓」整體。而周王室係以「姬姓周氏」此一宗族組織，運用各種宗法制度概念統治天下。

　　作爲宗族的實體組織主要爲「氏」，《春秋左傳‧襄公二十四年》載：「若夫保姓受氏，以守宗祊，世不絕祀，無國無之。祿之大者，不可謂不朽。」此處顯示取得「氏」，與守宗廟相提並論。其實，「氏」之可以「別貴賤」，就是因爲「氏」是透過宗法封建制，在取得封地、采邑、官職時取得。能夠具備這三者其中之一者，其身分必然爲貴族。具有相同「氏」者，可以視爲「同氏集團」，其作用將於後文另行說明。

　　「姓」、「氏」的傳遞問題可彰顯中國社會之特色。「姓」在史前時代係由母系世系傳遞，至父系社會興起之後，則改爲父系單系世系傳遞。「氏」的傳遞法則，則略有不同，且影響更大。從周代開始，「氏」的傳遞採用父系單系世系，即「氏」的傳遞僅透過男性進行，父親將「氏」傳給兒子、女兒，兒子將「氏」傳給孫子、孫女，而女兒無法將自身父親的「氏」傳給其後代。但是，在此一過程之中，周代女子出嫁後，仍然可使用自身父親的「氏」，惟主要使用夫家的「氏」。此種特色與歐洲從中古以降，女子出嫁後改隨夫姓不同。這導致周代以降，「氏」的傳遞方式爲不完全父系單系世系，顯示中國社會此時已脫離氏族社會時期。

　　由於「姓」出自母系世系傳遞，此時卻採行父系單系世系傳遞，導致這與周代血緣團體的實際情形不符，反而是「氏」更形符合。這些演變最終將導致「古姓」漸次消失，人們把「氏」作爲「姓」在使用，少數「古姓」保留至後代，但是其使用上、實質上已與「氏」沒有區別。

　　在姓氏之外，商、周時代的名字之使用亦有特定意義。在氏族社會階段，氏族往往使用特定名字作爲標誌，並以對成員的命名，象徵給予其

氏族權利、義務。此種特色至商、周時代依然留存,「氏」成為宗族的標誌,命「字」象徵授予貴族特權。當時人出生以後即會被父親取「名」,男子在成年舉行冠禮等儀式後,由貴賓題取「字」。「字」之字義需要與「名」有關,使人可以在這兩者之間彼此推想。而此種儀式象徵授予該男子貴族特權與義務,可以參加祭祀、服兵役,承擔傳宗接代等責任。這類儀式本身有利於團結貴族成員,強化統治力量。至於女子,因需服從夫權且為夫家成員,故是在許嫁而舉行「笄禮」時題「字」。

同氏集團

　　現代人類學提出世系集團概念,其指按照一定世系原則認定的親屬集團,即此一集團成員有共同祖先。此一共同祖先並非是單純指生物性的共同祖先,而會有其特定認定原則,譬如母系社會以某位女性作為共同祖先,以該女性為共同祖先的即為世系集團。這與血緣團體概念不同,血緣團體可以包含不同世系之成員,但世系集團需要有相同的世系。譬如,一個部落之中的氏族彼此通婚,則整個部落可視為一種血緣團體,但只有氏族本身才是世系集團。

　　世系集團概念有助於理解家庭型態問題,並可擴大討論以家庭為基礎的其他世系集團,探究整個血緣關係之運作。以世系集團概念觀察中國社會,「宗族」具有其中諸多特色,然兩者又不能完全等同。因此,在了解「宗族」在商、周社會的運作後,值得再由人類學角度之世系集團概念,認識早期中國社會之運作。

　　在探究商、周社會之世系集團,相關研究者提出三個層次,這三個層次都可以某種形式稱為「族」。首先,具有同一個「姓」的集團稱為「同姓集團」,惟「姓」至商、周時代已逐漸失去作為實體組織的意義。其次,具有同一個「氏」的稱為「同氏集團」,宗族的範疇主要是指「同氏集團」。再次,幾個血緣較近的「同氏集團」,又可組合稱為「近緣氏集團」。

　　「宗族」是一種具有宗子、宗廟等職位、場所的實體組織，「同氏集團」則爲一種世系集團的概念，縱使兩者有其重疊之處，但仍非完全一致。因此，值得在理解「宗族」之後，一併認識「同氏集團」。

　　在商、周時代，固然存在同姓之概念，但同氏之間的關係更爲緊密，具備較強共同體意識，並存在一定之實質約束關係。周代「同氏集團」之特色，主要展現在於各級貴族的「同氏集團」。不過，「同氏集團」又可分爲諸侯與一般貴族兩種，這兩種運作機制一致，但在周人的認識略有不同。周代文獻稱諸侯的「同氏集團」爲「國」，這是因爲他們被認爲具有一定的公共性。至於貴族的「同氏集團」因爲被認爲是具有私人性質的團體，故稱爲「家」。

　　周代「同氏集團」在血緣約束關係上有幾點特色：

1. 血緣約束關係貫穿所有「同氏集團」成員，不受世代限制。此即宗族概念中，大宗或宗子對所有「同氏集團」成員有約束關係，且此種關係爲世代不絕。

2. 「同氏集團」內血緣約束關係隨近親、遠親而有所不同。所謂近親指四世以內的親屬，即同一高祖父，此等關係是在喪服中有服的親屬。五世則變成遠親，六世以外則無異路人。

　　值得特別注意，「同氏集團」成員之土地，並不等同全集團共同財產。因此，周代有諸多貴族不與自身「同氏集團」成員產生經濟關係，並需要到其他貴族領地任職，以此領取祿田。

　　至於所謂的「近緣氏集團」，此爲若干個血緣較近的「同氏集團」組成，其內部血緣約束關係低於「同氏集團」。但是，這些「同氏集團」關係又明顯較其他毫無關係的「同氏集團」親密，以一種團體之面貌對社會、政治產生影響，其成員具有共同利益。故在理解周代世系集團時，亦有必要將其納入理解範圍。

第五節　婚姻與家庭

婚姻

　　人類需要兩性結合以生殖後代，此為一種生物性之行為，或可直接以「交配」稱之。但是婚姻並非僅是「交配」，在文化人類學的概念中，婚姻指的就是對於人可以在何種情形之下發生性關係、生殖後代之規範，而且其與社會、法律、經濟等文化性力量有關，婚姻具有文化性質。對於婚姻之規範，有從最原始的幾無限制，到後來產生繁複規範之過程。此種演變原因之一是人們為避免近親生殖之禍害，但是此種生物性原因，並非是中國社會婚姻制度演變的唯一原因，此處值得觀察婚姻在商、周時代演變的特色。

　　逮至商、周時代，婚姻已經由對偶婚制成為專偶婚制，即是由一對專限、固定的配偶結婚。在周代，婚姻已經有很強的固定性，婚姻本身需要一整套繁複、公認之禮儀，讓女性加入男方宗族，從而為社會、法律所認可。婚姻之目的是讓父系得到繼嗣，以此延續父系世系。而在這整個過程之中，當事人自身的感情並非婚姻締結之首要考量。

　　商、周時代之婚姻採用一夫一妻多妾制，其核心為一夫一妻制，搭配多妾的現象，即男性可以擁有多個妾。此種婚姻制度固然具備世界上其他社會一夫多妻制之外觀，但是對中國社會而言根本性不同。固然，若僅將婚姻視為「交配」相關的約束而已，則一夫一妻多妾制、一夫多妻制兩者本質都是約束女性，限制女性只能和一位男性產生性關係，絕不允許一位女子同時和多位男子產生性關係，對於男性並無此強烈的限制。然而，若不去理解一夫一妻多妾制、一夫多妻制背後所具有的社會、法律、經濟等面向之差異，這不僅違背婚姻的基本定義，更有悖於中國社會歷史演變之現象。

　　在中國社會的一夫一妻多妾制之中，「妻」、「妾」兩者具有根本性不同之社會、法律、經濟概念，絕非僅是一夫多妻的別名。在商、周時代

逐漸興起的宗法制度中，只有嫡妻才擁有與祖配祭的權利，妾並無此類權利。而妻所生之子爲「嫡子」，妾所生之子爲「庶子」，「嫡子」在嫡長制度中有優先繼承地位之權利。至於「妾」，其字從辛、從女，原始意義爲女奴或有罪女子，身分顯然較低。《禮記・曲禮上》所謂「取妻不取同姓，故買妾不知其姓則卜之。」一語，「娶妻」、「買妾」彰顯「妻」、「妾」身分絕無可能得相比擬。事實上，娶「妻」的婚禮，本質爲「妻」加入夫家宗族的儀式；妾則爲「不娉」乃至於是用「買」取得，其並未加入夫家宗族，譬如親屬稱謂中就未見「妾黨」之相關稱呼。「妻」相對於「妾」，「妻」具有絕對優越之社會、法律、經濟地位，兩者並非只是同一事實之不同稱呼。

商王、周王有正妻一人，周代稱其爲「后」。商王武丁先後共有正妻三人，如妣辛、妣戊、妣癸，但都是一妻死後再另娶一人。商、周王室另有妾多人，其有「妃」等各種稱呼。在貴族同樣有正妻一人，其有「妾」的機率較高。庶民同樣僅有正妻一人，有「妾」者較少，這當與他們的經濟狀況有關。爲增加勞動力，商、周之奴隸亦可結婚，不過未見有「妾」者。

早在氏族社會階段，人們逐漸體認到近親繁殖的惡害，故開始限制近親結婚，逐漸擴張至禁止同氏族成員結婚。隨「氏族」逐漸轉變爲「姓」，遂變成「同姓不婚」，故可見如《禮記・大傳》所載：「繫之以姓而弗別。……雖百世而昏姻不通者，周道然也。」不過，「同姓不婚」是強化父系宗親意識的結果，不盡然是純粹從生物性理由出發，譬如作爲生物性的血緣，理論上應當同時注意父系、母系血緣，但是商、周時代「姓」既然是透過父系世系傳遞，則「同姓不婚」必然對母系血脈之關注會相對較輕。

周代雖然已經實施「同姓不婚」，但是仍然可看到若干不盡符合「同姓不婚」之現象，這些現象部分可能是原始婚姻型態的殘留。譬如，「烝」允許兒子在父親死後，娶自己的「庶母」。「報」則爲與旁系宗親

之妻、妾通婚。周代還有稱爲「姑舅表婚」之現象，此類婚姻符合「同姓
不婚」，但事實上仍屬某種近親結婚。周代貴族之間還採行階級內婚制，
即婚姻僅發生在具有相同階級者之間。譬如，天子、諸侯之間會彼此通
婚，卿、大夫、士等都會在各自階級之內迎娶異姓的女子。

　　婚禮有一整套繁複、愼重的典禮，婚姻締結之後，人們並不會輕易離
婚。離婚有所謂「七去」，其顯示離婚要有一定理由，並非隨意進行。女
性在一定情形下可以改嫁，亦有丈夫死後不改嫁者，所謂「從一而終」的
概念已經開始出現。

家庭

　　商、周時代，人類會聚居在城、邑、里等各類聚落中，而一個個的
「家庭」就位在這些聚落。中國社會在夏、商、周時代，不論是貴族或平
民，家庭規模以核心家庭爲主，另外較常見的還有簡單擴展家庭。由同氏
集團居住關係看起，主要的家戶型態爲兄弟分居的核心家庭，以及兄、弟
同居的中、小型家戶。從兄弟同居已屬較少，再從兄弟同居者相當罕見，
三從兄弟以上同居者未見史料記載。所謂大家族同居，實爲漢代以降的現
象，芮逸夫即指出「中國的社會組織，在秦漢以前似乎偏重氏族的團結，
而不重家族的同居。」商、周時代強調宗族之團結，其不必然需要有大家
族同居。

　　關於商、周時代的家庭規模，不僅在傳世文獻中呈現小家庭之趨勢，
付諸實際考古發掘，其亦呈現相同之趨勢。新石器時代可見之大房子，自
龍山文化時期以降不復出現，可以認爲從夏代開始，改以出現小型房屋爲
主。考古出現大量商、周時代的小型房屋，這些房屋遺址面積大多在十平
方公尺以下，形式簡陋。可見（圖3-6）朱家橋殷代房屋平面圖。由這些
房屋的面積可以推知，其中的居民必然會是以小型家庭爲主。

　　商、周時代的家庭以小家庭爲主，此時夫、妻分居的現象非常罕見。
夫、妻兩人若與長輩同居，主要與夫方長輩同居，即從夫方居。文獻中稱

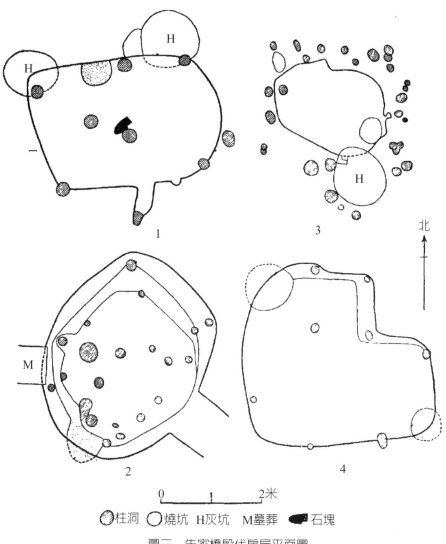

圖3-6　朱家橋殷代房屋平面圖

資料來源：中國科學院考古研究所山東發掘隊，〈山東平陰縣朱家橋殷代遺址〉，《考
　　　　　古》，1961:2(1961)，頁87。

男子結婚爲「取」（娶），女子結婚稱「嫁」、「歸」，這些用字本身就顯示此時結婚爲從夫方居的原則。

　　周代貴族階層家庭在外部關係上，其還屬於宗族，並深受宗法制度影響。宗族對於家庭有很具體的制約，宗族有宗廟，宗族成員需要共同祭祀始祖。宗子對於宗祖成員，擁有處置權，此爲國家所認可的私人司法權，這些深刻影響貴族之家庭，其家庭並非單獨運作，此種家庭型態可稱爲宗法家庭。

　　周代之家庭可稱爲「室」，這不僅僅是人們所共同居住的處所，「室」又是一個財產單位。這顯示周代財產單位、居住單位有同一姓，共同居住在一家庭者，其成員會產生共財關係。所謂「同居共財」之概念，可謂此時已經存在，夫、妻同居者爲夫妻共財，兄弟同居者爲兄弟共財。

　　一夫一妻制小家庭讓「父」的概念更爲明確，在這種家庭中僅有一男、一女的性結合，且透過婚姻約束穩固關係。在此種家庭之中，女性僅有一個「夫」，了、女亦只有一個「父」，「父」的概念明確僅指特定一人。因此，有需要區別父之兄弟等其他人，從而在「父」字前加上「大」、「仲」等各種形容詞，並可統稱爲「諸父」。「諸父」所指爲父輩，並非是當事人有許多「父」。在家庭關係之中，有資格稱「父」者僅有一人，這更是一夫一妻制小家庭的具體展現。

　　周代家庭內部關係有三個主要因素：父系世系、男權、夫權，這是由周代社會血緣關係規範決定。周代家庭實施父家長制。《禮記‧喪服四制》載：「國無二君，家無二尊。」其所指就是男性家長爲家內獨尊主宰，統帥其妻、妾、子女。妻固然在家中仍有其重要地位，但本質上從屬於夫，「三從」觀念已經產生。父家長並非僅是展現在丈夫對妻子權威，父對子的權威同樣具有絕對性，《論語‧顏淵》載孔子稱：「君君，臣臣。父父，子子。」父子關係可比於君臣關係，父對於子有絕對權威，子需要服從父的命令，子的成年禮、婚禮，都需要有父的命令。這些現象無不突顯，在周代家庭內部，家庭成員之身分並不平等。

家庭內部關係

　　對於商、周時代家庭內部之關係，還值得由男權、父權、母妻、母子等四個面向認識。首先，在男權方面。男性對於女性的權力屬於一種宗法權力，男性以此權力對於女性具備優越地位，《禮記‧郊特性》載：「婦人，從人者也。幼從父兄，嫁從夫，夫死從子。」此語呈現女性在任何時候都處於從屬於某個男子之地位，其自身並無權。女性所有的活動被限制在家庭之中，故《禮記‧內則》有「男不言內。女不言外。」之語。女子聽命於公婆，這亦是家庭內男權之呈現。

　　其次，父權方面。一如前文提及周代實施父家長制，父權在家庭內部各種關係中，具有最重要的地位。父權對於家庭成員有處置權，同時可以支配作為共財單位之家庭的財產，此即《禮記‧坊記》所謂：「父母在不敢有其身，不敢私其財。」父親對子可任意處罰，《禮記‧內則》：「父母怒，不說，而撻之流血。不敢疾怨，起敬起孝。」此語呈現子女不僅要接受處罰，在處罰後仍要繼續聽命父母。

　　再次，母、妻。周代此二人地位較為特殊，她們被視為「至親」。母、妻享有的「期」服以上之服制地位，遠高於姻親的「小功」。母、妻被納入夫家宗親序列之中，她們與丈夫的父系宗親產生親屬關係。所謂「三從」之「從」，其核心是「歸從」而非「服從」。在社會、法律、經濟等文化性活動方面，母、妻都被視為其夫家的一環，而需要承擔各種相關的權利、義務。母、妻死後，作為「先妣」、「先母」納入夫家祭祀序列，此為她們加入夫家宗親序列的直接展現。母、妻兩個既然與夫家宗族結合，她們即會降低對娘家服制等級，娘家亦會降低對出嫁女性的服制。

　　最後，母、子關係方面。母、子關係是自然血緣的直接反映，這是一種對於「親」的呈現，正如《禮記‧表記》稱「母親而不尊，父尊而不親。」此處呈現周人對母、子關係之想法：呈現母、子關係兩者親近，父、子關係則是可比擬於君臣關係的「尊」。

第四章
戰國、秦漢時代

　　周代自周平王東遷雒邑之後，中國歷史逐漸進入春秋、戰國時代，以至於秦漢時代。這是一次社會史的大變局，中國歷史逐漸由商、周時代的宗法封建制，轉型成為秦、漢時代的豪族社會。豪族是服從在政權之下，對於鄉里社會產生莫大影響力的人群組織，兼具血緣、地緣之性質。秦漢時代的豪族社會又將於魏晉南北朝時期，進一步轉化成為世家大族之社會。本章之所以將戰國、秦漢時代共置一章，蓋因春秋時代可以視為商、周社會逐漸走向終結並轉型的時代，其與商、周時代之同質性較強，戰國時代則更趨近於秦、漢時代社會的性質，從而將戰國、秦漢時代成為一章。

第一節　社會結構的變化

　　從商、周時代到秦漢時代，其根本的改變之一是商、周宗法封建制的崩潰，貴族社會隨之瓦解。宗法封建制瓦解之後，中國社會逐漸朝向編戶齊民之社會前進，整個社會除皇帝本身之外，不論其財富多寡、地位高低，其本質上皆為平民，本節就是在呈現此種變化之過程。

井田制的崩潰

　　商、周時代的宗法封建制並不僅僅涉及政治、社會事務，其更與稱為「井田制」之經濟制度高度關聯。「井田制」之本質並不在於土地是否呈現井字型工作，其主要概念是指土地控制在貴族手中，貴族讓人們耕種土地。而且，受限於技術，商、周時代農田需要以「耦耕」的形式集體耕作，人們難以獨自到其他原野開墾、耕作。在土地之外，貴族又控制諸多

人力，能夠滿足「耦耕」的人力需求。因此，人們只好服從貴族的指揮，耕作貴族之土地，作為貴族社會運作的經濟命脈。

　　不過，「井田制」在西周後期已經開始逐步崩解。《國語‧周語上》之「宣王即位，不籍千畝。」其所指就是周宣王停止集體耕作之農田。此種現象從西周晚期開始，至春秋、戰國時代更加普遍。此種變化的核心，應當與技術的演進有關。鐵制農具在春秋、戰國時代開始逐漸普及，漸漸淘汰舊有的木器、石器、青銅器，牛耕也約略在這個時期出現。透過新農具、牛耕，農夫可以開始獨立耕作，未必一定要居住在邑、里之中與其他人合作耕作。從而，民眾不再願意替貴族耕種，可以離開貴族土地，自行前往他處耕作。《漢書‧食貨志上》所稱：

> 周室既衰，暴君污吏慢其經界，繇役橫作，政令不信，
> 上下相詐，公田不治。故魯宣公「初稅畝」，春秋譏
> 焉。

一語，可謂就是此種形象之展現。

　　集體耕作之「公田」既然逐漸不可行，各種私田卻迅速增加。此種私田並不限於井田制中與「公田」相對應的「私田」，更包含人們私自在各地開墾的土地。首先，井田制中「私田」的私有化，「國人」開始將分配給他們耕作的土地視為私有土地，並敢於對抗侵犯他們土地利益者，最終貴族只能事實上承認「國人」對土地的占有。其次，在人們私自開墾的土地方面，春秋、戰國時代的各諸侯國為強化自身國力，開始「作爰田」承認民眾私自開墾的土地。此種對於土地私有化的承認，其是慢慢向四處推廣。逮至秦始皇一統天下，最終確認土地私有制在其領地範圍內普遍實施。

　　面對土地私有化，各地諸侯、貴族只好開始採行「稅畝」，此為按照土地持有人所持土地面積大小，並據此課徵土地稅收的方式。此種制度起

於春秋時代的魯國，魯宣公十五年時「初稅畝」，並漸次推廣到各國。逮至戰國時代，土地租稅已相當普遍，持有土地不再是貴族所專屬的特權。

　　面對春秋、戰國時代戰爭頻率、規模的上升，作為允許人們占有土地的另一面，各諸侯國開始要求取得私田者承擔軍賦、兵役。藉此增加國家的收入，並使「甲兵益多」，大幅強化國家的實力。然而，兵役原本是貴族之特權，至此成為人們所要共同承擔的義務。商、周時代原有宗法封建制的社會秩序，繼續朝向崩解邁進。

封建到編戶齊民

　　宗法封建制度的瓦解，固然與周平王東遷雒邑，周王室實力大幅下降，不復有實力維持封建秩序有關。但是，此種瓦解早自西周中晚期已可見其徵兆。在宗法封建制度之中，諸侯的領地多由周王所分封，土地屬周王所有，故《詩經・小雅・北山》有「溥天之下，莫非王土。率土之濱，莫非王臣。」等語。然而，每塊土地的物產不盡相同，有些貴族所領有的土地不盡具備生產其所需物資之能力。因此，這些貴族最後就以其所持有的土地，向其他貴族交換所需要的物品。此種交換理論需要得到周王室的許可，但周王室後來逐漸無法限制、控管貴族之間對土地的私自交易。這種行為本身，或可視為周王對於封建諸侯控制力下降的呈現。

　　周王室在尚未東遷之前，其對於貴族控制力就已經下降。等到周王室實際東遷後，軍力、領土大幅衰退，對諸侯的控制力自然更大幅下降。在政治上，周王與諸侯間的主從關係名存實亡。在宗法制度之中，周王對諸侯的大宗地位亦已喪失意義。各諸侯國比起接受周王、宗子的保護，反而更要仰賴強國保護弱國，周王室自身還會受到諸侯欺凌。宗法封建制的社會秩序開始鬆動，又配合上各類技術的演進，終將使貴族社會逐漸走向崩解的局面。

　　從春秋時代開始，由於周王室的衰退與社會演變，規範社會各階層之等級秩序再也無法維持，以下犯上的情景層出不窮，諸侯侵逼周天子，各

諸侯國互相兼併的現象，被消滅諸侯國內之公室、貴族，他們自然喪失身
分地位。在諸侯國內還有各種政治鬥爭，出現卿大夫奪取諸侯權勢、卿大
夫內部紛爭等情形，有許多貴族在此過程中喪失地位，《春秋左傳·昭公
三年》所謂「欒、郤、胥、原、狐、續、慶、伯，降在皂隸。」其所指就
是有若干貴族家族淪爲奴隸。在貴族地位向下沉淪之際，還有平民、奴隸
等人地位向上提升。當諸侯、卿大夫進入激烈紛爭的年代時，他們會在紛
爭之中勝出，往往會積極爭取有能力者支持，而不細分其身分。譬如，晉
國趙簡子爲擊敗同爲晉國六卿的范氏、中行氏，廣泛接受各階層人士，如
《春秋左傳·哀公二年》載：

> 克敵者，上大夫受縣，下大夫受郡，士田十萬，庶人、
> 工、商，遂。人臣、隸、圉免。

其不僅同意給予各級貴族獎賞，甚至平民、奴隸都可以在此過程中提升、
改良自身的身分。如此一來，此處呈現舊有貴族向下沉淪，社會底層向上
提升，形成一種社會流動。此種流動，本質上是符合時代之所需，另一方
面亦是顯示舊有的宗法封建秩序已然逐漸走向崩潰。

　　作爲貴族底層之「士」，他們最接近平民，在此時代變局中變化亦頗
大。「士」由武士爲主，逐漸轉變爲從事各種文職工作，許多「士」在社
會流動中向上提升，對於社會影響日益增大。原本在封建秩序之中，「大
夫」位在「士」之前，但由於「士」的影響力、地位增強，反而在戰國時
代之後，出現「士大夫」一詞，將「士」置於「大夫」之前。至於平民，
他們也會將出仕作爲改善自身社會地位的一個途徑。

　　原本數量極多的諸侯，在彼此兼併之後，數量大幅減少。殘存的諸侯
面對此種局面，其紛紛推動內部變革。首先，由於宗法制度瓦解，貴族反
而對國君造成威脅與痛苦。因此，戰國時代的諸侯，開始積極消除貴族政
治，改走向君主集權。其次，既然諸侯開始逐漸拋棄貴族政治，則與其相

呼應的世官制自然要隨之改變，各諸侯之用人、任官開始強調能力，而非出身。再次，各諸侯不願再將土地、人民分割給貴族，而是改爲具有上下隸屬關係的行政系統。

　　宗法封建制的崩潰，並不僅僅是社會流動、中央集權的出現，其還包含整個舊有基層宗族結構的破壞。此種破壞，首先是由行政之因素所導致。在行政方面，春秋以降，隨戰爭的頻率、規模增加，各諸侯國不僅是對軍隊人力的需求日益增加，「野人」被納入徵兵對象，還要承擔各類賦稅。由於賦稅、兵役負擔沉重，人民開始流亡，《孟子・梁惠王上》所謂「彼奪其民時，使不得耕耨以養其父母，父母凍餓，兄弟妻子離散。」正是此種景象。而人民的流亡，必然會破壞原有的宗族結構，其或是部分成員流亡他鄉，又或是來自他鄉的人們出現在本地。在此種變局之下，社會的基礎，漸漸由宗族開始轉換爲個別家庭。

　　商、周時代所仰賴的宗法封建制，至此已然土崩瓦解。一種以皇帝制度爲核心，個別人民、家庭成爲統治對象的社會出現，此種社會系以編戶齊民爲基礎。相對於貴族領有土地、人民進行統治的年代，「編戶」是國家將所有戶口納入戶籍登記之中，國家以戶籍直接統治每個家庭，並以此課徵賦稅、徵兵。而所有納入戶籍的人們，其身分皆爲平等，此即所謂「齊民」。所謂之富豪，其固然財富較諸常人爲多，但和貧民皆屬於平民。縱使是任官者，他們本身仍爲平民，他們只是代替統治者在各地實行權力，並非是他們本身有何權力。在社會之中，不復有集團的力量與統治者「分享」權力，統治者權力大幅增加。在歷經春秋、戰國的演變，秦漢時代最終形成編戶齊民的社會。

政治、血緣之關係

　　氏族社會時代血緣占有壓倒性力量，而商、周時代以宗法封建制爲核心，這是一種結合血緣、政治之體制，惟在商、周時代此種體制中業已存在政治性較強之傾向。逮至戰國秦漢時代，此種傾向益發明顯，在國家

內部政治擁有壓倒性力量，但是血緣亦未被完全淘汰。這種演變之過程爲何，就是此處將說明的內容。

自商周時代開始，政治權力即處在逐步上升，其力量逐漸強於象徵血緣的宗族權。此種演變讓政治組織與血緣組織逐漸脫離，政治組織產生變化，而原有血緣組織亦產生變化。

在政治組織方面，郡縣制度即爲一種超越血緣的純政治組織。郡縣長官的任命採任賢使能思維，甚至絕大多數的政治職位都是如此，除天子本身仍爲世襲外，不復採行宗法封建制中的采邑、世官制度等。郡縣制度在春秋戰國時代誕生，至秦始皇統一後對全國各地普遍實施，這就是此種演變的最終實踐。

商、周時代的封建與宗法制度高度結合，但是此點等到秦漢時代卻產生改變。在秦末至漢初的歷史發展過程中，許多稱王者不依靠血緣關係。秦末六國後人紛紛復國，諸如楚懷王、韓王成、趙王歇、魏王咎、齊王田儋等，不過這些人的復立或與政治忠誠有關，未必是這些六國後人本身之宗族有多強的血緣凝聚力。陳勝起事後，《史記·陳涉世家》載楚地父老對他稱：「將軍身被堅執銳，伐無道，誅暴秦，復立楚國之社稷，功宜爲王。」陳勝與楚國王室不存在血緣關係，卻能夠依其個人成就稱王。乃至於項羽分封諸王，但是項羽自身與這些諸王不存在血緣關係，而是依據諸王的功勞分封。劉邦亦曾分封異姓諸侯王，這些諸侯王同樣是依據功勞被分封，而非依靠血緣。血緣與政治之間的關係，似乎迅速降低，任賢思想成爲重要關鍵。

不過，這些不存在血緣的政治架構，迅速出現問題。所謂任賢的郡縣，其長官並無誓死保衛王室之必要，在事態有變的時候，其長官或叛變自立，或投降於敵人，並非絕對可靠。至於封建諸侯，早自春秋、戰國以降，各諸侯國已喪失對周天子的向心力，而是存在高度自主性。在無法透過宗法制度以血緣維繫和諧之局面下，極容易因各種問題動搖其封建秩序。東周王室無法維繫諸侯的和諧，項羽同樣無法維繫其所封十八路諸侯

之和諧，戰端迅速重啟，天下陷於動盪之中。

　　因此，劉邦稱帝以後，開始漸次剷除異姓諸侯王，可謂是在意料之內。然而，劉邦在繼續實行秦代郡縣制度同時，卻是以具備血緣關係的劉氏子弟取代異姓，以血緣鞏固漢朝政權。此種對於血緣之強調，甚至是較諸商、周時代為強，周代至少允許強力異姓諸侯的存在，漢代原則上卻不允許異姓諸侯王存在。血緣對於劉邦而言，似乎可以作為某種共同體。然而，此時血緣亦不足以作為化解衝突的依據。漢文帝以降，漢朝中央致力於推動推恩眾建的措施，削弱各地劉姓諸侯王力量，至如《漢書・諸侯王表》所載「諸侯惟得衣食稅租，不與政事。」而止。惟諸侯權力雖然被大幅削弱，可是相關封建制度並未被廢除，皇帝諸子除太子之外，幾乎都會被封為諸侯王。

　　在漢代，血緣真正能夠對政治產生作用者，不再是廣泛的宗族，血緣能夠作用的範圍遠小於五服之範圍，其大幅限縮到直系血親範圍，尤其是父、子之間。漢代皇帝繼位之後，其首要是先抑制先帝所封諸王，再封自己的兒子為王。漢代並無皇子建藩之後，背叛自身在位父親的例子。兄弟關係次於父子，彼此在許多情況下可互相依靠，惟兄弟關係仍可能有各種利益衝突，並非絕對可靠。

　　由商周時代的宗法封建制到戰國秦漢以降之郡縣制度，其本質是政治力量壓倒血緣。但是，漢代以降實施的郡國並行制度，這並非只是一種政治制度，而是顯示血緣依然在社會之中可以發揮一定作用。其根本原因是自從郡縣制實施以來，固然國家各級官吏大多依據任賢思想任用。但是，在社會之中並未出現有比血緣關係更具凝聚力、能夠成為政權緊急時依靠的力量。因此，盡管在歷史大局中，郡縣制度已然成為主流，政權仍然會需要血緣凝聚力量支持政權自身的存在。

　　而此時作為支持政權的血緣組織，早已和商周時代相去甚遠。血緣組織已無如商周時代宗子可以號令全族之情形，更多是如《史記・秦始皇本紀》中所見「然後屬疏遠，相攻擊如仇讎」。此點在漢代，可見如漢景帝

時的七國之亂，漢武帝時的淮南王劉安謀反等，呈現此種「後屬疏遠」是
縮小到血緣只要超出父、子之間，其就有「相攻擊」之可能。縱使如此，
由於在社會中缺乏其他的凝聚力，依然只能仰賴血緣，特別是將血緣最親
者立為諸侯王，讓他們成為政權的支持者。

秦漢社會結構

　　商周時代的社會結構係基於封建體制運作，在戰國秦漢時代以降，則
改以中央集權、郡縣制度、編戶齊民等制度運作，致使其社會結構與商周
時代產生極大差異。

　　在編戶齊民制度之下，整個社會可謂主要分為皇家、平民兩個階層，
另有特別低的奴婢階層。首先，皇家包含皇帝、皇帝之家人，還可擴及宗
室。在秦漢時代以降，皇帝擁有絕對的權力，各級官吏是代表皇帝在各地
施政，並非官吏自身有何權力。皇家對其族人，依然採用宗族形式管理，
皇帝五服內男性親屬被列為宗室成員。其存在特定官吏管理宗室的名籍，
成員犯罪者，最重可削籍、改姓，並喪失宗室成員資格。宗室雖然可能被
封為諸侯王，但是漢代在七國之亂以降，這些諸侯王並無實際治民權力，
所有權力收於皇帝手中。

　　其次，平民。除卻皇家本身，以及屬於奴婢者之外，其餘人等不論其
經濟上的貧富差距，又或是政治、社會地位上的貴賤之分，這些人都一律
屬於平民。任官者雖然看似有管理民眾之權力，但官吏是「代表」皇帝施
政，而且官吏的職位很不穩定，隨時都可能被撤職。他們身上所具有的各
種任子、免役等特權，皆來自於皇帝的授予，這些權力繫屬於官吏所擔任
的職位，並非是官吏的家族自身有何權力。至於富有者，其財富係其自身
以各種手段牟取，再以金錢聘雇他人以供役使，富者本身並無特權。論其
貴者、富者之本質，他們與社會廣泛的大眾一致，都是屬於受皇帝統治之
平民，並無在社會結構中有與皇帝相抗衡的權力。

　　最後，奴婢。在戰國秦漢時代，奴婢可謂是低於平民之存在。他們或

許出於戰爭的戰俘，又或許是犯罪後被處分爲奴婢者，還有可能是原有奴婢的後代。這些人無法獨立擁有戶籍，皆需依附在他們主人的戶籍之下。這些人在淪爲奴婢時，許多人還會喪失自己的姓氏。在某些個別家族之中，其所擁有奴婢或許可達上千人，但奴婢就整體人口比例而言，相較於平民，仍然屬於相對少數。

第二節　豪族

　　宗法制度的崩潰，讓盛行於商周時代的封建貴族退出歷史舞臺。不過，隨貴族逐漸消失，漢代卻逐漸形成一種稱爲「豪族」的新社會力量。「豪族」並非單純的同姓同宗血緣集團，其以某個大家族爲中心，並且與許多家庭、個人因爲各種原因依附於在其上，從而構成豪族。

形成

　　豪族出現的關鍵時間點是漢武帝時期，漢武帝以各種手段強迫社會中的各種力量轉型爲豪族，這些力量最終需要轉變爲豪族，不然就會被政府所消滅。這些社會力量主要有七大來源，分別說明如下。

1. 六國貴族後裔。六國貴族原本在其國內是基於宗法制度而出現，享有各類特權。他們在原有六國享有世官制世襲之權利，較不受到社會流動之影響。貴族土地的取得主要依據原有分封的采邑，並非是以私有土地的形式購買取得。貴族與其所屬國家以宗法制高度整合，內部還有十分嚴格的宗族結構、宗法秩序。不過，從春秋、戰國時代開始，各國開始致力於推動中央集權，盡可能消解貴族之特權。不論各國消除貴族特權之情形如何，逮至秦消滅六國之後，這些貴族瞬間喪失其權力來源，在身分上轉換爲平民。

　　六國貴族雖然淪爲平民，但是由於他們長期統治某個地方，又加上他們過去之身分與地位，故他們依然有很強大的號召力。《史記‧劉敬列傳》載劉敬勸諫劉邦之語：「今陛下雖都關中，實少人。北近胡寇，東

有六國之族，宗彊，一旦有變，陛下亦未得高枕而臥也。」這些人的號
召力、凝聚力強大到足以作爲對抗、威脅政權的力量，漢政權絕不允許
讓地方存在任何獨立於政權之外，又或是可以和政權對抗之力量，故他
們必然成爲政權鎮壓之對象。漢代開始強制遷徙六國貴族後裔，切斷他
們與原有土地的關聯，並且積極打擊未遷徙之六國貴族後裔。六國貴族
後裔若是想逃脫被強迫遷徙，或是慘遭無情暴力打壓的命運，他們只能
將自身轉型爲豪族。

2. 工商富豪。工商業富豪本身並無任何爵秩，但是這些富豪有強大的經濟
力，他們不須仰仗政府就可取得經濟力，並以貨幣之平等性挑戰君王權
威。他們可憑藉經濟力對人們產生控制力，甚至各級官吏還要服從富豪
之話，乃至於這些富豪被稱爲「素封」，成爲社會力量的核心之一。這
些富豪對於政權之威脅性極大，如此之情形無法爲政府所接受，故政權
會積極抑制相關富豪，這更是歷朝歷代打壓私人工商業的原因之一。政
權透過一系列強硬手段打壓富豪，告緡錢等制度造成無數富豪破產。這
些富豪開始體認到在中國社會之中，只富不貴將難以保住財產，他們必
須與政治權力結合，才能保護自己。富豪與政權最簡易的結合方式，莫
過於用金錢換官位，其並非是表面上的賣官鬻爵，這其實是政權將社會
力量合一的手段。

逮至漢武帝以後，工商富豪大多已經與政權結合，參與各種國家重要財
政措施，諸如鹽鐵專賣等。他們參與這些活動時，不是單純的工商富豪
身分，他們業已是國家政權的一環。隨時間日久，由於他們的結合日漸
密切，將會逐漸難以區分這些人究竟是工商富豪，還是官吏之一。

3. 豪民與土地兼併者。這些人同樣非常富有，不過他們的財富並非是透過
工商業而來，主要是在土地私有化的過程之中，透過各種方式兼併土
地，最終鄉間出現明顯之貧富分化。這些人一如工商富豪，透過財富以
及土地對地方產生控制力、影響力，這對政權造成挑戰。更遑論被兼併
土地的破產農民，還有可能成爲政權不穩定的因素。因此，政權會尋找

各種機會打壓這些豪民，迫使他們與政權合作。

純粹依靠自身經營而興起之豪民，很快亦體認到只富不貴，將難以保障他們自身的土地。國家或其他官僚會以各種手段侵奪他們的土地，他們若想要保護自身的土地，則有必要參與政權。漢武帝時的卜式率先捐錢給國家，並且取得縣令、齊王太傅等職位。爾後，當漢武帝以告緡錢掃蕩豪民的時候，卜式卻可以安然度過，乃至獲得更多財富。在此種背景之下，所有豪民自然要盡可能地與政權結合，以保護自身。

4. 軍功階層。西漢在建國時期，有一批跟隨劉邦四處征戰的人，這些人以軍功取得二十等爵制中的不同爵位，並且參與西漢中央、地方的各級政權，其封地內有諸多土地。這些軍功階層對封地內的土地並無所有權，而是可以取得這些土地的租稅。伴隨漢朝的建立，戰爭頻率、規模下降，軍功階層喪失其存在之必要性，更遑論他們未必會完全服從漢政權的指揮。因此，漢代政權對於軍功階層採取限制、打壓態度，以各種手段盡可能剝奪軍功階層的身分與地位。

故軍功階層同樣會盡可能將自身轉化為豪族，讓自身、後世子孫取得除軍功之外，可以立足之依據，軍功階層與豪族身分日漸結合。再者，爾後東漢建國時，亦有一批豪族因軍功成為軍功階層，同樣進一步地讓豪族與軍功階層結合。

5. 世吏二千石。在漢代政權中任官者，其中有部分為長期世代擔任二千石職位的家族。此處長期是指這些家族很多是從戰國時代就已經開始任官，並且一路橫跨至漢代依然任官。這些家族一般都有相對完整的宗族組織，他們聚族而居，家族力量強大，往往可以成為地方重要的社會勢力。這些人雖然已經加入漢政權，然其未必感懷漢廷恩德，故仍為漢政權高度戒備之對象，並會試圖削弱這些人的宗族力量，防範他們坐大。

6. 豪傑與游俠。他們從春秋時代開始出現，到戰國時則非常旺盛，成為重要社會力量，逮至秦漢則成為重要社會問題。他們有多種不同的身分起源，平民、官僚都有可能是其起源。他們的活動空間從鄉里到整個

天下都有，並且依據他們的活動空間不同各有不同稱呼，從鄉曲之俠
到天下之俠。這些人身旁圍繞諸多惡少年、亡命之徒等，從而產生很大
影響力。豪傑、游俠之特色是在於他們無視法令，敢於殺人，又或是免
除他人之繇役。他們重視義氣，從事各種任俠行爲，在民眾需要協助的
時候，會運用武力或各種方式協助民眾，不問是否違反法律，故他們在
民間取得極大的威望。可是，這種作爲讓民眾找到除政權之外可以依靠
的力量，這必然對政權形成非常重大的威脅，故漢文帝以降遂開始積極
鎮壓豪傑、游俠。面對漢政權極強力的鎮壓，豪傑、游俠必須配合轉型
成爲豪族，參與政權。拒不配合之豪傑、游俠，則可能會面對直接被消
滅的命運。最終被吸納的游俠，開始減少過去在人民之中的任俠行爲，
並在國家法律允許的範圍內活動。他們的任俠成爲在官僚、豪族中的任
俠，不復對國家造成威脅。

7. 強宗大姓。商周時代宗法制度的崩解，其固然顯示血緣組織產生變化，
但是具有宗族性質的聚落到漢代依然存在。在這些聚落之中，其中雖然
可能仍會有其他姓氏的人居住，但會存在一個主要的大姓，其人口占該
聚落的大多數。在秦漢時代，可見許多里名加上姓氏用字，其或許就是
表示某姓氏爲該里的主要人口。在（圖4-1）馬王堆三號漢墓地形圖之
中，就可見到如胡里、徐里、侯里等地名。這些強宗大姓可以透過血緣
組織其同族，然後再憑藉他們宗族強大的力量對地方實施控制。政權無
法接受地方存在不受其控制之力量，因此必然打擊這些強宗大族。

漢政府採取的打擊方式是強制遷徙，破壞其宗族組織。面對政府的殘酷
打壓，強宗大姓體認到他們必須與權力結合，故以各種手段積極入仕，
成爲漢政府官僚的一份子，將自身轉型爲豪族。未來出現的詞彙如「大
姓冠蓋」，其就是大姓與官僚結合之象徵。

這七種來源是豪族的幾個主要來源，另外有一些來源並未列在其中。
但是，整個豪族演變的本質是政府將所有的社會勢力納入掌控，禁止社會
中存在任何可與政府對抗的力量。這些被納入掌控的社會勢力，都會被轉

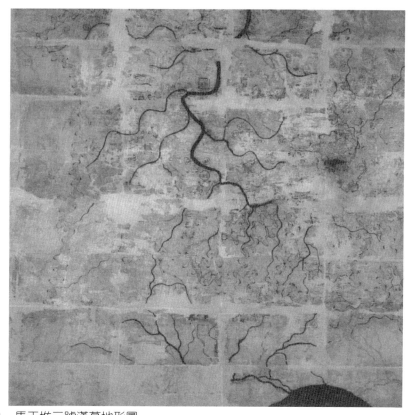

圖4-1　馬王堆三號漢墓地形圖

資料來源：傅舉有、陳松長，《馬王堆漢墓文物》（長沙：湖南出版社，1992），頁
　　　　　151。

換爲豪族。

　　漢代政權一開始是使用暴力的方式，奪取這些社會力量的財富，破壞
他們的社會基礎。然而，暴力手法無法長久使用，其更有面對社會勢力反
撲之風險。故比起長期與各種社會勢力對抗，不如吸收他們，將其轉化爲
自身的力量。漢政府想到的方式是在政治上敞開道路，讓相關社會勢力成
爲政權的一份子。如此一來，這些人就會由社會上潛在的反對力量，變成
爲與政府有共同利益的支持者。

　　漢政府對各社會勢力開放政權的方式爲漢武帝之選舉制，此一制度定

時舉行，並且以通經入仕為主要渠道。此種固定時間、固定方式的制度，讓各種社會勢力可以期待獲得權力，參與國家政權之運作。這種與社會勢力共享權力的制度，成為漢代整合社會力量最有效的手段之一，此種制度可以提供地位、名望、財富等人們所期盼的事項。對於社會各種勢力而言，這並不僅僅是取得各種利益，其另一個很重要目的是確保自身原有利益不再受到侵害。而且，漢政府雖然透過此種制度分享各種利益，但是也僅允許各種社會勢力透過此種單一管道發展，最終將所有社會勢力形塑成單一樣貌。在各種社會力量服從漢政府的意志，先後轉型成為豪族之後，漢政府開始停止對社會力量的壓迫，首先在漢元帝時期停止強制遷徙實陵之政策。

漢政府防止社會力量自行取得支配社會之力量，但是允許他們與政權結合，在服從政權意志的前提下，共同分享權力。豪族至此成形，並逐漸成為秦漢時代社會的重要力量。

特性

不論豪族的起源為何，在歷經漢政府單一形塑的管道之後，這些豪族逐漸具備相似特性。豪族的特性可約略分為六個，以下分別說明：

1. 大地產性。豪族的最基本特性是他們擁有巨大之財富，惟不論史籍是以金錢、土地或是其他方式記載這些豪族的財富，其實際主要表現形式皆為土地，秦漢豪族皆擁有數量龐大之土地。而他們的權力、財富兩者關係密切，當其擁有較高權力時，往往可以取得眾多土地、財富。反之，若豪族喪失、減少權力，則可能面對財富消失、縮水之局面。無論如何，擁有眾多財富是所有豪族的最基本特色。

2. 官僚性。政權吸收社會力量的方式，主要就是讓他們成為官僚的一份子，故這會成為豪族的必要特性。而且，豪族另外一個特色是世代為官，具有世官性。不過，「世官性」與商周時代的「世官制」不同，兩者雖然皆涉及世代為官，惟「世官制」是指貴族憑藉其身分，世襲某個

職位。豪族則無法透過世襲方式任官，縱使他們子弟在選舉制中任官的比例較多，但是其子弟仍需要透過選舉制或其他相關制度任官，無法直接世襲職位。逮至東漢時期，並非所有的官員都出身於豪族，但是只要能夠兩、三代人以上都任官者，幾乎都可判定其家族屬於豪族。豪族們為確保自身家族世代都能任官，固然尚有一些其他方式，但主要採行世傳經學方式，藉此壟斷選舉制，這從而讓豪族具備經學化之特色。

3. 地方性。豪族往往由某個鄉里產生，這個鄉里即為該豪族之基礎，成為豪族在地方的力量。豪族在地方的基礎，除透過宗族的血緣連繫之外，這與宗族還具有地域性質有關。宗族聚族於某地居，此語涉及特定人群、空間，其中人群部分固然是血緣性質，而空間的部分則具有地緣性質。某一地緣空間主要居住者彼此間具有血緣關係，但任何人只要共同生活在此一地緣空間，縱使其和主要居住者不具備血緣關係，仍然會被豪族一起照顧。這些人不論有無血緣，他們既然接受豪族之照顧，則在有需要的時候，他們將成為豪族後盾。在外在形式看起，豪族就是擁有某個支持他的地域空間，這就是所謂之地方性。

各級豪族皆仰賴他們在地方的力量，在時局不利的時候，原本在他處任官之豪族會回到其根據地，憑藉其自身宗族的力量，以圖發展。致仕的豪族同樣會回到家鄉定居，整個豪族無法脫離「地方」而存在。並由此形成「地望」、「地著」等概念，這些都是顯示豪族以家鄉為基礎。

4. 經學化，或稱儒學化。漢武帝推動選舉制作為豪族任官之通道，而選舉制以儒家思想為任官基本條件，故豪族必須學習各種儒家經典。由於選舉名額有限，各豪族勢必不願分享自身家族對於讀經的心得，以增加自家子弟任官的機會，此種心得、想法僅在豪族內部傳承，從而成為家傳經學。由於累積相關心得需要時日，因此豪族經學化的程度要到東漢時期才較為明顯。

對於這些豪族而言，經學化並非只是入仕的工具，他們更成為儒學的追隨者。豪族以儒家通經入仕，再以儒家思想治理、教化地方。這些豪族

開始吸收儒家的道德、自律，以具有文化修養自豪，豪族可謂是與儒家思想結合。此種結合讓豪族逐漸轉化，最終將於魏晉南北朝時期成爲士族。

5.武質性。豪族擁有財富，又有一處作爲力量基礎的空間與人群，這兩個特色讓豪族持有武力。東漢乃至魏晉南北朝以降，豪族之塢堡、家兵等都是這些武力之呈現。豪族經學化的過程會降低豪族之武力性，但是不會完全消除此一特性。豪族之武力可以作爲地方安全之力量，需要時可協助地方政權，故政府實質上允許豪族擁有其武力。而且，受到豪族之官僚性、經學性的影響，他們會強調官僚、經學之成就，甚少以自身武力爲重點，這些武力並不會成爲豪族軍事割據的基礎。

6.宗族性。豪族既名爲「族」，其最核心力量是宗族。宗法制度崩潰，商周時代的宗族組織產生重大變化，政府又推動編戶齊民，試圖實施個別人身統治。可是，宗法之觀念依然有影響力，宗族組織仍以不同之形式存在。豪族的宗族在西漢晚期以後有較大發展，具體之家庭仍爲小家庭，但是豪族可凝聚上千家聚族而居，這些宗族還有其共同墓地。逮至東漢時期，豪族的宗族再透過擬制血緣將賓客、流民等人納入宗族秩序，進一步讓宗族成爲重要的社會組織。

此六點就是豪族之特色，不論這些豪族原本的究竟是屬於何種社會力量，他們在經歷漢政府的形塑之後，最終形成有相似特色的力量。這一股力量不僅僅是維繫漢政權而已，對於中國社會長期歷史的發展都有其莫大之重要性。

第三節　戰國秦漢的宗族

豪族與宗族

在認識豪族的來源與特性之後，還需要理解豪族與宗族之關係。宗族一詞起於商周時代，其原本與宗法制度高度結合，商周貴族之宗族是種私法組織，宗子對於族人而言，無異於統治者。隨宗法制度的崩潰，中央集

權政府興起，這種性質的組織，必然會對政權集中權力有不利影響，故其予以干涉，商周時代的宗族從而產生巨變。至漢代依然有「宗族」存在，其名稱雖然與商周時代一致，但是內涵卻有顯著差異。豪族能夠存在，主要仰賴宗族。而漢代豪族之宗族已然不是一種純血緣組織，而且其活動涉及經濟、政治、社會，其可謂是一種完整的社會組織，方能支持豪族的運作。

有學者針對《周禮》之內容，探究其中政權對於宗族之控制與吸收。由於宗族具備凝聚力，可以集合其族人，若能將此一勢力收歸國家控制，更可因此得民力，比起單純的暴力消滅宗族，這是最有利於政權的發展。因此，政權並無意消滅宗族，同樣也沒有出現完全擺脫血緣的官僚體制，貴族階層之宗族，正如前述豪族之宗族演變類似，其逐漸被政權納入控制，受官僚監督、國家的指揮，這是這些宗族得以生存之條件。

宗族之族長、首領必須官僚化，入仕成為官員之一，藉此表達對政權的參與。宗族變成一種可資國家利用的對象，不復為一種具有獨立存在作用的組織。而且，控制宗族對於國家的重要性較為次要，有其他更重要的政治措施可確保國家對人民之控制，故國家對宗族之重視程度有限。

宗族內部有諸多運作機制，《周禮・大司徒》中指出宗族有所謂「二曰族墳墓。三曰聯兄弟。」等職能，這些職能有利於宗族的凝聚，亦有助於政權因族得民，故政權對此類運作並不反對。任何可能會造成統治威脅的宗族職能，則會被政府積極限制。宗族本身依然可以存在，其理由是在此時宗族已經喪失作為實體組織的意義，即不再有如商周宗族般私法團體的性質，其不再擁有獨立於國家外的經濟、政治作用。宗族不具備任何可與國家政權抗衡之能力，其主要是作為國家的一種基層單位存在，支持國家之運作。

商周時代之國家，血緣、地緣性質合一，而戰國、秦漢以降，國家日漸朝地緣性質發展，血緣的重要性日漸下降。國家是利用宗族統治人民，但宗族以血緣組織的概念為核心，頗有違背國家地域概念。因此，相較於

商周時代宗族的興盛，戰國秦漢宗族地位可謂是降到一個新低點。

　　最小型的宗族可以縮小到單一同居共財家庭，其可能會有多世同居。豪族之宗族人數眾多，乃至達上千家之譜。惟這絕非表示豪族是一個極端龐大的同居共財家庭，漢代家庭仍以小家庭為主，這前後兩者本身並無任何矛盾，個別家庭仍可接受宗族領導。中國社會要形成人數更多的家庭，尚有待更晚的時期，不宜將宗族規模直接與家庭大小畫上等號。

　　關於漢代宗族的結構，其核心為豪族之家庭。其宗族概念依然如商周時代，所謂的「宗」是指父系血脈，惟其實際運作已經與商周時代有諸多區別。在豪族的宗族內，其有數量龐大的獨立家庭，並以其中之有力家庭為核心。這些眾多的家庭狀況不一，貧富狀況不同，貴賤狀態亦不同，並非是生活在豪族所處宗族中就有榮華富貴。《資治通鑑・顯慶四年》所謂「或一姓之中，……高下懸隔。」一語，正可用於形容豪族所在宗族內的狀態，一族之內就有眾多區別。

　　商周宗族使用多種方式維繫其內部成員之感情，秦漢的宗族同樣有幾種維繫其成員的方式。

1. 祭祖活動，以此強化成員宗親意識。西漢宗族已出現「祠堂」，此一專門用於祭祀的場所。
2. 賑恤宗族成員，讓成員在經濟上有依賴宗族之理由。當宗族成員出現需要協助的時候，族內的有力家庭就會協助其他成員，甚至會收養同族之孤兒。
3. 安全保障，豪族組織的武力主要用於提供治安服務。宗族的族人、鄉里之鄰居，不論其是否有血緣，他們都會投靠豪族，以取得相關治安服務。
4. 教育服務。豪族為長期確保能夠通過選舉制入仕，因此會提供教育服務，教育族內子弟，以增加本族任官之可能性，進而確保本族之存續。

　　秦漢宗族維繫其成員的手段，往往需要相當的經濟實力支持，故這些服務本質上為富有的豪族家庭提供。豪族與其宗族兩者是分開的概念，豪

族是宗族中眾多家庭之一，其可能處於核心地位，豪族自身固然富有、高貴，但是宗族內其他家庭則不必然如此。不過，豪族會關照、保護其自身的宗族，將其作為自身力量的後盾，豪族並不會僅考慮自身家庭的利益，需要將宗族整體利益納入考量。

秦漢宗族與商周宗族不同的另一點，其不復是以貴族為主體的組織，平民在此時開始普遍具有宗族，宗族出現平民性。此種平民化的宗族，其不再是純血緣組織，其會吸納居住在同一地區的無血緣者，成為可以控制一地的社會、經濟組織。不過，宗族在運作時依然是以有血緣者優先，行有餘力時就會將關係更遠的無血緣者納入。宗族整體核心是某個豪族，依序向外為其九族、姻親、賓客、鄉黨等。豪族會將這些人納入其照顧宗族的體系之中，乃至於可將這些人視為擬制宗族。

秦漢宗族兼具血緣、地緣之特色，其去商周特色已遠，逐漸形成一種新的樣貌。而秦漢之宗族，還有其他值得注意的變化。

族長與族權

漢代宗族之長有多種名稱，或稱族長、宗長、宗老、宗主、家長等。其中可用家長稱族長，蓋因家、族二字可互稱，故族長亦可稱為家長。其負責宗族內各種事務，可能會帶領族人一同祭祀等。惟漢代宗族族長與商周時代宗子之最根本差異，在於商周宗子以血緣決定地位且十分穩固，而漢代擔任宗族族長並非以大宗、小宗之血緣為依據，乃是以族長之權力、財富、威望等決定，以及是否能夠受到族人們的支持。族長主要就是宗族內官位最高、財富最多者，若族長之權力、財富、威望產生變動，則可能會由其他人取代族長之位，族長的地位並非是永恆不變，族長之子亦不必然就是下任族長。雖然宗族是具有血緣色彩之組織，但是其族長之選任，亦可視為具有某種程度的任賢思想，在具有血緣的人群中選擇最有能力者擔任。族長實際產生方式有三大類：

1.由家長過渡為族長。此處主要是指有些多代同居非共財的家庭，其人數

眾多，此一家長同時兼具家長、族長之性質。但是此種性質之族長，其
所帶領宗族之規模較諸其他宗族明顯較小。

2. 任官族人憑藉君統所賦予的政治權力成為族長。

3. 族人推舉，這大多出現在動亂時期，宗族為求自保會推選特別有能力者
擔任族長。

　　族長有幾項主要職責：

1. 主持宗族祭祀、公共事務，諸如修廟等。漢代墓祭較為普遍，祭祖主祭
權由族長負責，此時視祭祖為宗族內部事務，官方不予太多干涉。

2. 召集族人會議，處理、頒布各種涉及全族的事務。

3. 處理族內事務，如要求族內之兄弟分家等。

4. 以家法、族規約束人們，宗族成員除須遵守國家法令之外，還要遵守自
身宗族之規定。

5. 特殊時可處分全族財產，如族長可為在政治上取得保存全族之存續的機
會，下令燒毀全族之房屋。商周時代宗子對宗族之權力，無異於君主對
臣子，而漢代族長權力較諸商周時代大幅限縮，不僅族長身分不再為世
襲，其色彩已非是統治者，權力相對商周時代為軟弱。此種特色要等到
戰亂時期，才會有較為明顯的變化。

　　商周宗族向秦漢時代轉型，其地位、族權都產生相當之變化。為克服
早期血緣國家的不足，商、周宗族具有君統（地緣）、宗統（血緣）合一
特色，宗子既是族長，又是國君。戰國到秦漢時期，則出現君統、宗統分
離的發展趨勢，君統地位日高，國家改以地緣性為重心。至於象徵血緣的
宗統或宗族，其緩慢地脫離政治組織色彩，開始朝向民間發展，終至在宋
代以降成為純民間組織。

　　關於君統與宗統的分離，其具體表現型態為一些宗族權力的改變。
商周宗族會由專門人員管理、組織其成員，到秦漢以降，皇家有「宗正」
負責相關事務。「宗正」負責管理皇家的宗族事務，但是其本身是國家官
僚之一，這本身說明國家權力在宗族之上。其會負責編定屬籍、組織聚會

等。惟其管理職權、權限，隨時間日益減縮，進一步顯示國家對於宗族權力的壓制。此外，在東漢末年，民間模仿宗正修訂私修譜牒，記錄家族成員的相關資料，甚至有家傳等。

　　族權、家長權兩者權力的變化互有關聯。在商周宗法制之中，族長權力在宗子身上，又因宗法制重視嫡長制，故其本質上爲「兄家長」制，以兄統弟，「兄弟」關係之重要性高於「父子」關係。逮至戰國秦漢以降，直系血親家庭關係取代原有複雜之大家族關係。整個宗族的權力、財富，亦由宗子一人掌握，逐漸分散到各家庭之家長身上。家、族之區分日益明顯，家內的關係比起宗族更爲重要，「父家長」逐步形成。

姓氏的變化

　　姓氏在商周時代爲血緣與身分之象徵，同姓者必定擁有血緣，有氏者身分必然爲貴族。不過，在春秋時代以降，由於命氏不再需要天子、諸侯同意，乃至於根本沒有封地者也被命氏，這些都呈現貴族命氏日漸浮濫。姓氏日漸浮濫，或可作爲平民有姓的濫觴。

　　逮至戰國時代、漢代初期，人們對於姓氏的使用並不嚴謹，姓氏主要用途是作爲區別之用，至於彰顯血緣之意義可能略低。如戰國時人可能會因其所在之國不同而異姓，未必會堅持使用某姓。因此，漢代人並不以改姓爲恥，而是會依據需要改姓。譬如，留侯張良乃是戰國時韓國之公族，其本當姓韓，因「秦索賊急，乃改姓名」，可是等到漢朝建國，張良封侯之後，張良並未恢復本姓。此處所見尚且是貴族對於姓的使用已不規範，進一步則爲平民的姓氏問題。

　　考諸漢代早年史料，可以注意到王、高、李、鄭、孫、黃、趙、張等姓爲成員眾多的大姓，這些姓氏似乎從一開始就是大姓。但是，這些姓並非是上古古姓，而且上古文獻中並無相對應比例的記載，不知這些姓氏究竟是何時成爲大姓。而且，在這幾個較大的姓氏中有趙姓，縱使是戰國時期趙國有趙氏，但是秦漢以降的趙姓卻是普遍存在於各地，並非高度集中

在原有趙國地域之中。因此，平民所持有的姓，不僅和古姓未必有關，甚至和各地貴族所持有的氏亦未必有所關聯。其可能是在某個不明時間點，以行政或其他形式讓平民取得這些姓氏。

不管人們的姓氏究竟如何取得，只要這些姓氏使用時間一長，加上戶籍登錄之後，姓氏的使用將趨於穩定，人們不再任意改姓。而此種穩定，將會讓姓氏的血緣意義隨之產生，成為血緣族群的象徵。尤其是平民取得同一姓氏者且比鄰居住者，縱使其未必具備生物意義上的血緣關係，但是時間一久，彼此間同樣可產生血緣意識，認為彼此間有關係。

秦漢時代姓氏以父系傳承為主，但是存在子女從母姓之現象。譬如扶柳侯呂平，顏師古稱「平既呂氏所生，不當姓呂，蓋史家唯記母族也。」姑且不論顏師古所論呂平姓呂是否為「史家唯記母族」，不可否認的是此處呂平乃從母姓。

親屬關係與親屬稱謂

關於中國社會的親屬關係、親屬稱謂，其基本運作原則在商周時代已告確定，其以宗法倫理、等級為原則，皆以父系、宗親為主，母系、姻親則處於次要地位。不過，秦漢時代之親屬關係，母系、姻親仍有相當的重要性，尚未完全只重視父系，這值得作為觀察中國社會史演變歷程的切入點。

在秦漢時代，親屬關係以父系為中心，但是仍可見到若干早期特色的殘餘。此時「族」除以重視父系宗親之外，並且包含姻親。而且，母系姓氏傳遞、父系世系輩份、祖先祭祀等等，其中都還有諸多尚未完全統一之處。此種現象的成因，或與此時存在的世系通婚集團有關，即少數家族彼此長期互相通婚。

漢代的「族」包含姻親，其可從幾個不同例證中呈現。「宗室」一詞原指皇家宗族成員，即以皇帝的父系血脈為中心。外戚是妻系親屬，原本不應包含在宗族成員之中，然而漢代宗室卻包含外戚。而且，負責處理皇

家宗族業務的「宗正」，外戚的相關事宜亦由「宗正」所負責。此點到東漢逐漸轉變，「宗室」不再包含外戚，或以「外家」稱呼外戚。「骨肉」一詞可包含外戚，漢宣帝早年爲祖母史良娣家人所扶養，爾後又娶許平君、史、許二氏具有外戚性質，而《漢書・霍光傳》載任宣勸霍禹之語，卻稱「今許、史自天子骨肉，貴正宜耳」，「外戚」被稱爲「骨肉」。至於「三族」、「九族」，戰國秦漢以降，主要用以指父系的親屬範圍。不過，漢代之「三族」卻可指父族、母族、妻族，《後漢書・楊終傳》所謂「一人有罪，延及三族」，李賢注稱「父族、母族、妻族也」。至於「九族」，《白虎通義・宗族》稱「謂父族四，母族三，妻族二」，姻親亦被包含其中。此處「三族」、「九族」皆可包含姻親，其要到更晚的時代，才會再變爲專指父系宗親。由這些例證顯示，漢代親屬關係對於姻親仍相對較爲親密。

　　親屬關係的另一面是親屬稱謂，如何應用親屬稱謂，其本質上所反映者是一個社會的親屬關係。

1.對妻、妾之稱呼。秦漢時代，夫妻之間爲表尊重，彼此會互稱「字」，又會是彼此稱「名」，此點相較於後代不同。至於「妾」，縱使在法律上對於「妾」還是有一定程度的權益，但以親屬稱謂而言，「妾」與其「夫家」不發生親屬關係，故沒有親屬稱謂、服制。法律上對於「妾」的保護，主要是將其視爲「準宗親」，易言之「妾」實質上並非「宗親」的一部分。不過，還是值得注意在漢代對於「妾」在口語上或有時會稱爲「小妻」、「旁妻」等，或與「妻」共稱爲「夫人」，未必會非常嚴格實行妻、妾之分。此外，固然有學者主張秦代女性犯人使用「臣妾」之稱謂，而妻妾之「妾」尚未如後代區分嚴格。然秦代妻、妾確實有別，如《嶽麓書院藏秦簡》中〈識劫𡟻案〉所稱：

　　　與羕（義）同居，故大夫沛妾，沛御𡟻，𡟻產羕（義）、女娙。沛妻危以十歲時死，沛不取（娶）妻。

此處顯示大夫沛有妻危、妾婑，縱使妻死，只要丈夫不「娶」，「妾」仍舊爲「妾」，不會無故變爲「妻」。因此，就算在口語中互或許未必會特別強調妻妾之分，但自秦代開始，司法文書中對於妻、妾已會明確區分。

2. 父輩、子輩間的稱呼。自商周時代的宗法制度以降，父、子之間的親屬關係應最爲明確，但是漢代對此類稱謂的使用並不十分嚴格，從而出現幾種漢代的特色。首先，漢代子女會將父母兩者都稱爲「大人」，未強調父母間的尊卑，亦不區分性別。其次，貴族女性長輩可稱爲「大家」。在漢代開始，「大家」是用於皇帝的一種稱呼，惟貴族女性長輩亦可稱爲「大家」，如班昭又稱爲「曹大家」，顯示女性地位之特殊。再者，父、子之間可互稱對方爲「公」，顯示父子之間的稱謂較爲對等，同樣未特別突顯尊卑貴賤，故王先謙在補注《漢書‧陸賈傳》時稱「漢人稱公，無尊卑貴賤皆用之。」至於「父子」一詞，亦可用於叔姪之間。《漢書‧疏廣傳》中「父子並爲師傅，朝廷以爲榮。」所指之疏廣、疏受，此二人爲叔姪關係，但是卻被稱爲「父子」，顯示「父子」之使用尚未十分規範。這些漢代父輩、子輩間的稱呼，無不顯示漢代對於親屬稱謂之尊卑並不嚴格，要等到魏晉南北朝以降，方逐漸趨於嚴格。

3. 對祖父母的稱呼。從戰國到西漢，對於父親之父母，原本多用「大父母」一詞，但此種用法又與「伯父」、「叔父」、「季父」等次序稱謂相似。東漢以降，逐漸以「祖父母」一詞取代「大父母」。其改用「祖」字，象徵強調自身所起源的父系宗親。此種改變在東漢尚且是少數學者，逮至魏晉南北朝時期將會更爲普遍。

4. 兄弟的相關稱謂。首先，「昆弟」一詞本指同父、父系擴展範圍之男性親屬成員，諸如從兄弟、再從兄弟、族兄弟等等。可是，漢代「昆弟」卻包含姻親兄弟、同母異父外姓兄弟等，並非是純父系宗親成員而已。其次，作爲日常用語的「同產」，主要以母系爲中心。爾後「同產」開

始可以指同父或同母其中之一，最終則轉變成爲專指同父。漢代「昆弟」、「同產」兩詞皆呈現同一特色，其中可以包含母系之親屬，爾後才逐漸改爲專指父系親屬。再者，秦漢時代使用「從兄弟」一詞，尚未轉換爲魏晉以降的「堂兄弟」一詞。有學者認爲「從兄弟」一詞象徵同祖，重視「從父而別」概念，人們與「從兄弟」之間很少會同居。

5. 外親稱謂。外親包含母黨、妻黨、姻親等，其用詞演變亦顯示中國社會早期親屬關係之不規範。譬如漢代「舅父」一詞，「舅」屬於外親之一，卻使用象徵父系宗族「諸父」的「父」字，類似的情形還有「姑父」、「姨夫」等。逮至東漢以降，隨親屬重心轉爲以父系爲主，開始漸次排除或壓抑這些混雜父系、外親的親屬稱謂。

　　雖然在《喪服》等傳統文獻之中，親屬稱謂似乎已經形成一整套完整以父系爲中心的制度，但是戰國到秦漢時代的日常生活中，其尚未如此嚴格。嚴格分明的親屬稱謂要付諸普遍實踐，則要等到魏晉南北朝時期。

祭祀

　　祭祀是維繫宗族成員團結的重要活動，在商周時代祭祀原本是屬於貴族之權力，但在春秋戰國以降，隨姓氏的日漸普遍，平民亦開始祭祀。在秦漢時代，祭祀究竟如何進行，值得注意。首先，漢初祭祀非常龐雜，漢武帝個人極重視求神仙等，祭拜各種鬼神，宗廟祭祀反在其次。逮至漢宣帝以降，隨儒家逐漸取得宰制地位，各種雜祀先後廢除，並逐漸重視祖先。

　　在祭祖時，漢代尚未如後代一樣嚴格要求僅有父系宗親參與，他姓可以參與祖先祠墓祭祀，祭祖並非僅是父系宗族之事。不僅皇家墓祭允許他人參與，連平民祠祭祖先亦多有他姓參與。此種現象之原因，主要是漢代祖先祭祀尚未從雜祀中突顯，更無法與郊祀、社祭等正祭相比，自然相關規定就會較少。逮至魏晉以降，才有較爲嚴格的宗廟祭祖方式。

　　對於守喪，漢代僅要求皇家、諸侯需守父母之喪，除禁止在守喪期間

從事特定行爲外，並未強迫其他人按照禮法守喪。而且，雖然相關文獻對喪禮有一系列詳細規劃，諸如五服等等，但是漢代並無在法律上要求如何執行父母之喪。因此，漢代被部分學者認爲是服制不立的時代。

　　祭祀活動本身亦可反映宗族結構，隨家庭成員地位的變化，他們在祭祀中就會有不同的角色、地位。而在漢代此種諸多祭祀尙未形成嚴格規範的時代，另一個最大特色是女性參與宗廟祭祀。女性在漢代可以當祭祀人，亦可夫妻一起祭祀，並未排除女性祭祀權利。作爲被祭祀的對象，女性同樣有相當重要的地位，其祭祀對象爲先妣（嫁入本家女子）和先姑（本家出嫁女子）。人們往往把祭祀女子與家運國祚結合，其或許是向女性先人祈求幸福、長壽、家運等世俗性願望。

第四節　鄉里社會

　　谷川道雄在理解商周時代君統、宗統合一特色時，他將君統象徵爲政治世界，而宗統則是象徵自律世界，此二者在商、周時代高度整合運作。商、周時代的終結，同時是這兩個世界的分裂。而秦漢時代所要面對的問題之一是如何重新結合這兩者，這兩者有其對立、互補之關係。谷川道雄的此種認識，或許可作爲理解秦漢鄉里社會之參考。

鄉里社會的血緣與空間

　　豪族之所以在漢代興盛，主要是在於其擁有地方性，而所謂地方性主要概念就是豪族有某個鄉里爲其力量的基礎。在商周時代，諸侯領地已經開始逐步脫離純血緣性質，將無血緣者納入管控之下，不過當時仍然是以族爲單位移動人群，故仍可維持族居型態。逮至秦漢時代，地方底層聚落並非是純血緣聚落，但是血緣仍然扮演相當重要的角色，只是此種演變又是如何形成。

　　固然，從春秋戰國以降，各諸侯國轉型爲中央集權國家，並且推動編戶齊民，以戶籍將所有人口納歸國家管制，建立階層化統治機構。但是，

血緣仍然能在人群發揮極大作用，並非是有戶籍就可忽略血緣關係。而且，在農耕社會之中，由於人們需要投注諸多心力開發土地，因此除非面對不得已的情境，人們不太願意離開家鄉移動。不過，受到春秋戰國時代的激烈戰鬥之影響，以及各種天災人禍的作用，許多人會離開原有家鄉，前往其他地方。誠然，在亂事平定之後，人們仍然會想回到故里，重新建設家園。可是，並非是所有的人都能夠回到故里。如此一來，這勢必打破傳統鄉里以血緣為主的現象，接受人口移入的地區，當地開始出現與原居民不存在血緣關係者，這必然會破壞原有的族居形式。

　　不過，原有族居形式雖然遭到破壞，但這並不代表血緣在鄉里社會已然不重要。每一個里或許不再是只有單一姓氏居住，但是其中往往會有某個姓氏的人數特別眾多，成為大姓。譬如（圖4-2）偃師侍廷里僤買田約束石券之上有二十四人，其中至少有七姓，但是于姓就有九人。由此可知，該里並非是純血緣單位，但是血緣亦非完全不重要。

　　在秦漢時代，地方鄉里雖然不再是純血緣聚落，但是居住者們還是形成一種緊密生活的共同體，此種共同體是如何形成，則值得探究。關於此種共同體的形成，作為「空間」的聚落是讓居民可以產生認同概念很重要之因素，更可以藉此和其他聚落區分。

　　在秦漢時代，「里」並非只是一種抽象的地理區域概念，里的周遭有明確之圍牆，從而將「里」與外在的空間隔離。此種設施的主要目的有二：其一是和其他聚落區別；其二是防範外敵入侵的治安用途。然後，有門供里中的居民出入。此種圍牆、門大多用土所造。

　　對於里透過圍牆、門所分隔出的空間，其讓整個「里」形成共同體。《管子‧八觀》載：

　　　州里不鬲，閭閈不設，出入毋時，早晏不禁，則攘奪竊
　　　盜，攻擊殘賊之民，毋自勝矣。

圖4-2　偃師侍廷里僤買田約束石券
資料來源：杜正勝，《編戶齊民：傳統政治社會結構之形成》（臺北：聯經，1990），頁
　　　197。

這首先呈現「里」所擔心、防範的對象是來自外部，所以要有圍牆、門，
顯然內部成員彼此認同對方為一體。而居住在「里」空間的人們，其平日
生活在里內，並且喜好在巷道間議論，並形成一種輿論。這些對於里內

的居民有很大影響，從而如《鹽鐵論・相刺》所謂：「鄙人不能巷言面違。」

　　因此，「里」能夠形成共同體，在空間上以「牆」分出內外。在「牆」內的巷道、生活空間等，這些都會強化居民之共同體意識。而且，里中居民的生活在各方面都會共同進行，這將進一步強化他們的共同體意識。

鄉里社會的共同性

　　鄉里社會之所以會形成共同體，主要在於很多活動是里的成員共同參與，諸如耕作、祭祀等，甚至連賦稅、行政等各方面事項，往往都是以里為單位進行。這些配合上里的血緣、空間性質，最終讓里成為一種共同體。

　　共同耕作是里共同體的特色之一。縱使戰國秦漢以降，農業技術發展的特色之一是讓農夫可以獨立耕作，不復需要耦耕，但是依然可以看到同里居民的互相協助。而且，當推動各種農業政策時，許多時候是以里為單位。譬如，趙過推行代田法時，他就是要求里父老學習新的技術。

　　里的居民不僅會共同耕作，他們還會共同祭祀。《詩經・周頌・良耜》所謂「又有同祭醋合醸之歡也。」其所指就是人們共同祭祀、共同飲酒。他們所從事的祭祀有如春秋祭醋、祭禜、祭州社、祭鬼神，這些祭祀活動是每年按時舉行。在祭祀之後的共飲，則是里中居民社交、娛樂很重要的來源，有助於居民們結成共同體意識。而且，秦漢時代政府有時會「賜牛酒」給人民，這往往就是以里為單位賞賜，里居民取得賞賜後會一同飲酒吃肉。

　　里的居民不僅是共同耕作、祭祀，若干賦役也是以里為單位課徵。雖然有以個人為單位的人頭稅，諸如口賦、算賦等。〈酸棗令劉熊碑〉載：

　　　慇念蒸民，勞苦不均，為作正彈，造設門更，富者不獨

逸樂，貧者□順四時。

此處聚落成員之所以可以避免勞逸不均，其根本原因是在於賦役是以聚落為單位徵發。面對此種情形，聚落居民就有必要共同合作以面對相關賦役。

里不僅是在賦役中被視為一個單位，在各種不同行政事務之中亦是如此。就人口控制而言，里以牆隔絕內外，然里的居民被限制在里戶籍之中。里的住戶不能擅自遷徙，甚至還要申請「過所」，才能夠前往其他地方。而各種官方的規範，往往都會涉及里。譬如，睡虎地秦簡《法律答問》載：

> 賊入甲室，賊傷甲，甲號寇，其四鄰、典、老皆出不
> 存，不聞號寇，問當論不當？審不存，不當論；典、老
> 雖不存，當論。

此處顯示里民有必要協助制止犯罪，尤其是里典、父老還有更多責任。在通緝犯人書寫其來源時，相關文書會以犯人的里為最小單位。由於里具備維持治安的作用，故政府往往特別關注其作用。而且，在秦漢時代所實施的什伍制度，其要求人民如《鹽鐵論‧周秦》所稱「故今自關內侯以下，比地於伍，居家相察，出入相司。」這些內容是要求人民注意治安事項，但同時也讓人民不分先來後到都要融合，彼此注意對方。縱使不具有血緣者到達此地居住，在此種條文要求之下，他必然也要關注里中其他居民，並漸漸融合進共同體之中。

能使里的居民進一步形成共同體者，其還有精神方面的因素。基層鄉里社會其中往往有一個較大的姓氏居住，這些同姓者彼此具備血緣關係，因此會採用、吸收孝順、敬老等與儒家相關之家族倫理，並以這些倫理作為維護秩序的基礎。就敬老而言，高齡老人在鄉里社會之中，原則上會受

到敬重。他們不再從事力役，並可享有多分獵物等一系列敬老措施。政府甚至會使用法律手段維護敬老習俗。而在儒家倫理之中，宗親、鄰里最重要的共同概念是和睦相處，人們彼此相聯，這亦成爲里的共通概念。

　　整個里會形成一種共同體，固然其中有一定的血緣因素，惟其中的空間因素，還有各種能夠催生具有共同生活思維的活動。綜合這些不同的因素，鄉里社會或是里就形成一種共同體。

聚落的領導階層

　　在理解「里」所具備的共同體性質之後，下一步則是要理解此一共同體之領導、運作。里是一種聚落，雖然在傳統文獻中稱呼一里有百戶居民，但其居民數量會受到各種地理環境、政治形勢等不同因素影響，其居民並無固定數量。相較於將其視爲以戶數爲基準的單位，更可視爲一種區域性的行政單位。里是一種具有複合性質的單位，在國家行政體系之中，「里」是作爲縣、鄉、里等郡縣制行政體系的一環。可是，「里」並非是純行政單位，其內部領導階層可分爲兩種類型：

1.作爲行政人員的「里正」。
2.里內部所選出的「父老」。

　　這種分類事實上顯示「里」的複合性質，以下對此二者分別說明。

1.里正。「里」是一種基層行政組織，級別不高，但是要負責的事務相當多，其中負責相關業務者就是由里的吏負責處理。「里正」就是一種里吏，他們屬於地方僚吏之一，本身並無多少決策權，主要協助上層、民間的溝通、互動，以及處理日常公務，「里正」會由鄉里中豪帥之類的人物擔任。但在西漢中、晚期以降，由於豪族力量日漸增長，作爲行政性質的「里正」會畏懼豪族力量，不敢貫徹自身的職責，一如《鹽鐵論・未通》所稱「大抵逋流，皆在大家，吏正畏憚，不敢篤責。」乃至於人們極力避免擔任「里正」等職務。

2.父老。在商周時代向秦漢時代轉換的過程之中，各種行政機構紛紛成

形，爲在最底層的聚落之中，其傳統領導之角色變化不大，只是其究竟以何種形式呈現。「父老」本身並無法定職責，因爲父老並不是行政官吏之一。父老既然根本不是行政官吏，因此他們並沒有俸祿。擔任「父老」的基本條件之一是如《春秋公羊傳·宣公十五年》何休疏「選其耆老有高德者」，但是並非是年紀大就可擔任「父老」，其還需要有當地的社會威望，能夠理解當地的人情世故。這些人往往就是本地擁有較高社會威望者，其經濟狀況大多也是相對較爲良好者，才能夠在里中取得足夠威望。地方長官往往需要「父老」，透過他們了解地方之情形。

相對於「里正」作爲官吏需要考量行政方面事務不同，「父老」則是作爲平民利益之代表，他們關心如何讓官吏不騷擾百姓，維護地方之和睦。「父老」縱使沒有職務，但是他們對鄉里居民卻有很強的約束力，並且在政治力量產生空缺的時候，能夠迅速填補並成爲主導力量。里正、父老兩者各以不同身分帶領民眾，或共同防禦盜賊，或共同處理日常事務。父老不由政府指派，其本質是地方基於需要，從其自身所選出的一個領袖。其實，就算是新到達的無血緣者，他與本地並無血緣、地緣關係，但只要能夠在鄉里之中展現他的能力，他也是有機會成爲領導者。

豪族與鄉里社會

里正、父老是鄉里社會的領導者，其中尤其是「父老」具有特殊意義。「父老」不僅僅是存在於「里」，在鄉有「鄉三老」，甚至在「縣」也有「縣三老」。他們在鄉里所產生的強大約束力，將居民與政權結合，國家各種政策往往需要透過父老、三老實行。國家政治、經濟、社會的運作成功與否，其仰賴於父老、三老是否能夠讓基層社會支持這些政策。父老、三老影響極大，他們任職的來源是當地擁有社會威望者，然而這些人究竟是誰？

從戰國到秦漢，擔任父老、三老者，其主要有兩種來源：

1. 宗族族長轉化爲父老、三老。這是宗族聚落向鄉、里轉化過程中，其中

有些宗族在鄉里中仍維持相當完整的組織，而這些宗族將能夠對這些鄉里產生較大作用，其宗族族長往往就會變成父老、三老。

2. 鄉里社會中年高德厚被推舉者，該鄉里居民以一家一戶的民眾居多，此類型父老、三老較無宗族背景。

　　這兩種類型的父老、三老來源，本質上反映兩種類型不同之鄉里社會。宗族勢力較強大的鄉里社會，其有以宗族爲主的自律秩序，其未必會完全服從政權控制。

　　伴隨豪族的形成與發展，所有社會力量由國家的對抗者，逐漸變成國家的支持者、基礎。在此發展過程之中，縱使各地方的父老、三老有些原本並無宗族背景，其先後轉換爲由豪族擔任，此種轉換與豪族如何對地方控制有關。在豪族與國家結合之前，他們是以財富、宗族、暴力等方式對鄉里實施控制，這些控制的來源出自於民間，而且未經國家認可。當豪族與國家結合之後，豪族對鄉里的支配與國家結合，從而合法化他們的支配。既能夠展現他們在鄉里社會之力量，又能夠呈現與國家結合性質者，其莫過於父老、三老之職位。

　　在此種背景之下，豪族開始形成一種國家、民眾之間，實施控制的中間層。此種現象的形成有三因素：

1. 國家的承認。豪族成爲官僚，其「代表」皇帝管理某一區域。而他們家鄉的成員，同時在家鄉擔任國家體制中的父老、三老之職位，服從國家對民間安排的秩序，讓國家可透過他們控制民眾。

2. 豪族之宗族在鄉里的地位。隨豪族之發展，他們的宗族組織開始與里組織結合，甚至出現一里爲一族之情形。在此種情形之下，父老、三老自然是由宗族成員擔任。

3. 財富。擔任父老、三老者縱使在明文上並無財產限制，但隨豪族發展，財富實質成爲其重要條件之一。

　　在這三個因素作用之下，豪族掌控父老、三老之位，國家透過他們對鄉里社會實施控制。豪族本身並沒有破壞父老、三老制度，更沒有將自身

權威壓過父老、三老，而是由他們出任父老、三老。因此，他們擔任相關
職務並不會反對政府，而是代表政府控管社會。國家亦從過去對各種社會
勢力的大肆批評，轉為大幅減少相關批評，乃至於認同豪族在鄉里社會的
作用。

　　豪族對鄉村之控制，其權力、手段必須是得到國家之認可，他們可以
在鄉里作為國家之基礎，絕非是與國家抗衡之力量。豪族可以透過參與政
權謀取利益，亦可在國家許可範圍內擁有特權，惟這些都是建立在他們參
與、服從國家權力的背景下。縱使在東漢時期，豪族的權力得到進一步擴
張，但是他們依然服從在國家之下。

　　在另一方面而言，鄉里社會之所以願意接受豪族、國家的領導，並且
成為國家的支持者，主要是看豪族、國家究竟能夠如何扮演鄉里社會保護
者之角色。豪族、國家能夠保護鄉里，鄉里就願意支持豪族、國家，這兩
者可謂是相輔相成。

第五節　家庭與婚姻

家庭

　　最後還值得注意戰國秦漢時代的家庭、婚姻等問題。關於戰國、秦
漢時代的家庭大小，雖然有認為其家庭規模較大以配合豪族的發展，但是
這時期仍然是以小家庭為核心，不論在何種階層都能看到人們以小家庭為
主，其規模最小，但是數量最多。這些家庭多屬於以夫妻核心之室家型家
庭，同居家庭數量則明顯偏少，此處可進一步理解秦漢時代家庭的形式。

　　漢代時人界定家庭親屬關係時，主要的用語有「妻子」、「父母妻
子」、「父母兄弟妻子」等，較少使用「大功親」等詞彙。這三者剛好可
以分別對應於「室家」、「供養」、「同居」等不同之家庭類型，此處可
以分別認識。

　　首先，「室家」型家庭，還可稱為「家室」。其主要是由一夫一婦加
上子代所構成，這是最小的家庭類型。其次，「供養」型家庭，主要是不

能自立的父母與子輩同住。此處定義雖然是指「父母」與子輩同住，但其只要是「父母」之任一人即可，不須兩者兼具。這是由於秦漢時人平均壽命較短，而且男性壽命往往短於女性，故所謂不能自立的父母，大多數狀況下僅指寡母，所謂之「供養」就是奉養母親。而且，漢代的人們對於母親較為敬重，這更能理解她們是「供養」型家庭主要供養對象。所謂五口之家，其原始概念所指「供養」型家庭。但受到壽命不均問題，父母往往不能夠並存，故實際上的人口可能為三口、四口。「室家」、「供養」型家庭為數量最多，此亦是漢代家庭的最主要型態。

　　還有「同居」型家庭，此類家庭之成員有「父母兄弟妻子」，尤其是以成年已婚「兄弟」為關鍵，理論上可以共同供養父母。但是，由於當時人類壽命相對較短，三代同居家庭較難出現。不論父母是否僅存其一，乃至於父母兩人皆不存在，或是同居已婚之兩兄弟皆無子輩，只要有成年已婚兄弟同居，即構成「同居」型家庭。此類家庭人口數會相對較多，但是其占漢代社會家庭比例相對較低。

　　「家」字在金文中的字形象徵在屋內有豬（圖4-3）金文中的「家」字所示，而豬本身在早期社會是財產的象徵，故早期墓葬往往可見以豬的部位為隨葬品。這反映「家」的本意在於家庭財產。因此，釐清家族內部財產關係，可謂是認識「家」的首要步驟。

圖4-3　金文中的「家」字
資料來源：陳初生，《金文常用字典》（西安：陝西人民出版社，1987），頁722。

在秦漢時代，除「室家」型家庭必爲同居共財之外，「供養」型、「同居」型兩者之成員有可能同居共財，亦有可能別居異財。此時期家庭結構相對較小，其主要原因與家庭成員的經濟相對獨立有關。縱使是具備同居共財的夫妻、父子、兄弟之間，其彼此亦有一定程度的財產權。

首先，夫妻之間的財產相對獨立。自父系社會興起以降，男性往往成爲經濟的核心。然秦漢時代，女性經濟的相對獨立，首要特徵是她可控制自己的嫁妝。夫妻之間一旦離婚，夫方必須歸還女性的嫁妝，顯示嫁妝之所有權不歸夫方。這種現象反映夫妻之間，具有較爲對等的經濟地位。

其次，父母與子輩的異財。《後漢書・朱儁列傳》載：「儁乃竊母繒帛，爲規解對。母既失產業，深恚責之。」一語，子竊取母親之財物以助他人。這表明兩人之財產分開，並未共財，方有「竊」財之必要。

再者，兄弟異財。夫妻、父子之間都可能不同財時，兄弟之間不同財、各自立家更爲常見。縱使在同居共財的「同居」型家庭，兄弟之間的財產亦頗能區分。在史籍中所見兄弟同居，往往可以見到家人之間因爲財產相關問題產生衝突，這往往被作爲說明同居難處的例子。譬如《史記・陳丞相世家》載：

> 其嫂嫉平之不視家生產，曰：「亦食穅覈耳。有叔如此，不如無有。」伯聞之，逐其婦而弃之。

此處顯示陳平之嫂不滿陳平不工作，此種不滿是基於經濟性因素。此類事件屢見不鮮，其暗示縱使兄弟處在同居共財狀態下，但是彼此之間的財產仍有一定相對性，方能引發類似此處的批評。

婚姻

關於戰國、秦漢時代的婚姻，其中仍然有諸多早期的習俗，而且相較於後代，此時婚姻的各種規定尚未十分嚴格。因皇家的婚姻與民間婚姻有

諸多差異，故此處有必要分開說明此二者。

　　在漢代皇家的婚姻之中，其最大特色是存在累世聯姻的外戚，所謂累世婚姻指皇家長期與特定家族彼此婚姻。在早期社會尚在實施群婚制時，存在由三、四個族群所構成的環狀連繫婚，或是由兩個族群所構成的兩合組織互婚。此類習俗在父系社會中逐漸消失，但是卻還是可見幾個特定家族長期彼此婚的現象。段玉裁在注《說文解字》「媾」字時稱「媾，重婚也。重婚者，重疊交互爲婚姻也。」而漢代皇室就出現此種和幾個家族，彼此之間世代聯姻的現象，兩漢皇帝共與十五族三十五家產生婚姻關係。其中，兩次成爲外戚者十二族，三次者二族，四次者一族，意即大多數的家族都與皇家至少通婚兩次。其次，漢代皇室婚姻較不重視輩份，如前述皇家的婚姻之中，其中有十一家爲異輩婚。譬如，漢惠帝以外甥女爲后，其他各帝常見者有娶外家姑輩等，顯然對皇家而言較不重視輩份。再次，漢代皇家有姐妹、姑姪共嫁一人之情形。如漢景帝娶王皇后姐妹，漢順帝有梁后姑姪二人等，相關案例頗多。這種現象，有學者認爲是娣媵婚習俗的殘餘。最後還有收繼婚現象，其又稱爲轉房婚。此在漢代受到禁止，但在漢代皇家偶爾卻可見到相關現象之存在。如漢和帝將自己的宮人左小娥等賜給清河王，從而成爲清河王的嬪妃。王昭君出嫁匈奴，但是她原本身分爲漢元帝後宮的良家子，漢元帝無異將自身配偶嫁與匈奴，此實質上具有轉房婚性質。相關事蹟若發生在皇家，人們或許不至於敢說三道四。但是，若諸侯王有相關行爲，有時會被稱爲「禽獸行」，從而遭到法律處分。

　　由於漢代皇室採取累世聯姻方針，在此種背景之下，漢代外戚出現有優先婚配權，可將族中女子嫁至皇家，乃至於若族中女子死去，可以讓族中其他女子替補，以確保自身外家的地位。這些措施讓漢代的外戚可以累積力量，其大約從西漢開始累積，至東漢時力量已相當強大，最終引起諸多政治問題。在民間的豪族，同樣有出現集團婚姻的現象，幾個不同的豪族會互相彼此長期締結婚姻關係，藉此維繫彼此之關係。

　　相似於皇家婚姻有諸多的隨意，秦漢時代民間之婚姻同樣是限制相對較少的年代。秦漢時代受後人批評的一點，其主要在於人們對兩性關係相對隨意，並無嚴格的規範，其中有諸多早期婚姻的殘餘。當時頗有炫耀男性性能力之習俗，譬如嫪毐就是如此。而對性能力之炫耀，並非是父系興起的象徵，其反映社會對兩性關係限制較少。

　　其次，較不重視婚姻之禮。人類婚姻的發展，隨時間演進，其規範的內容越多。反而言之，其時間越屬早期，相關的規範就越少。漢代社會不重視婚姻之禮，方向有二：

1.有奪人之妻者，顯示夫婦之名重要性較為其次，民間才會出現此種現象。

2.有奪人之夫者，常見於公主奪取他人之夫，這亦顯示人們對於元配夫婦名分較為看淡，這些婚姻現象同時呈現小家庭婚姻的不穩固，隨時都有可能遭到他人挑戰。

　　再次，離婚。秦漢時代離婚相對簡易，且約束不多。漢代有所謂夫婦三月不同席之概念，大約可視為女子若三個月仍無法融入夫家，則其視為此二人離婚。而且，漢代婚姻容易變動，象徵離婚之出妻現象頗多，許多出妻的原因為日常瑣事，乃於妻子罵狗都可成為離婚理由。這些顯示離婚相當容易，似乎並不被視為一件重要大事。漢代有所謂「七出」，所謂七出指的是男性有七種理由可和女性離婚，《大戴禮記・本命》載：「婦有七去：不順父母去，無子去，淫去，妒去，有惡疾去，多言去，竊盜去。」裡面許多是涉及妻子與夫家之間的關係，並非純然只看夫妻間的感情。出妻之普遍被認為並非是男性權力擴張的象徵，因為其結局並非是男性控制其妻子，而是可以返歸自家。女子還有可能透過逃婚，反抗被安排從夫居的命運。不只男性可以要求和女性離婚，女性在特定條件之下，同樣可以主動提出離婚，諸如丈夫素行不良、患有惡疾、家中過於貧困、娘家家庭與夫家家庭衝突等。此種離婚會受到社會支持，並且為法律所同意。出妻、離婚之頻繁，其顯示婚姻關係被看的很隨意，小家庭恐怕非常

不穩定。

　　一夫一妻制，同時要求男、女雙方對家庭忠貞。女性在父系社會中被要求只能和單一男子發生性關係，故被要求忠貞。男性則是若不約束其行為，則有可能會破壞其他家庭穩定，造成社會混亂，故男性亦被要求忠貞。秦始皇會稽刻石中就呈現對於男性的限制。這些在長期上，將會有助於穩定小家庭概念等之發展。

　　相對於離婚，還有再婚。離婚數量之多、容易，伴隨而來的是再婚亦相對容易、常見。再婚可分為女子離婚後的「改嫁」，還有丈夫死後女子的「再嫁」。秦漢時代貞節觀念較淡，故相關現象頗多。譬如，漢景帝之王皇后，曾先嫁給金王孫，爾後才改嫁漢景帝，最終成為皇后、太后。再嫁的紀錄更多，頗常見到女子在丈夫死後，遂改嫁他人。婚嫁亦有一定年齡限制，《孝經・孝治章》所謂：「丈夫六十無妻曰鰥，婦人五十無夫曰寡。」這原則上可認為當時男子在六十歲以後，女性在五十歲以後，則被認為進入老年期，不再結婚。

家長權

　　在秦漢時代家庭與婚姻中，最後值得關注的是家長權問題。先秦時期宗族的族長，或可視為秦漢時代家族家長、族長的前身，其中有諸多相似，但是也有相異之處。「家長」一詞在漢代開始流行，《說文解字》釋「父」字稱「父，矩也。家長率教者。」其似乎認定父基本上就是家長。不過，在秦漢時代的家庭之中，有父母兩者並尊之情形，且「大人」一詞可以並稱父母，由於家中存在母親之母權，從而分割父家長權力，進而形成漢代別具特色的家長權。

　　首先，關於夫、妻雙方在家庭中的地位。父系社會從三代發展以來，至漢代已經相當穩固，整個家庭係以丈夫之意志運作。在丈夫欲貫徹其意志時，不論其是否考慮周全，妻子都必須遵從丈夫的意志。《後漢書・逸民列傳》載梁鴻夫妻之對話：

妻曰：「以觀夫子之志耳。妾自有隱居之服。」乃更爲
椎髻，著布衣，操作而前。鴻大喜曰：「此眞梁鴻妻
也。能奉我矣！」

在夫妻之間，「能奉」丈夫變成對於女子的一種要求。在兩漢時期，妻子們以「能奉其夫」，遵守她們丈夫的意志，作爲自身之價値、準則。

此時女性仍要參與各種經濟生產活動，並非僅是在家中從事家務勞動即可。縱使男性主要承擔農事的各種工作，女性也要協助農事、紡織活動等。這些會參與經濟活動的女性，她們的地位比純粹從事家務勞動之女性高。甚至，在部分家庭中女性成爲經濟活動主要參與者，這些女性的地位自然就會更高。

在家庭之中，秦漢時代「母權」相對於後代女性較高，所謂「母權」指的就是母親之權力。母權主要呈現於婚姻、持家兩方面，母親能夠展現其相關意志。惟須特別注意，自父系社會形成以降，男性把握最終絕對的權力，男性若有意願將可貫徹其意志。至於男性是否願意尊重女性的想法，這則與不同時代的演變有關。

漢代母親有實質主婚權。依宗法規則，子女嫁娶應當是由父親所負責，但從春秋時代開始，就已經有母親掌握相關權力之現象。父親擁有最終權力，但是父親原則上尊重家中母親對於子女婚嫁的安排。除非有涉及非常重要事件、安排，父親認爲有必要親自介入時，此時將會以父親的意志爲最終依歸，但是這相對上較少發生。

在家事權方面。漢代之母親對於兒子影響力頗大，況且父親往往早於母親過世，母親既然成爲僅存的雙親之一，故其權力就會更顯突出。在漢代的皇家之中，可以見到太后決定兒孫婚姻，還有陵墓問題，以及廢立皇帝、其他重要政治事件等，這些事件往往都會請太后下最終決策。而且，漢代鼓勵孝道，除開國皇帝之外，各任皇帝諡號必有「孝」字。母親往往是漢代人發揮孝道的對象，母親若是辭世，兒子往往都會積極展現他的哀

悼之情。對現任皇帝而言，可以展現孝道的對象，自然就會是太后。漢代皇家在考慮事情時，往往要考慮此事對於太后影響如何，如漢文帝欲用武器救賈姬，大臣諫「亡一姬復一姬進，天下所少寧姬等邪？陛下縱自輕，奈宗廟太后何？」宗廟乃國之根本，在此太后乃至於可以和宗廟相提並論，顯見太后對於漢代皇帝的重要性。七國之亂時，諸侯大臣有建議反對叛亂者，其理由是這會驚擾太后。又如王音諫漢成帝，表示倘漢成帝若不認眞執政，則太后要如何自處，天下又將如何？太后之重要性可以與天下相提並論。

　　由於漢代母權相對較高，這導致母親可以影響她的配偶，並進而影響她的配偶與兒子之關係。譬如，子輩或可請母親協助向父親爭取某些事物。易言之，父權、母權兩者出現彼此牽制之現象，導致家長權難以任意實施，最終出現家長權較弱的景象。

　　關於秦漢時代家長權的演變，其最具代表性意義的或許是「不孝」罪。在張家山漢簡《二年律令‧賊律》記載：

> 子牧殺父母，毆詈泰父母、父母假（假）大母、主母、後母，及父母告子不孝，皆棄市。其子有罪當城旦舂、鬼薪白粲以上，及為人奴婢者，父母告不孝，勿聽。年七十以上告子不孝，必三環之。三環之各不同日而尚告，乃聽之。教人不孝，黥為城旦舂。

「不孝」乃是重罪，其刑罰爲死刑，內容卻十分抽象，這看似對於儒家倫常概念的支持，讓家長可以任意處置子女，然而其實質意義卻是家族權力的衰退。在秦代以前，父母、家族可以任意對子女施加私刑，對子女的教養、懲戒、生殺諸項權力皆歸於家族，可由宗子或家長實行權力，國家對此並無法過問。家族在秦代以前所具有的這些權力並非是國家所賦予，而是其權力自始就是宗族所持有的權力。逮至秦漢以降，國家日漸無法忍受

家長、宗族侵犯國家所專有的生殺大權、法律權力，因此勢必要介入改變
此種現象。《二年律令・賊律》中抽象的不孝罪，其先承認家長在傳統上
對於子女自由的管教權，由家長自行認定何謂「不孝」。但是，相關處罰
的行使權則被收歸國家，家長必須透過「告」的程序，敦請國家對子女處
罰。父母若膽敢擅自殺死自女，在特定情形下甚至會以殺人罪論處。因
此，漢代法律真正呈現的是政權對於家長權、族權之侵奪，而非是給予家
長、族各種權力。惟國家在將家長權、族權收歸國家控管之後，其在明文
上承認家長的權力，不得不說這是另一種對於家長權的支持。

第五章
魏晉至隋唐

　　在東漢滅亡之後，中國開始邁入魏晉南北朝時代，爾後在隋一統天下之後，進入隋唐時代。在魏晉南北朝到隋唐時代，這是與其前後時代有顯著差異的年代，在秦漢時代形成的豪族，在此時繼續發展轉型，最終出現世家大族。世家大族有其地方的實力基礎，同時又具有道德上的特殊性質，同樣以一群有血緣者爲核心，帶領一方具有地緣性質的人群。世家大族歷經魏晉南北朝的鼎盛發展，在隋唐時代逐步衰退，最終淡出歷史舞臺，宋、元時代又將進入另一個歷史新局。世家大族爲魏晉南北朝到隋唐時代之主要特色，故本書以魏晉至隋唐時代爲同一章，說明此時代之特色。

第一節　社會結構的變化

社會階層

　　在戰國秦漢時代，中國社會有朝中央集權發展，實施編戶齊民，整個社會爲皇帝所控制、統治之傾向。但是，在魏晉南北朝至隋唐時代，由於歷史變局的影響，皇帝權力大幅衰退，從而在社會階層中出現一種足以補充皇權衰退所造成眞空的力量。在魏晉南北朝到隋唐時代，社會階層可約略分爲皇帝、世家大族、少數民族、庶民、特殊人群、依附民、賤民等幾個不同階層。

1. 皇帝。自秦漢時代以降，皇帝即爲社會的最高階層。在皇帝權力高漲的秦漢時代，其地位自不待言，其握有最高統治權，此點在魏晉南北朝至隋唐時代依然如此。縱使在皇帝權力相對衰退的東晉、南朝等，皇帝依然被視爲最高統治者，掌握權力者依然要控制、借助皇帝的名義，以便

實行其統治。

2. 世家大族。又可稱爲士族、門閥士族、門第等，他們是在東漢逐漸形成，並且以陳群建立之九品官人法壟斷任官資格，乃至於出現世代擔任清要官的高門大姓，此即《晉書・劉毅列傳》所謂「是以上品無寒門，下品無勢族」。關於世家大族具體的形成過程，可另見本章第二節，此處僅說明世家大族作爲社會階層的特色。這些世家大族壟斷任官權力之外，還有減免賦役、庇蔭宗族、賜田、給客等諸多特權，在法律上又不與庶人連坐。他們既需要皇帝所象徵的國家權力，但其存在本身又與中央集權存在矛盾，其最終會在皇權擴張時走向衰退。

世家大族除他們的各種權力之外，其最大特色是會強調自身的血緣，許多世家大族都可溯源到漢代。不過，世家大族之形成，比起數百年前的血緣，其主要仰賴的是近代、當代之政治演變，故他們大部分都是在曹魏、西晉擔任高官的家族。若有任何家族在漢代任高職，但在魏晉時代未顯貴者，則該家族無異已經沒落。而且，就算某家族在漢代從未擔任高官，只要在魏晉時期擔任高官，即可成爲門第。因此，是否能夠在魏晉時期成爲門第之關鍵，主要在於是否在當代有任官，其先祖身分爲何，反倒在於其次。

中國社會在封建制度崩潰以後，除皇帝與少數特定職位外，不復存在實質世襲之貴族。世家大族是具備類似世襲之地位的階層，但是世家大族亦不具備世襲權力。世家大族長期把握地位，主要是透過他們壟斷九品官人法等任官管道。不論任一世家大族的門第再高，又或是這些任官管道如何對世家大族大開方便之門，世家大族還是要透過這些任官管道取得相關之地位，無法如封建時代貴族僅憑血緣直接擔任各種職位。世家大族雖然無法僅憑血緣取得地位，但是其家族又實際上長期任官，故可用類世襲階級概念理解世家大族。

世家大族的類世襲身分，給予其家族諸多優勢，也有諸多世家大族的成員曾立下各種功勞。但是隨時間日久，其任官管道僵化，變成僅重視身

分、門第，不再看重能力，導致世家大族充斥無能之輩，難以在動盪的時代生存。首先衰敗的是僑姓、吳姓，他們長期安逸，無力與山東士族等抗衡，故隨南北朝結束而消逝。山東士族不復有九品官人法之類世襲制度保障，需要面對隋唐以降科舉制的挑戰，而且在婚姻、經濟上逐漸喪失與庶人劃分界線的依據，故其最終隨唐代結束而消失。

3. 少數民族。在五胡十六國、北朝時期，中國北方有諸多少數民族建立政權。這些少數民族大量採用漢人制度，藉此管理他們自身的政權。而建立這些政權的少數民族，他們自身的族人在該政權中往往稱爲「國人」，這些「國人」之身分高於漢族與其他所有非本族的少數民族。不過，隨各少數民族學習漢人政治制度，其大多會逐漸將自身民族之中低階層成員，轉換爲編戶齊民，集中權力到國家，以利於國家統治，如《魏書‧外戚列傳》所載「其後離散諸部，分土定居，不聽遷徙，其君長大人皆同編戶」。這些編戶齊民化的少數民族，往往先後會被同化成漢人。

4. 庶民。庶民爲社會的主體，其人數爲社會之多數，除世家大族之外，各類職業的人民大多都屬於庶民。這些人在魏晉南北朝時期，有時候會稱爲寒人、寒賤等。作爲庶民，仍然擁有任官、獲爵等權力，且與秦漢時代相似，他們沒有遷徙之自由，並承擔國家各種賦役。在隋代以降，庶民還有機會透過科舉任官。若將庶民分類，可大致分爲士、農、工、商等四大類：

   (1) 「士」被認爲是四民之首。從隋唐時代開始，爲突破世家大族壟斷局面，政府積極設立學校，並且向庶民開放。而「士」主要指文士，包含各種讀書人，士廣泛受社會尊重、政府優待。「士」最理想的發展是任官，從隋唐開始任官主要是透過科舉，一旦考上就可免除各類賦役。

   (2) 「農」指從事耕桑者。這是人數最多的群體，其範圍涵蓋甚廣，包含地主、自耕農、佃農等等。他們其中包含社會的底層，甚至會被當時

的人瞧不起。隋唐時代之農與魏晉南北朝略有不同，其中的佃農已非地主依附民，身分皆轉爲編戶齊民。

(3)「工」、「商」。「工」指各種從事工作器用者，「商」則爲從事各類商業活動者，此二者在隋唐時代身分相對較低，他們往往被禁止任官，限制騎馬，還可能要承擔更多賦役。《舊唐書·曹確列傳》載唐太宗下令：

> 工商雜色之流，假令術踰儕類，止可厚給財物，必不可超授官秩，與朝賢君子比肩而立，同坐而食。

此語彰顯國家對於工、商之態度，他們的身分明顯偏低。針對富有的商人，政府、節度使等在有急需的時候，往往會以各種手段掠奪他們的財富。若條件允許，富商會想盡辦法捐官，讓自身取得官方身分，藉此保障自身財產。而且，此種歧視不僅僅是出自於官方，連民間對於工、商從業者亦有歧視。不過，隨時間持續演進，工商人士憑藉其相對富有身分，最終往往能夠取得他人之認同。而且，商業利益之豐富，亦將吸引若干身分較高者投入商業。

5. 特殊人群。在魏晉南北朝至隋唐時期，社會中還會有些人有較爲特殊的地位、權力，其中較特別者有僧尼。僧、尼爲在寺院工作的宗教從業人員，政府往往會給他們免除部分賦役之特權，而且他們的戶籍資料會與庶民分開，故他們會被視爲一種特殊人群。他們因爲有這些特權，故有些人積極想要成爲僧尼，藉此取得各種特權。不過，在寺院中的多數僧尼，需要從事各種辛苦之勞役，上層、下層僧尼之生活有較大差距。

6. 依附民。主要盛行於魏晉南北朝，其中包含諸多不同身分，諸如兵戶、屯田客、雜戶、奴婢等。按其依附對象不同，可分爲官、私兩大類型。這些人的戶籍大多與民眾分離，其身分往往具有世襲性質。隸屬於私人的依附民，他們有些是在經濟上滿足主人的需求，還有些會成爲主人的

私人武裝力量，還有可能憑藉其主人之力量而不承擔國家的賦役。這些人之所以要依附於特定對象，主要是長期戰爭讓民眾有意願聚眾相保取得安全保障，同時又仰賴於主人在經濟上的支援，且南北遷徙等都會強化主人與依附民之間的關係。隨隋唐時代歷史發展，由於經濟發展需求，雇傭的興起，人們若有需要可直接雇傭相關人員，而不再豢養依附民，這導致依附民逐漸淡出歷史舞臺。

7. 賤民。賤民最主要爲奴婢、官戶等，依其持有者不同，可分爲官賤民、私賤民。奴婢在魏晉南北朝時期，其身分有向依附民轉化之傾向，賤民在隋唐時代則是社會中地位最低者。賤民需替其主人勞動，一年中有少數日期可以休假，工作無酬勞，但是由主人負責提供日常生活所需。他們社會地位幾近於一種財產，沒有獨立戶籍、姓氏，身分爲世襲。

社會流動

在魏晉南北朝時期，身分較爲固定，社會流動相對緩慢。但不論多緩慢，這最終造成原有固化的社會改變，逮至隋唐時代開始科舉制度，社會流動則相對較爲活絡。

世家大族在東漢漸次成形，九品官人法則是確立世家大族，並且讓社會流動逐漸趨緩。在九品官人法之中，而他們最終成形的依據是他們在魏晉時期之地位。東晉極其顯赫之潁川庾氏在漢代卑微，其憑藉魏晉時期的地位，方成爲天下名門。中正官品第人物，其首重該人父、祖的地位，而非是遙遠先祖之地位。因此，九品官人法對於社會流動的影響，或可認爲其是將魏晉時期任官之現狀留存。

逮至西晉，世家大族控制高階職位的局面已然產生，許多名臣家族皆仕魏、晉兩代。這些世家大族世代擔任高官，或參與政治密謀，又或與皇家聯姻，成爲「高門」，門閥格局在此成形。東晉、南北朝則是門閥的全盛期，《宋書・王弘列傳》所載「至於士庶之際，實自天隔」一語，此或可視爲此種現象的最好寫照。魏晉依官位所形成的門閥，逮至東晉以降開

始變成按血統區分高低，乃至於「華族」、「高門」等身分竟不受官位高低之影響。此種社會之流動，自然更無從期待。

　　至於在北朝，北朝世家大族主要立基於魏晉時期之身分，雖然統治者主要是少數民族，但是他們為穩定自身的統治，所以有需要爭取世家大族之支持。因此，其大多會承認世家大族所持有的各種特權。而且，漢人與北朝統治者都有意推動世家大族之門閥制度，故北魏亦將鮮卑貴族門閥化，讓門閥制度在北朝流通。

　　在整個魏晉南北朝，其森嚴的門閥制度，主要是既有世家大族阻止庶民加入之方式，盡可能阻斷社會之流動。然而，不論世家大族再如何試圖阻擋，每個新朝代的崛起，其直接先象徵有某個家族直接由底層昇到社會最高層。而世家大族長期僅憑藉血緣擔任高位，其個人崇尚玄學，輕視實務，實務工作讓寒庶之低位官員處理。皇帝用人權力被限縮到低階官員，而這些低階官員卻又剛好具備處理實際政務的能力，這些人在皇帝支持且具備能力的背景下，權位緩慢上升，逐漸掏空世家大族所掌握高位的實權。更遑論到達南北朝晚期，梁朝有侯景之亂，北朝有河陰之變，許多世家大族死於此類事件，這些都給與世家大族沉重打擊。最終，在隋代開始推行科舉制度之後，社會流動又慢慢重新恢復。

族群問題

　　在魏晉南北朝時期，族群問題成為社會結構的主要問題之一。族群問題不僅僅是涉及各種少數民族，對於漢族自身的認知而言，此時期的歷史發展扮演有極關鍵角色。

1. 漢族。「漢人」實際取得族群概念，用以指身為「漢族」之人，其時間點約略在於魏晉南北朝時期。各種少數民族崛起成為統治者，其政策、文化、習俗都與漢人有諸多差異，並持續以不同方式對南、北漢人產生壓力，從而讓漢人開始產生一種族群共同體的概念，即便是位處南方的漢人，其對北方漢人都有較強認同感。

漢人之文化、制度等，相較於少數民族，更有利於國家的發展與運作。因此，北方少數民族往往在與漢人相處之中，先後採用其制度、文化、語言等等，以至於最終融合入漢人之中。在南方，則由於漢人數量相對較多，故是由漢人同化原本居住於當地的少數民族。

2. 北方少數民族。在中國北方有諸多不同的少數民族，諸如匈奴、鮮卑、羯、羌人等。有些少數民族如匈奴是在東漢開始被強制遷徙到漢朝領土之內，爾後在西晉時由於對受到的待遇不滿，從而在西晉領土內發動叛亂，不盡然是由外部入侵晉朝。這些少數民族所建立的政權，在其初期往往具備諸多原始色彩，但由於漢人中央集權、編戶齊民式制度有助國家穩定，更何況其統治對象主體為漢人，故大多先後改為漢人式制度。在這些少數民族之中，固然其中有些人堅決反抗此種進程，惟往往無法阻止此種變局。

此處針對北方少數民族之中，其重要性特別高者再略為補充說明。首先，匈奴是秦漢時代主要的外患，在歷經漢代的打擊之後，漢朝將匈奴人移居到境內，並且派官管理，匈奴過去自有的組織，其漸漸變成徒具虛名。而匈奴之名，至南北朝晚期消失。其次，鮮卑。其早在東漢末年，就已經開始逐步吸收漢人文化。鮮卑是魏晉南北朝時期最活躍的力量之一，拓拔珪建立北魏，北魏更統一北方。爾後在北魏孝文帝時期，更進一步漢化。最終等到隋唐時代，鮮卑實質上已經消失。再者，突厥。突厥為遊牧民族，其在魏晉南北朝中晚期時興起，其社會、文化受柔然影響較大，各種法律、制度皆具有遊牧民族色彩。其對於隋唐時代初期之政治局勢有莫大影響。

3. 南方少數民族。此可以分為「山越」、「蠻」兩大類。「山越」是江南、嶺南各族總稱，實為漢人所賦予之名稱，「山越」、並非為單一個實際民族，主要見於三國時期前後。逮至東晉南朝以降，「蠻」或「南蠻」之名稱興起，這同樣是南方境內少數民族之通稱，並非實際之民族。具體的少數民族有如俚族、獠族等。

　　少數族群在魏晉南北朝爲一主要課題，其甚至成爲王朝之皇帝，故他們如何與中國原有社會力量互動，自然成爲人們關心的重點。在魏晉南北朝到隋唐的歷史演變過程中，他們大多逐漸被漢化。對於中國社會而言，所謂胡漢之別，其重點在於文化上，對於血統並不十分重視。因此，一但少數民族開始採用漢人文化，其本質上就轉換爲漢人。

第二節　世家大族

世家大族的興起

　　在漢武帝推動選舉制度以吸收社會力量時，他以儒學作爲選舉制的主要內涵，社會力量的子弟需要學習儒學，以取得入仕之資格。而此種選舉制與儒學的結合，並非僅僅是一種政治手段，這成爲當時中國社會的新價值，從帝王到庶民，無不崇尚學術、知識。豪族在秦漢時代爲保持家中的地位不墜，他們認眞學習儒學，並將之內化成自身的品德、知識。能夠世代爲官的豪族，其家族往往有自身一套家學，這些都會強化民眾對他們的敬仰。他們受到儒家思想影響，產生一種超越宗族、地域、身分等「私」領域之價值觀，全心追求、實踐爲「公」的理念。遑論豪族之基本特色就是有強大經濟力，能夠在經濟方面支撐自身的威望。他們逐漸成爲社會標準制定者，還有強大的輿論力量，並且憑據地方性、宗族性，進一步建立地方的武裝力量，可以向民眾提供保護。

　　在豪族發展的同時，隨時代推進到東漢中、晚期，社會生活受到宦官、外戚等力量爭奪不休之影響，人民的生活益發邁向黑暗。那些在檯面上爭權奪利的集團，無不以爭奪私利爲先，往往忽略主張照顧民眾的儒家理想，不復具有「公」的理念，這些人或被稱爲「濁流」。而以儒家思維自豪的豪族、士大夫，他們受到當權黑暗勢力之排除。這些以儒家精神自許的豪族，不滿此種黑暗力量的發展，開始漸漸產生輿論對政府施壓。這些豪族開始以儒家士大夫形象品評人物，其中既有對腐敗政治批評之意涵，這些人慢慢構成一種代表輿論的團體，有時被稱爲「清流」。他們彼

此之間會產生師友關係，有時還會形成門生故吏的關係，其內部會互相聯絡。伴隨東漢末年進入軍閥混戰，三分天下局面出現，縱使身在不同國家之中，這些清流仍然會互相連繫，逐漸形成一種超越國家、王朝交替的階層。

　　選舉制度以儒學經典爲基準，豪族大姓往往有其家學淵源、文化修養，其在選舉制度中本已有優勢。豪族不僅是在道德有所表現爭取人們支持，同時在制度上確保他們可以掌握任官管道。選舉制度爾後還額外參考鄉里清議，然鄉里清議實出自於士大夫之評論。再者，漢代選舉制係由功曹負責，功曹屬於地方掾屬之一，其主要是由地方長官以辟舉任用，能夠爲地方長官青睞且掌握功曹者，大多也是大姓子弟。這一系列的現象，有助於豪族掌握地方政權，並且逐漸產生世代爲官現象，乃至於形成門閥士族。此種制度會再轉變，主要是由於東漢晚期的激烈戰亂，既有社會秩序瓦解，難以實施選舉制，故有必要推出一種新制度。

　　漢代豪族本爲戰國時代社會力量的轉化，而其到魏晉南北朝以降，又進一步產生變化，原有的豪族可以分爲兩個層次理解。其中之上層可稱爲世家大族，又有士族、門第等眾多不同名稱，其最大特色是擔任較高職位，且超越於本籍地之外。世家大族任官者會進入中央或其他州等非本籍地任職，宗族則仍居住在本籍地。隨歷史的演變，部分在中央任官者，有可能會喪失其地方性，與原籍地切斷關聯，但仍能保持其地位，此以東晉以降的僑姓爲代表。至外州任官者，還有可能因各種原因定籍於新地點。這些以新地點作爲「籍貫」者，往往還會使用原籍的地名，將其稱之爲「郡望」，從而出現「籍貫」、「郡望」不一致之現象。而在其原籍地的家族，依其實力不同，領袖地位有可能會被其他家族取代。還有一些世家大族源出於少數民族，受北朝時期政府政策之影響，在某地落籍，成爲該地的世家大族。

　　豪族徹底邁向世家大族，其關鍵是在於九品官人法，以及伴隨之中正制度。九品官人法本質上爲漢代鄉里清議之演變，其仍屬於一種選舉制

度。兩漢選舉制度，主要參考經學、德行，通過清議確保當事人符合標準。九品官人法設計之初，其係以家世與才德爲基準，但其到西晉就已變成以家世爲主要標準。而此處所謂之家世，主要是參考九品官人法實施時，當下在魏晉任職者之地位。因此，九品官人法並非是賦予人們地位、創造新的社會上層，而是其對社會既有現狀之承認。

　　九品官人法讓世家大族可以壟斷政權，另一個因素是中正官僅針對「士人」給予評價，並非是任何人都會被中正官品評。然而，究竟那些人屬於「士人」，這則是由世家大族所掌握的鄉里清議決定。中正官不能自由評定人物，而且就算是品評士人，世家大族還是可以影響其評論內容。更遑論負責品評人才的大司徒、中正等官，大多是以高級官員擔任，這讓整個取仕制度實質上把握在世家大族手中，進而讓他們得以控制政權。中正官會評估接受品評者一生中最高可任官職之品第，此稱之爲鄉品，再以鄉品減四品授予實際的官品爲起家官。世家大族子弟幾乎壟斷鄉品二品，大多再以官品六品的職位爲起家官。更高的鄉品一品僅有皇族可得，而鄉品三品以下被視爲卑品，無足對世家大族造成威脅。各種重要官職至此多由世家大族子弟擔任，而且他們不受資歷限制，還可以快速升遷。至於庶民、寒人，實質上被排除在政治核心之外。此種現象的出現，同時和西晉政權仰賴世家大族建立有關，故必須和世家大族分享統治權。

　　此處有一點需特別注意，在世家大族的概念中，還有所謂的「寒族」、「寒門」，但這些是相對性概念，絕不可與庶人、寒人等父祖皆無參與統治階層者混淆。大型世家大族會稱次級世家大族爲「寒門」，次級世家大族也會稱更次級之世家大族爲「寒門」。但事實上，這些「寒門」本身都是世家大族，實力遠遠超過地方豪族、庶人。畢竟，「寒門」仍有其「門第」，庶人則連「門」都沒有。

　　世家大族的興盛，同時還有經濟方面之原因。漢代豪族，其基本特性之一是大地產性，此點亦呈現在世家大族身上。西晉實施占田蔭客制，依附在世家大族之蔭客可以免除國家賦役，強化人們依附世家大族之意願。

而且，由於缺乏強制執法之意願，占田制由原本對於大族可持有土地上限的限制，反而變成是對世家大族最低可占有土地數量之承認。凡此種種，無不強化世家大族的經濟力量，讓他們取得各種運作的資本。

世家大族能夠大放光彩，成為魏晉南北朝時期最重要的力量，其主要核心就是在於中央政府之衰敗。東漢後期，政治腐敗，自漢獻帝起中央政府更無力保障民眾之安全。人們面對軍閥交戰之亂局，中央政府無力阻止，個人難以在此種局面存活，只好開始組織各種不同性質之集團，以確保自身的生存，從而讓世家大族在魏晉南北朝時期，能夠成為重要領導力量。

原有豪族之下層，或可稱為地方豪族，又可稱為酋豪、縣姓、豪強等不同名稱。這些豪族的內部結構與世家大族相似，其最大差異是他們活動的區域多在本郡、本縣之內，缺乏超越本籍地之力量。個別豪族的力量無法與世家大族相抗衡，但是其數量眾多，且同樣擁有地方性、宗族性、武質性等特色，故統治當局仍要吸收豪族的力量。由於這些豪族力量相對較小，他們更關注於自身的事務，較難對整體政局產生直接影響。

世家大族的演變與衰弱

世家大族在東漢至西晉之間，奠定其發展的基礎。爾後，隨永嘉之亂的發生，南北朝時代開始，世家大族的發展在南北朝各有不同，故有必要將此二者分開說明。

首先，關於南朝世家大族的發展。由於永嘉之亂後，北方政局高度不穩，戰爭頻繁，許多世家大族開始南遷，這些南遷的世家大族稱為「僑姓」，其中以王、謝、袁、蕭四姓最為重要。不論其實際遷徙時間為何，只要是三國、西晉時已經居住在南方吳地的世家大族，則稱之為「吳姓」，這些人過去大多是孫吳政權的支持者，以朱、張、顧、陸四姓最為有名。吳姓因支持孫吳反抗西晉，逮至孫吳滅亡之後，晉人往往以征服者態度看待吳姓。再者，東晉政權之建立，高度仰賴僑姓的支持，因此僑姓

在東晉政權中有重要地位。不過，僑姓之根本問題在於他們遠離家鄉，因此缺乏豪族所具有之大地產性、地方性，至此改以居住在城市爲主，這在長期發展上將會成爲隱憂。僑姓主要居住在東晉首都附近，還有荊州地區。

僑姓解決其缺乏大地產性問題之方式，主要仰賴皇帝賜田或自行占山固澤。在占山固澤的過程中，世家大族會將其變爲莊園。國家法令禁止私人占山固澤，但是由於占有主多爲世家大族，故禁令形同具文。逮至劉宋時期，開始承認品官占有山澤之權利。世家大族的莊園，自此在江南地區開始興盛，從而成爲他們資產的來源。

東晉建國雖然高度仰賴僑姓，但其畢竟位處於吳地，故仍然需要吳姓的支持，從而出現南北大族共同主掌朝政之局面。吳姓由西晉時期位處邊陲的被征服者，轉變成爲處在首都附近的世家大族，因此吳姓亦願意支持東晉政權，藉此共同掌管權力。隨僑姓、吳姓共同掌管朝政，東晉南朝開始出現一種等級森嚴的社會，郡望、婚姻、流品等分級嚴格。世家大族子弟從祕書郎、著作郎等相對較高起任，而且升遷管道通暢。社會地位之貴賤，不再受到一時政治地位之影響，社會流動緩慢。至劉宋時期，士庶之分更爲嚴格。但是此種嚴格是出在於富有的庶人開始想辦法混入世家大族之中，而且相關案例屢見不鮮。以至如《通典・食貨三》載沈約之語：

> 凡粗有衣食者，莫不互相因依，競行姦貨，落除卑注，
> 更書新籍，通官榮爵，隨意高下。以新換故，不過用一
> 萬許錢，昨日卑微，今日仕伍。

其操作手法往往是篡改譜牒。世家大族對此極力遏阻，但這似乎也呈現此種社會結構即將走入盡頭。

其次，關於北朝世家大族的發展。在面對大量少數民族興起，中央政權力量衰弱，戰爭頻傳的局面，位在北方的世家大族，勢必與前往南方的

世家大族有所不同。在永嘉之亂以後，留在北方未遷移的世家大族，建立一系列之自衛體系。世家大族大多成爲郡級領袖，故又可稱爲「郡姓」，豪族則爲縣級以降領袖，少數民族以部落爲單位。不論世家大族或是一般豪族，此二者實質上都以豪族形式在地方運作。

　　所謂的自衛體系，主要是出現於十六國時期，各地豪族紛紛建立塢堡以自保，而塢堡在此種情形下成爲基層社會組織。塢堡軍事性過強，難以長期存在，故塢堡至北魏統一華北之後，安全需求降低，塢堡至此漸次消失。不過，相關的宗族組織依然留存，並且仍可對社會產生很大影響力，北魏實施的宗主督護制就是配合此種現象實施。

　　北方世家大族之所以仍具豪族形式，主要是他們保有大地產性、地方性、武質性、宗族性等特色。其實，在永嘉之亂以後，南遷世族大多是與中央政府關係較近者，與地方關係較近者則有留在北方之傾向。有些世族則一分爲二，分別留在北方與南遷。留在北方的世族，面對中原進入混戰，缺乏穩定中央政府，故必須發展自身力量，以保衛自我安全。因此，雖然東漢至魏晉的世族、豪族以其「文質性」自豪，但「武質性」一直是豪族基本特色。至十六國、北朝時期，純粹講求文質性將難以生存，故相關世族有需要以強大的地方力量、武力保證自身之生存，故有必要更突出武質性特色。

　　北方世家大族的武質性，主要在於他們有強大的地方性，具有堅強社會基礎。世家大族成員幼時生活在鄉里，任官時會前往首都，但是致仕以後則必定回到鄉里，鄉里是他們的社會根基，有些學者將此稱爲「雙家制」。特別是在北魏孝文帝以前，官僚並無俸祿，他們更仰賴鄉里對自身的支持。世族在首都任官者特別需要鄉里對自身的支持，缺乏支持者容易出現經濟困難。而世族在首都發達後，他們亦會協助自身鄉里。相較於南方僑姓門閥高度仰賴俸祿，北方世族則更重視自身的家鄉。

　　北方世家大族具有豪族之特色，其以實力處於一方。逮至北魏統一華北之後，北魏國家開始吸收、整合世族之力量，將他們轉化爲北魏的支

持者，政治力在北方門第形成過程有很大影響。北魏吸收漢人力量，並非只是簡單給予他們官爵、俸祿，而是讓漢人參與行政、決策。從而，讓北魏吸收更多漢人制度、文化，將北魏自身世族化。北魏孝文帝時，以崔、盧、鄭、王等四姓爲核心，建立漢人四姓概念，而這四姓不僅是自身家族顯赫，他們更與皇室有聯姻關係。此外，少數民族亦將其成員納入門第秩序，從而出現所謂之「虜姓」，其中代人的「勳臣八姓」與漢人四姓結合，建立起一種政治婚姻集團，從而形成一種新門閥秩序。

　　惟相較於世家大族的門閥政治在南方具有自然形成之特徵，其在北方則有國家以法令手段協助確立門閥之性質。其本意是結合鮮卑貴族與漢人世家大族，將其整合爲一種力量。但是這卻有造成社會不公的可能性，一如門閥在南方排擠、壓抑庶人，在華北也出現類似現象，而被壓迫、排擠者卻包含鮮卑人的底層武士，這終將帶來災難。

　　北魏時代，隨皇帝權力日益高漲，其企圖恢復秦漢時代中央集權、編戶齊民之皇帝權力。其首要就是離散部落，將部落民視同編戶齊民，如《魏書・官氏志》所載「登國初，太祖散諸部落，始同爲編民」。而在離散部落之後，其必須考量如何處理原有部落之君長大人，同時北魏也有意將北方的世族收歸控制之下，結合兩者特色制定「宗主督護制」。此一制度普遍實施於北方社會，不分漢人或少數民族，兩者都適用此制，一併轉換成北魏的基層領袖。

　　在宗主督護制之下，每個宗主之鄉里或部落被視爲一個單位，其每年需要繳納賦稅。而此種賦稅並不考量單位內究竟有幾戶、多少人，僅按單位徵收相關賦稅。宗主想要公平分配賦稅，減少賦稅優待住民，又或是在其中擅自增加賦稅，北魏當局皆不予干涉。此種現象，與秦漢時代鄉里的共同賦稅現象有若干相似之處，其宗主幾似於漢代的豪族。

　　在魏晉南北朝盛極一時的世家大族，不分南北，其最終還是走上逐漸衰落的命運。由於南方、北方世族發展歷程不同，故其衰落的原因亦有所不同，此二者應當分開理解。首先在南方，由於世家大族僅憑血緣就擔任

重要職務，缺乏實際承擔這些職務的能力。因此，南朝政府只能引入寒庶擔任官員、將領。縱使寒庶所擔任的職務品秩一開始較低，但由其負責處理實際政務之後，這些職務的重要性就與日俱增。寒庶任官的比例增加，這導致原有世家大族的重要性、特權下降，乃至於原有的清濁之分亦逐漸淡化。特別是面對侯景之亂的動盪，既有世家大族無法應對，《顏氏家訓・涉務》稱梁朝士人「及侯景之亂，膚脆骨柔，不堪行步，體羸氣弱，不耐寒暑，坐死倉猝者，往往而然」，此語或許就貼切的道出世家大族在南方之樣貌。而南方世家大族在這些動亂之後衰落，恐怕在意料之內。

其次，關於北方世家大族的衰落。北方與南方一個最根本差異，在於北方是少數民族以武力建立政權，他們的權力基礎是出自於自身，漢人的世家大族僅能自保。將世家大族納入統治集團之中，此為少數民族政權之決策，並非世家大族自身有何特權。而在北魏著名的大族，與魏晉名門發展類似，其實質上為十六國至北魏時期擔任高位的家族，不盡然與魏晉時代之地位有關。這些新興的大族，往往喜於假冒、偽造自己之身分，「自云」是舊有士族，以致如中山王氏變成太原王氏，馬渚諸楊變成弘農楊氏。還有北方實行大家族制度，許多人就算是遙遠的宗屬，也會盡可能將自己納入過去知名大族。對於北魏統治當局而言，重視當代權貴更為重要，他們缺乏進行確實以血統區別士庶之必要與意義，崔浩、北魏孝文帝對此之嘗試，大多無從落實。

北魏之所以並不確實區別士庶，主要是當代的課題才是北魏需要關切之重點。北魏太和改制確立「四姓」之高門地位，然「四姓」之興起是在於他們與當代政權的關係，他們與王朝的關係決定未來之發展、仕途，並非是遙遠而不可及的血脈。隨政局演變，縱使是名門的次要旁支，只要能夠協助政局，就有機會向上提升。由於他們需要協助王朝的運作，故在長期上必然逐漸看重他們的能力，能夠協助王朝者，其前途將會更為光明，其官僚性質逐漸超越世族的門閥特性。此種重視能力、官僚性的發展，其將逐漸否定世族制賴以存在九品官人法、鄉里清議等重視家世門第之特

色，更遑論在北魏太和改制以後，中正官職能更形衰落，世族逐漸喪失過去掌握地位之方式。逮至北魏末年一系列改革之後，任官更加看重年勞、能力，逮至隋唐變成官無清濁。

北魏在用人朝更重視能力發展之外，其還採取一系列措施，重振國家對社會之控制。在宗主督護制之後，北魏再採行三長制，進一步降低世族、部落對於人群的控制。三長制之鄰長、里長、黨長等對民間的控制措施，將人民回歸編戶齊民。此措施固然無法直接消除世族以宗族力量對地方產生之影響，但是能夠產生一定程度之限制。

南方世族最終隨南朝的滅亡，而逐漸淡出歷史舞臺。在北方世族方面，隨時代進入唐朝，所謂郡望成為相當籠統的概念，不再是少數身分的代表。民間可以自己的喜好，選擇使用各種郡望，其不復能夠作為士庶區別的界線。這種現象或可呼應世家大族緩慢淡出歷史舞臺之發展，逮至唐末、五代更完全退出歷史。

世家大族的學問與涵養

前文說明世家大族如何在歷史變局中興起，以及其如何逐漸消失。不過，觀察世家大族並不宜僅看待其與上層社會之關聯，還值得注意世家大族如何與社會連繫，此為世家大族之特色，更能彰顯世家大族與豪族之不同。世家大族承襲兩漢豪族具有經學性的特色，他們具有非常豐富的學問與涵養，並且將其內化為他們的精神，這是他們能夠結合家族、宗族、鄉黨，將其變成一種共同體的原因之一。

1. 學問與教養。自漢代推動選舉制並且獨尊儒術以來，豪族開始具備經學化特色。此種經學化特色，至世家大族身上仍然可見。戰國秦漢以降國家有任賢思想，而所謂的「賢」不僅僅是具備能力，其中還包含指某種卓越人格之意涵。在儒家諸多卓越人格的概念中，擁有學問為其中之一，與學問相伴的還有教養，這亦是漢代選舉制的重點，同時也是世家大族取得人們敬仰的關鍵之一。各世家大族為滿足選舉制需求，以及長

期學習儒學後對自我產生之要求，他們非常重視子弟的教育以及家學。人們最讚賞的是能夠憑藉學問等文化能力為眾人所周知，而非是仰仗權勢發達。其實，世家大族各種為人所讚賞的人格，其根本核心皆是他們所學習、內化之儒學精神。他們以知識、道德成為各方面的領導者，而不是如商周時代貴族以掌握生產工具變成領導者。

2. 不追逐權位。在魏晉南北朝時代，世家大族另一個特色是呈現儒家之不追逐權位的自立精神。此種現象可分為兩方面理解：

　(1)皇權在此時大幅衰退，改朝換代迅速，皇權所授予的權位，較缺乏實質作用。

　(2)儒家本身有不以任官為人生第一目的之傾向，世家大族內化此種精神，隨皇權益發衰退，他們更會追求超越世俗的精神世界，某些士人將其稱為「先王之道」。《魏書‧楊播列傳》載楊椿之語：

> 汝等學時俗人，乃有坐而待客者，有驅馳勢門者，有輕論人惡者，及見貴勝則敬重之，見貧賤則慢易之，此人行之大失，立身之大病也。

楊椿表明不要與當朝權貴勾結，同時不要批評他人之過失，更不可因他人一時之貴賤給予不同待遇。這些行為或可作為世家大族對於自身行為準則的要求，違反這些會被視為不清高的行為。乃至於縱使權位較高者未必有做任何不道德之事，還是有人會刻意斷絕與權勢較高者的往來。

　　這些尚且是世家大族在學問涵養方面的特色，此處或可視為世家大族對自身的要求。而他們會為世人所敬重，則更進一步要觀察的是他們在自身學養之背景下，他們如何外顯這些特色，並且又如何和他人互動。

世家大族的倫理與鄉黨

　　世家大族能夠領導人們渡過混亂的年代，其最大特色是他們擁有自我抑制的精神，能夠壓制世俗之財富、權力等慾望，克服自我享樂的思維，

讓人們有意願跟隨他們。鄉里清議固然有其受到世族壟斷之現象，但是其評價內容還是有相當的社會基礎，讓他們可以超越王朝而存在，這些特色並非以物質手段就能夠創造。

1. 對錢財、土地的淡泊。世家大族基於儒學思想的另一個特色，主要呈現在他們對財物的淡泊，以照顧鄉黨為己任。作為限制土地數量的均田制，其推動者、支持者卻是在地方有龐大土地的世家大族，他們一方面有能力兼併土地，同時又力誡自己不要成為侵害自身鄉黨的大地主，盡可能照顧鄉黨成員。他們對宗族、鄉黨大多有「輕財好施」之特性，在地方出現各種需求時，這些世家大族往往願意予以賑恤，協助鄉黨渡過難關，甚至免除他們的債務。《顏氏家訓·止足》之一段即彰顯此種想法：

> 天地鬼神之道，皆惡滿盈。謙虛沖損，可以免害。人生衣趣以覆寒露，食趣以塞飢乏耳。形骸之內，尚不得奢靡，己身之外，而欲窮驕泰邪？……常以二十口家，奴婢盛多，不可出二十人，良田十頃，堂室纔蔽風雨，車馬僅代杖策，蓄財數萬，以擬吉凶急速，不啻此者，以義散之；不至此者，勿非道求之。

此處呈現對於過度累積財富的擔憂，主張本家子孫僅需保留一定數量的生活資財，超過此一數量者，就應該分散出去。

其實，就算是世家大族也絕非是族內人人生活殷實、任官，其絕大多數成員同樣是無從任官，乃至於生活貧困。而且，能夠任官、顯赫者，其在同一世家大族內也並非是固定之家族，其會隨時間轉移、變化。因此，當下顯赫之家族，就有必要去照顧其他貧困之宗族、鄉黨成員，且此種照顧不限於自身的親戚。畢竟，自己的後代在未來，可能也需要其他人之協助。所以，協助宗族、鄉黨成員被視為士人應有的作為，以此呈現一種對他人救濟之精神，甚至有若干「俠」的性質。若有不願樂善

好施、協助宗族、鄉黨者，則會受到譴責、批評。這樣的行為對於宗族、鄉黨有凝聚力，自然能夠吸引人們支持世家大族。

2. 追求節儉的生活。輕財好施的另一面，就是這些世家大族追求節儉之生活。儒學教導人們輕利重義，老莊思想也鼓勵人們超脫現實世界、追求隱逸。這些現象出現在許多世家大族身上，淡泊名利，追求節儉。「奢淫」則會受到社會嚴厲的譴責。節儉與吝嗇不同，吝嗇本質是對於財物之喜好，節儉則是對於貪婪之克服。

對於貪婪的克服，其不僅是指財富，還包含權勢等自我慾望。普通人難以克服自我慾望，而世家大族對此之克服，讓他們可以取得人們之信賴與支持，並取得一種具有「公」之立場。在許多士大夫眼中，世家大族要能夠長期存續下去，就有必要維持此種立場。

3. 擁有諸多自由的依附民。世家大族周遭有諸多民眾依附，其中具有血緣關係者為宗族，以地緣關係依附者為鄉黨。這些人是以自由身分選擇依附在世家大族之下，他們與佃農、奴婢等具備隸屬關係者不同。他們依附在世家大族周遭，並非是在經濟上有隸屬關係，而是世家大族願意用自己的資產賑恤、保護、指導宗族、鄉黨的成員。在魏晉南北朝這種充滿痛苦的年代，此類作為在宗族、鄉黨成員眼中是一種無私行為，從而取得他們的信任、支持。他們對於世家大族的信任、支持，並非只是因為世家大族挽救他們的生命，而是讓這些人的家族此以持續傳承到未來，這是讓人們最為感謝之部分。

對於世家大族而言，此種對於宗族、鄉黨的協助，業已納入其家政的一環，長期考量並規劃要如何協助宗族、鄉黨。此種作為不僅是挽救生命，更是保障許多家族的存續，這是對於「德」的追求與實踐。他們如此的作為，或可視為是一種對於儒學中「公」的追求，將集體、公共的事務作為優先考量，拯救眾生，同時他們抑制各種「私」的念頭與慾望。這些思維與氣魄，大多數的人難以達成，從而成為他們的特色。

在楊椿心中，家族要能夠長期存續且保持地位，其有三大必要條件：

1.慷慨地將財產分散給族人；2.節儉過日；3.兄弟和睦相處。世家大族是
魏晉南北朝到隋唐時代，中國社會極重要的力量。一如漢代統治者與豪族
合作，統治者同樣與世家大族合作，以利國家控制社會。對於世家大族而
言，與政權之合作，同樣有助於他們自身的運作。不過，由於魏晉南北朝
時期國家力量較弱，故世家大族會有若干作為涉及原本政府所從事的業
務，然這並非是世家大族有意自立或取代政府。在日本學者谷川道雄的眼
中，這些世家大族被稱為「名望家」。這些人克服私慾去追求公，這是名
望家們引以為自豪的特點。不過，此種特色等到門閥制度高度成熟後，在
南朝方面，伴隨只憑血統就可取得權位，私領域的慾望將會蓋過公之作
為，從而導致其基礎喪失。在北朝方面，由於各種歷史演變，這些家族仍
可流傳到唐代。

第三節　家族的再變化

家、族之別

　　世家大族是魏晉南北朝到隋唐時代重要的社會力量，其與漢代的豪族
已經有諸多不同。在此種背景之下，家族在魏晉南北朝到隋唐時代，其究
竟有何種特色，似乎同樣值得思考。

　　關於此時期家、族的差別，或許可以從《三國志‧魏書‧夏侯尚傳》
中載夏侯玄的一段話看起：

> 夫孝行著於家門，豈不忠恪於在官乎？仁恕稱於九族，
> 豈不達於為政乎？義斷行於鄉黨，豈不堪於事任乎？三
> 者之類，取於中正，雖不處其官名，斯任官可知矣。

在此段話之中，一個人分別屬於「家門」、「九族」、「鄉黨」三者，此
三者各自代表不同事物，則這三者顯然亦為不同事物。「九族」原本指有
同一高祖之小宗集團，但此處實質上泛指宗族，未必嚴格限制在同一高祖

之中。「家門」顯然與「九族」不同，才有必要分開列出。「家門」並無完全統一之規模或範疇，主要應當指三族制家庭，個別家庭的具體人數、規模將於後文另行說明。「九族」可能會因為各種原因，在其下面分出諸多「家門」。但是，這並不代表這些家就會斷絕關係，他們縱使分家，仍然可以屬於同一個族，並且保持彼此和睦之關係。

家與族的具體差異，或可從經濟性事務看起。首先，「家」是經濟上救濟他人的母體，其擁有某個具備道德的家長，「族」則為接受救濟之對象。譬如，三國時田疇往往將所收的賞賜「皆散之宗族和知」，此類例子在史籍中屢見不鮮。

其次，是否具備共同經濟職能為「家」和「族」之分界線。「家」之成員會同居共財，一旦成員要求分產，就會導致「家」的分離。「族」內部未必具有同居共財關係，但是「族」往往以血緣發揮凝聚、經濟協調、教育、自治、防禦等不同功能，這些職能對於個別家庭之存在與運作有重要作用。而且，隨「族」在魏晉南北朝力量的增強，其還可以協調家與家之間的事務，並可保護個別之家庭。

如此一來，在魏晉南北朝時代，「家」和「族」之間產生特殊的互動、依存關係。「家」有時候會領導整個「族」，並且向「族」提供各式各樣的救濟，並且以此取得良好之鄉論而任官。相對地，「族」也會協調、指導、保護許多不同的「家」，確保「家」可以生存、繁榮。而且若讓「家」取得良好政治地位，這亦有助於整個「族」之提升。

「家」、「族」兩者之間很難劃分出一條明確的分界線，因為「家」會視具體情形而擴大或縮小。「族」亦無法明確指以其為大小宗制或是五服制等，其具體範圍會有所變化。再者，「家」本身就是「族」之一部分，其家長也可能因各種原因對整個「族」產生指導作用。

總之，「家」、「族」兩者不同。「家」的範圍相對較小，其關係更為緊密。「族」則範圍較大，其往往是由許多「家」所構成。而這兩者之間有互動關係，彼此協助對方。而在中國社會之中，這許許多多的

「族」，最終將構成整個社會力量之核心。

家族的運作

　　在魏晉南北朝至隋唐時代，家族在運作時有幾個較具特色之課題，其分別為譜牒、祭祖與救濟、族內等級問題。以下將分別說明此三大課題：
1. 譜牒。從東漢末年開始，人們開始重視修家譜。到魏晉南北朝時代，由於世家大族非常看重家系，故修譜更形發達。官方會修訂「簿狀」，以此作為任官依據；民間則修訂「譜系」，將其用於婚姻之中。官方所製作的「簿狀」，需要參考民間的「譜系」，有時民間所製作的家譜還要上交官方，以備和官方「簿狀」交互比對，故民間「譜系」的內容也需要受到官方查驗、核實。因此，當時家譜雖然是由民間所製作，但是其中具有部分官方文書性質。而且，其具有用於決定門第之地位、中正官給予鄉品時需要參考家世等現實作用，與後代純為凝聚宗族不同。
　　在魏晉南北朝譜牒有三大形式。首先，家傳。這是家族內替本家族重要人物所寫的傳，使其留名於史，諸如有《袁氏家傳》、《褚氏家傳》等。其次，家譜。此為某一個姓氏，他們會以家傳為基礎，再以世系為脈絡，從而將名人、族人等族眾以血緣串連，此類家譜有《崔氏譜》、《王氏譜》、《謝氏譜》等諸多不同例證。再者，簿狀。此為官方修訂，主要蒐羅各世族之資料，並且會詳細寫出各世族之成員、官位、血緣等，此為政府選官、論人、婚配之依據，此類文書有《百家譜》、《天下望族譜》等諸多實例。
　　魏晉南北朝時期，譜牒有其現實使用的價值，從而發展出相關之學問。由於東晉、南朝特別重視家世，故相關的學問也是在東晉、南朝最為發達，甚至官方設置「譜局」，有相關的官員負責譜牒之撰寫。至於北朝，其多為官方撰寫，如《新唐書·柳沖列傳》載：

　　　　魏太和時，詔諸郡中正，各列本土姓族次第為舉選格，名曰「方司格」，人到于今稱之。

此即爲官方所修之譜牒，在北齊、北周亦有類似作品。這類文書多爲官方所撰寫，其具體作者爲何大多不詳。至於北朝之家族本身，比起探究自身之家世，其更重視於實際之表現。

逮至唐代，譜牒已經不再具有任官之用途，主要用於婚姻、社會地位，而相關修譜依然十分旺盛。唐朝皇室爲調整門閥體系、地位，甚至直接介入修譜，由官方決定各世族的排位順序，只是其收效甚微。唐代知名修譜者，則有李守素、劉知幾等人，他們對於考訂世族之譜學，取得諸多成就。不過，唐代對於譜牒的積極介入，主要是在唐代初期。逮至中唐以降，由於科舉日益興盛，譜牒的實用功能降低，故出現譜牒先於世家本身衰落的現象，譜牒大幅簡化，且不再詳實塡寫。至於世族本身，至唐文宗時期尚能夠產生一定作用，但長期上其處在衰退之趨勢。

在譜牒之外，還有「郡望」，其用於標榜出於某地之某家爲世族。在魏晉南北朝時期，南朝知名郡望有如瑯琊王氏、陳郡謝氏、潁川庾氏等，北朝則有太原王氏、隴西李氏等。只是，一如門第、譜牒在隋唐逐漸喪失重要性，出現假冒「郡望」，乃至於在更晚時期出現人們可任意塡寫郡望之現象，這本身反映「郡望」已逐漸喪失其實質重要性。

2. 祭祖與救濟，此二者爲家族重要活動。漢代盛行墓前祭祀的「墓祭」，其目的是在於聚集宗族，舉辦各種有助於親睦、團結的活動。其所邀集的宗族大多生活在同一區域，祖先亦安葬在同一墓地，故各家可能在「墓祭」之後舉行宴會、互動。雖然「墓祭」會邀請宗族成員參與，但是「墓祭」之祭拜主體爲家族而非宗族，其大多祭拜祖父、父親兩代。「墓祭」盛行於漢代，但是從漢代以後，就越來越少見到「墓祭」之實施。更常見的是孝子、隱士在雙親之墓地守靈。在墳墓前的祭祀之外，還會在家中廳堂祭祖，此又可稱爲「寢祭」，主要由家長主持，無法確認宗族之宗子是否會主持。「寢祭」從魏晉南北朝至隋唐時代都可見到。而在隋唐時代以降，五品官以上的家中還可成立家廟。其祭祀對象原則上亦爲兩代，但若是累世同居之家族，其祭祀對象就會追溯更早的

祖先。

在家族、宗族內部的救濟、協助，同樣是這個時代的特色之一。此時宗族尚未產生制度化的救濟機制，主要由部分成員自願地依情況協助其他成員，其協助內容有如對青黃不接季節的賑濟、對孤老之慰問、領養族人的遺族、收葬無力安葬的族人、分散財富給族人等，帶頭救濟者往往優先使用自身的財富，希望引起其他族人的仿效。這種現象的出現，固然有部分是一些人道德心之呈現，但同時也是代表宗族組織恢復運作，以此發揮凝聚力之呈現。

3. 族內等級問題。關於魏晉南北朝族內等級問題，首先可關注者為嫡、庶問題。隨商周時代的瓦解，除少數有爵位可繼承者之外，社會中原本已逐漸不關注嫡庶之別。惟至北朝時代，由於北魏等少數民族，其原有政權體制中具備宗法色彩，其後又實施宗主督護制等制度，其中有所謂之宗主，更彰顯宗法制度色彩，導致其再度重視嫡、庶之別。在此類概念之下，北魏世家大族內部有嚴格的管理、等級界線，尊卑有序。《魏書・盧玄列傳》所載盧氏「親從昆弟，常旦省謁諸父，出坐別室，至暮乃入」，此一景象或許為其具體之表現。

累世同居與聚族而居

關於魏晉南北朝到隋唐時代的家族，其最知名的特色是累世同居，但這與實際之運作情形有所落差。此處值得先理解此時累世同居的實際情形，再認識當時的聚族而居。

從魏晉南北朝到隋唐時代，家庭的判定標準是其成員「同居共爨」，即共同居住且共同飲食，「共爨」更是其中關鍵的部分，此除具有秦漢時代同居共財的更進一步。當時住宅的核心是廳堂，家庭成員會共用一個爐灶以準備飲食，爾後在廳堂共同用餐。縱使人們居住在同一空間之中，只要其不具備「共爨」色彩，即不會共同準備飲食與用餐，這些人就非屬家庭成員。要能夠構成「同居共爨」，其中涉及倫理與金錢問題。當其中涉

及的人越多，達到所謂「累世同居」概念時，其要達成的困難度會明顯偏高，其要不停克服這些內部問題。

要能夠達成「累世同居」，則需要有捨私利、就公義之理念，此為一種儒家禮教意識產物。要達成「共爨」的共財關係，則家庭成員需要交出自我的財富給家長，這需要各成員能夠抑制自我之慾望。而且，除錢財之外，要能夠維持穩定且長期存在的大家庭，兄弟、姒娌之間都要能夠和睦相處，避免各種紛爭。這些內容對於社會秩序邁向四分五裂的魏晉南北朝，其具有某種程度社會再集結，其中具有一定的理想性。

除理想之外，逮至隋唐時代，國家更以法令限制分家。《唐律疏議・戶婚一》載「諸祖父母、父母在，而子孫別籍、異財者，徒三年」，其禁止子孫在長輩尚存時獨立分戶。而且，不僅子孫不得擅自分戶，連家長本身亦不可任意命令子孫從家中別籍。若這些條文得到徹底落實，則累世同居應當頗為常見。

然而，要維持累世同居大家族的存在，其事實上非常困難。首先，最直接的是財務與各種物質方面，這些往往最容易引起人們之爭端，其可能引起兄弟或姒娌之爭執。固然，社會大眾會譴責那些因財產而產生糾紛的兄弟，但這依然阻止不了此類現象之出現。其次，累世同居家庭內的人口眾多，其隱含產生人際衝突的機會亦比較多，要壓抑、克制此種衝突，其有一定難度。因此，可以認為同居本身就隱含一定家族裂解之傾向。家族內倘若出現以夫妻為單位運作的小團體，則不論其是否在物理上同居於一地，整個家族的同居共財無異實質消失。

放諸社會現實，能夠達成累世同居的宗族數量極少，絕大多數的家庭為五口至八口之家。而能夠達成累世同居的家族，其往往是有政府積極鼓吹，而且身分相對較高，透過禮教意識維持自身。目前可見同居最久者，當為唐代初年的九世同居之張公藝家族。在唐代，能夠達成累世同居的家族，官方文書會收錄記載，其中可見平民達成累世同居的僅有三十六家。逮至時間更晚的五代，乃至出現平均每五州才有一戶累世同居之現象。顯

然，累世同居不可能是唐代普遍見到的家庭型態，社會大多數的民眾對禮教意識之感受不深。唐代法規中禁止祖父母、父母在分家，其另一面就是等祖父母、父母死後分財異居爲社會可接受之現象。

至於所謂的「分家」，其並不代表雙方一定要遷移到他處，人們依然可以生活在同一個空間之中。其重點是同輩兄弟對於財產之均分，並且會停止「共爨」，不再共同飲食。分家僅限於諸子，女兒不可參與，孫子繼承亡父所應繼承部分。分家完成之後，即會成立數個不同家庭，其各自有家長。分家除財產均分外，亦會按照原有家長的遺囑處理，子孫必須遵從遺囑。由於分家主要涉及財產事務，這也是受禮教意識影響較高的家族，爲免讓他人以爲自身熱衷於金錢事務，所以盡可能避免分家的另一個原因。

累世同居的家族其實較爲罕見，但是在許多資料中又可見到人數可達數千人之宗族，其原因是多數宗族以「聚族而居」形式存在。「聚族而居」指的是同一宗族大量聚集、居住在某一地域之中，其人口數量眾多，彼此有密切的宗族關係，但是各自爲獨立的家庭，並不存在共財、共爨之關係。在農業社會時代，人口流動機會較少，因此可以在一個區域中形成關係較爲穩固的宗族關係。在整個宗族累計下，他們有數量龐大的田宅，而且有廣泛的社會關係。他們是以整個宗族在一地享有威望，故被稱爲「郡望」、「地望」等。這些宗族能夠久處一地且保持威望，還在於他們有嚴格的家規、家教，甚至會將家規發給宗族內所有子弟。這些家規大多具備道德內涵，抑制子弟的奢淫態度，對其有諸多期許，並讓宗族可以長期維持不敗。誠然，在人數如此眾多的宗族之中，其中自然還是會有各種人際、利益的衝突，但畢竟其中分屬諸多不同獨立家庭，能夠一定程度降低彼此之衝突。

「房」的概念

商周時代的宗族有其緊密之宗法制度，其中有大、小宗，重視嫡庶

等諸多不同，以此決定爵位之繼承。然而，逮至封建制度瓦解，不復有爵位可以繼承，喪失維持此種制度的意義，故相關宗法制度瓦解。隨時間到達魏晉南北朝時代，一種稱爲「房」的概念開始逐漸流行，後代有將「長房」稱爲「大宗」，以「次房」和以下各「房」視爲諸「小宗」者。然「房」與「宗」的關係爲何？「房」在何時興起？其內涵究竟爲何？

關於「房」與「宗」的關係，首先應當釐清「宗」之特色。在宗法制度之中，嫡庶概念爲重要內涵，而嫡長實質爲其他諸子之兄，故其核心就是「以兄統弟」，故宗又被稱爲「兄道」。兄弟關係的重要性在父子關係之上，人際關係首要釐清的是兄弟關係，決定誰爲嫡長，父子關係反而是在其次。在戰國秦漢以降，隨宗法制度崩潰，「兄」不再有統領諸「弟」的權力，兄弟之間形同陌路的景象日多。相對之下，父子關係日益緊密成爲至親，「房」之統領者就是「父」，父子之間的直系關係成爲最重要核心，不存在類似大宗、小宗之概念，其不可與「宗」混爲一談。

漢代親屬關係中的「父族」，其或可視爲「房」概念的最早源起。在《漢書・賈誼列傳》中賈誼之〈服鳥賦〉強調「父子」爲「六親」之首，並且注意昆弟之分，這已然具備「房」的概念。而且，「父族」是法律中「三族」的概念之一，這是宗法制度中不存在的概念，其以父子論族，兄弟在成年後會另立一族。最終能夠一直維持「族」之關係者，則僅有直系關係的父子關係。即使是所謂之祖孫三代，其內部都是直系之父子關係。此種「父族」概念，即是後代「房」概念的基礎。

在「房」此一稱呼的起源方面，自東漢以降，隨世家大族之發展，出現「門宗」之稱呼。逮至魏晉南北朝時期，使用「門」、「門戶」、「門閥」、「門族」等名稱稱呼「族」的數量增加。所謂之「門閥」，其雖然具有某些宗法制的型態，但是並不存在大、小宗的概念，其內部又無嚴格的經濟關係，成員之間以倫理、學問維繫關係。這些「門」所具備之特色，亦即「房」之特色，「房」主要是在魏晉南北朝時期確立。「門」之所以變成「戶」，首先在《史記・律書》中稱「房者，言萬物門戶也」，

此二字本有一定之通同關係。而在南北朝時期,《魏書・高祖孝文帝紀》中可見「至有門房之誅」,將「門」、「房」二字並稱之現象。即是在此時期,以「房」字稱「族」,漸漸取代以「門」稱「族」之習慣。屢見原本在漢魏稱「族」者,至北朝則改稱「房」。故不論「房」最早何時開始使用,其普遍使用化是南北朝時期,並自此沿用至後代。自南北朝以降,後世縱使還有稱「宗」者,其實質意義皆指「房」,而非是商周時代之「宗」。分「房」在唐代變的更為普遍、主流,唐代的世系多以「房」劃分,家族形成不同分支,規模越來越小。理解「房」,將有助於認識這個時代的家族分化。

「房」的內涵又是為何,則是進一步要理解之問題:

1. 是「房」的成立。「房」既然立基於「父族」,必須是父子關係才能構成房分關係,其於祖孫或其他關係,皆無法構成「房」。在此種概念下,其自然只能存在於男性成員之上,女性無法自行構成「房」。在父、子之間,並不會強制一定要分「房」,惟若有意分「房」,則諸子可以單獨分別形成各自的「房」,亦可一個「房」包含超過一個「子」,如三個子輩可以只分為兩個「房」。關於如何分「房」,除必須存在於父、子之間且採兄弟對等模式處理外,並無徹底統一之規定,在歷史中可見諸多不同樣貌。在各「房」形成之後,其後代諸「房」之關係皆從屬於原本的父子關係。

2. 關於「房」的名稱與意義。諸子可以各自分「房」,其常見的名稱有如「長房」、「次房」、「三房」等。有些人將「長房」比附「大宗」,「次房」和以下各「房」視同「小宗」者,然「房」、「宗」之運作機制、時代都不同,兩者不可混淆討論。在諸子之間,兄弟為對等關係,所謂「長房」、「次房」、「三房」等,其僅作次序之用,標明兄弟出生的次序,並不具備尊卑長幼之意,「長房」並不比「三房」重要。而且,「房」有各種名稱,並不限於次序用字,「房」名可能為地名、方位、官名等,其並無一定使用標準。

3. 各「房」之間的關係。從魏晉南北朝以降,「房」只分為主幹與非主幹,這兩者之間並無尊卑關係。在唐代,其門閥社會重視著名、強大之房的房號,一個「房」是否為長房與其強大與否並無關聯,更重要的是地位、財富之高低,這其中存在諸多偶然性。相對弱小的房可能會沒有房號或是無法留存房號,其長期上會逐漸衰退。有些房號還與郡望結合,讓房號本身具備顯示門第功能。唐代家族規模頗大,但出現有家譜依房分不同而寫,這些房無異於獨立的小家族。其他房對於自身的房而言,有時變成只是標誌同饗祭祀之用。

分「房」與是否同居共財無涉。分「房」比起分家更為普遍,此種現象廣泛存在於這時代的家族之中,不論是否分家、分財、別居,這些皆不影響分「房」。唐代孫方紹與其兄弟已分屬不同房,但是彼此間卻具備同居共財關係,孫方紹必須考量侄兒們的生計問題。從另一方面而言,未分房者也不代表其必然同居共財。

4. 「房」的存續。「房」既然是基於父子關係產生,其內部之繼嗣自然也是父子相傳。「房」自從成立之後,即會持續存在,並無類似「五世而斬」之概念,亦不受限於「五服」體制。倘若某房絕嗣,則往往會由同宗內輩份相當者繼承。若缺乏輩份相當的人,唐代還會採用《唐令拾遺・封爵令》所載之規定:

> 若無嫡子及有罪疾,立嫡孫;無嫡孫,以次立嫡子同母弟,無母弟,立庶子;無庶子,立嫡孫同母弟;無母弟,立庶孫。曾、玄以下準此。

唐代之「房」為一種父系繼嗣體系,其與後代之「房」的運作方式或許存在若干不同。

5. 「房」的範圍。「房」的起點與下限,其皆無固定範圍。隨「房」的成員增加、繁盛,新的「房」可能會由既有之「房」中分出。隨新分出

「房」的興盛，原有之舊「房」有可能衰退消失。譬如，唐代隴西李氏中有「安邑房」，其至第四世後又分出「姑臧房」、「武陵房」、「敦煌房」等不同分支，最終「安邑房」自身消失於歷史中。而且，此種分支可分至相當細部，如李氏之「姑臧房」實際是再分為「姑臧大房」、「姑臧二房」、「姑臧三房」等，無法僅依名稱判斷其下是否有分為更多房。

6. 「房」的分裂與家族之包容性。「房」本身有不停細分之傾向，這是一種分化之力量，理論上會讓家族的規模日漸縮小。「房」卻同時又具備擴展性，即當人們有所成就時，其有向上追溯先祖之習慣，而此種追溯並不限於當下「房」之現況，可以一路追溯到遙遠之先祖。從而將這些漫長之世系，全部納進「房」之中。如此一來，「房」又具有擴張家族規模的凝聚作用。這兩個作用之互動，其讓家族在走向解體的過程中，同時不停發生凝聚、擴張之作用。

第四節 社會組織

從魏晉南北朝到隋唐時代的社會組織中，作為社會史研究的則更值得關注其中兼具血緣、地緣性質之組織，純地緣組織則屬於政治制度史或經濟史相關的課題。在此一時期的諸多社會組織中，塢堡、村或許最能突顯本時期之特色。

塢堡

塢堡又可稱為塢壁，其在實體建築、字義上都具有城堡、堡壘的涵義。從漢代以降，此種家族自保之堡壘可稱為塢、壁、壘等具有軍事色彩的用詞。塢堡既然需要考量其軍事性質，則其多位在險要之處，安全考量為最優先順序。經濟考量為其次，從而農田、水源大多並不在塢堡之內，當遇到經濟困難的時候，塢堡還有可能會派人外出掠奪。因此，塢堡本質應為武力集團，而非經濟生產團體。

　　塢堡出現的背景，主要是治安局勢的惡化。東漢末年的激烈戰亂，破壞原有的社會組織與生活，面對盜匪、軍閥之威脅，故開始有宗族以其血緣關係爲基礎，組織地方武裝團體以自保。其中，有些武裝團體會開始選擇據守在險要地形。西晉晚年可謂是這種混亂的另一個高峰，少數民族在北方引起大規模戰亂，許多中原人口四處移動，陷入混亂場景。在此種情形之下，各宗族或部落以自身爲基礎，集結諸多流民之力量，以追求生存、自保爲目的，先後形成大量規模不一的塢堡壘壁。

　　塢堡可以分爲少數民族、漢族塢堡兩大類型，其形成、結構、運作機制、影響性皆不同，需要分別說明。

1. 少數民族塢堡。此以部落爲基礎，名爲塢堡，實爲武裝且定居化的部落。十六國對於這些力量大多會有特別管理。

2. 漢族塢堡。其又可分爲流民、乞活、兵士、鄉里等不同類型，其中流民、乞活、兵士等三大類型具備軍事色彩，其實爲軍事組織。鄉里塢堡則有軍事、行政雙重色彩，此爲一種特殊的社區形式，塢堡常以塢主姓名命名。

　　塢堡到十六國後期已逐漸消失於歷史舞臺，畢竟塢堡作爲武力集團，其足以應對一時的危機，但是無法面對長期戰爭。而且，隨北魏統一北方之後，其積極採取吸納塢堡之政策，將其轉換爲宗主督護制，期許將社會最終帶回國家控制之下，進一步削減塢堡的數量。

　　關於塢堡的成員，其核心成員多爲某一個宗族。《三國志・魏書・田疇傳》中田疇被認爲是塢堡內部結構典型之例子：

> 疇得北歸，率舉宗族他附從數百人，……遂入徐無山中，營深險平敞地而居，躬耕以養父母。百姓歸之，數年間至五千餘家。

田疇集團的起始是其宗族成員，人數已達數百人。隨他們對一地之開發漸

趨穩定後，許多民眾開始投奔田疇，其人數達五千家以上。這些後來投奔田疇者，他們顯然不是田疇宗族成員，而是歸附之無血緣的百姓。相似於田疇之情形，屢屢見於各塢堡興起之過程。因此，塢堡雖然往往是以某個血緣集團興起，並可能以該血緣集團為核心，但是其並非是純血緣集團，甚至多數成員都不具備血緣關係。

　　塢堡興起的本質是國家之衰落，國家不復能夠維持社會之秩序。因此，這類團體往往自身會制訂相對嚴密之秩序，《三國志・魏書・田疇傳》又載：

> 疇乃為約束相殺傷、犯盜、諍訟之法，法重者至死，其
> 次抵罪，二十餘條。又制為婚姻嫁娶之禮，興舉學校講
> 授之業，班行其眾，眾皆便之，至道不拾遺。

田疇所制定的規範，涉及刑罰、婚嫁等各方面制度，其中若干規定原為國家之權力。顯然國家不復有執行相關法規的能力，因此就由塢堡自行規定與執行。在這些規範之下，塢堡形成自己的武力，並且又有其相關的經濟生產機能，成為一個耕戰合一之組織。

　　塢堡之運作，除需要關注其法律秩序層面之外，還要維持塢堡內的日常運作，確保勞逸平均，維持此一共同體運作。如《晉書・孝友傳》載庾袞對其塢堡：

> 於是峻險阨，杜蹊徑，修壁塢，樹蕃障，考功庸，計丈
> 尺，均勞逸，通有無，繕完器備，量力任能，物應其
> 宜，使邑推其長，里推其賢，而身率之。

其所涉及之事務，業已涉及生活的各方面，確保居民盡可能地能夠在塢堡內穩定、均等地生活。縱使是在國家權力強大的時代，國家所安排的地方

守令亦未必能替地方辦到此一程度。

　　爲讓塢堡有效運作，塢堡的成員們會以「賢」爲標準，選定一個領導人，此人必爲整個集團所信任、尊重。此一領導者並非是要傑出的軍事人才，更多時候是個具備禮教精神之人，此人大多爲平時會救濟窮人，或救人於危難之中，又或是有各種受人仰慕的人格。此種選擇領導者之模式，顯示塢堡整個集團是上、下結合之產物，並非是某一個人僅憑血緣或是暴力以掌管整個塢堡。此種領導者大多出自於地方大族，而且他們秉持世家大族之克制自我慾望的特色，具有輕利重義之性質，擁有高尚之人格，被譽爲是士大夫精神之實踐者。

　　塢堡並非一種難民集團，其形成一種共同生活之共同體，並且由具有高尚道德者領導。此一集團依然會注意日常實務面向，對於武器之生產、塢堡之維護、糧食的準備等，其皆需予以準備。縱使塢堡往往是以某宗族爲核心，但是大多數的成員並不具備血緣關係，此又非國家公法團體，因此道德就更成爲維繫其內部關係的重要依據。

　　塢堡由於先天會選擇險要之處，故在塢堡生活往往無異於一種與外界隔離之集團生活。陳寅恪認爲陶淵明之〈桃花源記〉的原型就是塢堡生活，其可能是基於戴延之探訪塢堡所作的《西征記》撰寫。桃花源是一個位在深山野外，藉此逃避亂世，人們於其中過著和平的集團生活之區域，其實質上是呈現塢堡之面貌。這些既是對於塢堡生活之描寫，同時也是人們心中的理想世界之呈現。對於塢堡內部之人，他們若要持續居住在此一理想世界，勢必要能夠重視道德、和諧，盡可能減少彼此之間的紛爭。

村

　　「村」應當起源於漢代的「聚」，其原本具有自然聚落之性質，「里」則是一種行政編制。在魏晉南北朝時期開始興起，傳統之亭、里則處在衰退過程，其可分爲南朝、北朝兩方面理解。首先，在於南朝之村。「村」一開始與「里」交錯存在，但其明顯朝取代秦漢時代的「里」發

展，開始具備各種行政職能，「村」內產生各種管理機構、人員，諸如有村司、村長等等。村成為稅收、治安、經濟、食邑等不同事務之單位，而這些在漢代往往是以「里」為單位。因此，「村」不再僅是單純的自然聚落，其行政性益發明顯，取得「里」原有的職能。

「村」的大小規模差距極大，小者二、三戶，大者可達到上千戶之譜，未見固定標準。由於其人數差距極大，故有時是幾個「村」共同構成一個「里」，又有時是一個「村」分為好幾個「里」。「村」是在魏晉南北朝時期，逐漸變成一種具體的地域觀念。

其次，關於北朝的「村」。北朝前期，地方機構因戰亂崩潰，各地出現由宗族鄉黨為核心的地方自治團體，這些團體提供秩序、經濟生產等功能，協助其宗族、鄉黨在動亂中生存。北魏面對其自身的部落以及漢人之宗族團體，其以宗族之「宗主」在地方的權力，讓他們代替政府「督護」地方，代行租稅、兵役等事務。這是北魏既承認宗族特權，同時又將他們收歸國家控制之下。「宗」的大小不一，小者數十家，大者可達上千家。惟國家讓宗主可以代替國家掌控人民，其只是一種臨時措施。北朝為取代原有的宗主督護制，因此在太和年間建立三長制，依據戶數建立鄰長、里長、黨長等層級架構，這些職務主要承擔戶政、稅收、兵役等工作，將民眾納歸國家的控制之下。在此其中，並無直接以「村」為名之行政單位，北朝的村具備經濟職能，其為村民的共同生活單位，在經濟活動上具備互相協助之關係。面對治安的挑戰，村同樣具有防禦用圍牆，有時還會有壕溝、警樓等安全設施。並且，村內可能組織村勇的治安與防衛人員，以備外來力量之侵擾。三長制到北朝晚期，又有朝二長制轉變之過程。北朝此類制度的核心作用，主要在於取代宗主督護制，讓國家實踐對於鄉村之控制。

逮至唐代，村落可以分為四大類型：

1.以單姓命名之村，如陶村、劉村等。

2.以二姓命名之村，如秦丘村、石高村。

3. 以地理位置或標誌命名之村，如赤岸村。

4. 以歷史因素命名之村。

　　前兩類與宗族關係較高，其可能是某家族居住該的形成村落，但並不表示村中只有單一姓氏，其中亦也會有其他姓氏的人共同居住該地。至於一村以二姓命名者，其可能具備婚姻關係，又或是該村有兩個較大姓氏。而以其他名稱命名者，則該村中可能較少單一明顯強大之姓氏，以雜姓居住為主。但凡接近大都市或是交通要道者，雜姓村落出現的可能性越高，乃至有以「店」為名的村落。

　　由秦漢時代的「里」到魏晉南北朝以降之「村」，其並非僅是名稱的改變。宮崎市定認為「村」是在古代都市國家崩潰後出現，形成一種新型態之聚落。對聚落內的居民而言，「里」以里社之祭祀為中心，並且為一種互助單位。隨「里」之瓦解，「村」在里社祭祀崩潰後興起，其需要一種新的支柱以維繫其社會救助，佛教、道教與其相關祭祀就在此時開始深入人心。

鄉黨支配

　　在認識魏晉南北朝到隋唐時代各種社會組織之外，還值得注意世家大族與這些社會組織的關聯。畢竟，在國家權力衰退的年代，對於地方產生實質支配者為世家大族，他們如何和鄉里互動，值得特別留意。

　　世家大族會以其人格、作為受到鄉黨之讚許，又或是受到批評，這些評價稱之為鄉里清議。讚許主要是出自於世家大族之德行，譬如賑恤災民、提供借貸給貧民以度過荒年，而且有時還會免除相關借貸的債務。這些德行之共同特色，在於其大多與放棄財物有關。這些世家大族並不會無限制地兼併土地，至少他們會對其宗族、鄉黨選擇採取「輕財重義」等基於士大夫倫理之態度。這樣包含某種犧牲自我的作為，讓世家大族可以掌握人心，並且成為整個鄉黨的領導者。世家大族若以財物為優先，他們確實有機會奪取宗族、鄉黨之土地，但是他們所生存的鄉村亦將隨之瓦解，最終讓其難以再承擔領導者地位。

　　世家大族既然放棄財物以照顧鄉黨，則兩者在地方的關係將不會是完全平等。譬如，世家大族在組織地方武力時，他們的身分會近似於軍官、指揮者，鄉黨成員則爲士兵。不過，這種關係並非是像佃農般以某種契約、外在力量所綁定之關係，而是基於精神、道德層面所形成的關係。這種精神的層面，乃是世家大族實現鄉黨支配的主要方式。不可否認，世家大族高尚的精神，主要立基於其家族充實的經濟基礎上。不過，倫理精神的作用是克制自身過度追求經濟利益，重視、關心宗族、鄉黨之生活。

　　世家大族之人格特質，其可以由倫理、學術、思想、文學等各方面展現他們以文化爲素養，同時能將其運用於現實。他們所呈現的是一種高尚之人格，然隨時間累積，其反而逐漸突顯出高傲之傾向。逮至南北朝晚期，有些世家大族因過度強調其門第，反而被鄉黨所痛恨。

第五節　家庭與婚姻

家庭類型

　　在魏晉南北朝到隋唐時代，家庭類型以核心家庭、擴大核心家庭這兩類型爲主，家庭規模較漢代略爲擴大。首先，核心家庭在魏晉南北朝仍有很高重要性。西晉、北朝之占田、均田等制度，其設計時都是以一夫一妻的核心家庭爲基本單位。雖然傳統史籍強調累世同居，然就目前考古所見的史料，核心家庭占社會的壓倒性多數。縱使是在東晉、南朝，據《宋書・周朗列傳》載：

> 今士大夫以下，父母在而兄弟異計，十家而七矣。庶人
> 父子殊產，亦八家而五矣。凡甚者，乃危亡不相知，飢
> 寒不相卹，又嫉謗讒害，其間不可稱數。宜明其禁，以
> 革其風，先有善於家者，即務其賞，自今不改，則沒其
> 財。

姑且不論周朗之提議是否被接受，但是他所呈現劉宋時代社會的現狀就是家庭裂解，大家庭紛紛裂解改以核心家庭爲主。

其次，擴大核心家庭，此包含「供養」、「同居」家庭。即除夫、妻、子之外，包含父母或是兄弟。這類型的家庭在魏晉南北朝頗多，最常見的型態爲三世同居。其規模較大者，可見有包含母親、妻、子、兄弟，人數可達十五口之例。此類家庭數量雖然不及於核心家庭，但是亦有一定程度之數量。

一如在本章第三節所述，魏晉南北朝至隋唐時代較常見者爲聚族而居，實際會累世同居構成大型家庭者較少。

家庭關係

在魏晉南北朝到隋唐時代，家庭內部的人際關係繼續承繼漢代之發展，且有持續強化之趨勢。首先，父家長權力更形擴張。此時期上承秦漢時代的發展，家庭內部是以父家長爲核心。「房」在此時代崛起，而其主要觀念爲父子關係，此爲家庭所有人際關係的核心，兄弟關係重要性則逐漸降低。在親屬之間以輩份決定尊卑，平輩以年齡決定長幼，但其中以尊卑最爲重要。在尊卑關係之中，父系的直系尊親屬最爲重要。

父家長對家庭有支配關係，這特別是呈現在財產關係之中。《唐律疏議・戶婚一》載：

> 凡是同居之內，必有尊長。尊長既在，子孫無所自專。
> 若卑幼不由尊長，私輒用當家財物者，十疋笞十，十疋
> 加一等，罪止杖一百。

在此條律文之中，其事實上表明家庭內的財產全部歸家長支配，家庭成員名義上並無任何私人財產，要運用家中財產時，其一定要得到家長同意。不論這些財產究竟是何人所賺取，其皆不影響所有財產都由家長管理，史

籍中亦頗可見有觸犯此律而被處罰者。家長之所以掌控財產，其目的是阻止家庭成員取得經濟獨立，再藉此分居。

在經濟控管之外，家長對於家庭成員還有諸多權力。首先，管教權。家長對子第有管教權，子孫必須接受家長之管教。不過，其管教權力較之商周時代已大幅縮小，倘若家長管教過當，以至於子弟死亡者，家長仍構成犯罪行為。縱使其量刑時比起通常殺人會大幅減刑，但是這仍說明家長的權力有其一定限制，並非可恣意妄為。此外，由於家族需承擔法律上之連坐責任，故家族內部若發現子弟有可能會對家族造成危害，還有可能會直接殺死相關子弟。家長對於子弟還有婚配權，此另於後文說明。在家內關係之中，嫡、庶再度成為社會所關注之課題，庶子會被嫡子輕視。

魏晉南北朝至隋唐時代的家內關係，許多仍然是延續秦漢時代之形式。女性主要承擔家庭內的活動，並且由正妻、長媳等次序主掌家事。家中財產權固然歸於父家長，惟在《舊唐書·李光進列傳》載「光顏先娶妻，其母委以家事。母卒，光進始娶。光顏使其妻奉管籥、家籍、財物，歸于其姒」，「籥、家籍、財物」等與財產相關之項目被列為由女性掌管的「家事」之一部分。

婚姻

由於魏晉南北朝至隋唐時代歷史發展之特色，故在此時期的婚姻出現若干與秦漢時代不同的特色，以下分別說明：

1. 關於婚姻的構成。子女之婚配主要由家長決定，其嫁娶並非是男、女雙方感情之結晶，而往往是家人決定之結果。甚至有指腹婚的情形出現，雙方家長在當事人幼年或未出生時，就已經安排好其未來之婚嫁。關於魏晉南北朝時期婚姻之年齡，其與漢代婚姻年齡相似，男性多為十四至十八歲，女性則為十三至十七歲，女性很少會超過三十歲才結婚。然後，受特殊事件影響，有可能出現特別低齡或是高齡之婚姻。

婚姻之所以會由家長決定，其根本原因在於婚姻之目的不是感情的結

合。婚姻有五大目的：

⑴合兩姓之好的「廣家族」。

⑵爲傳宗接代之「繁子孫」。

⑶是求內助。

⑷爲防止近親相婚的「別男女」。

⑸是確定人倫次序之「定人道」。

凡此五大婚姻目的，皆無涉於個人之感情，更多的是涉及家族之發展。雖然，婚姻之目的主要與家族有關，但是子、女在特定情形下仍有一定婚配自由。《唐律疏議・戶婚三》載「諸卑幼在外，尊長後爲定婚，而卑幼自娶妻，已成者，婚如法；未成者，從尊長。」此律是規定但凡子孫輩有事在外地，其自行娶妻者，縱使與尊長在子孫輩外出後所做婚嫁安排不同，只要已經完成婚姻程序，則此段婚姻依然有效。對於女性而言，亦可見到父母尊重女兒意願，按照其心願安排婚嫁。不過需特別注意，唐律允許男性在特殊狀況下，可以自行安排婚嫁。而女性並沒有自行安排婚嫁之權力，其本質仍爲家長安排女兒之婚姻，只是尊重女兒的意願。

逮至隋唐時代以降，其越來越重視婚姻的各種禮儀，特別是「六禮」。

「六禮」分爲六項：

⑴「納采」，由男方向女方淶求婚禮。

⑵「問名」，男方向女方詢問生辰與生母名，以此占卜吉凶。

⑶「納吉」，男方在占卜吉兆後通知女方進行婚姻。

⑷「納徵」，男方擇吉日向女方送出聘禮，確定婚姻關係。

⑸「請期」，男方選定婚嫁日期並通知女方，再與女方確定最後日期。

⑹「親迎」，男方至女方家迎親帶回女方，完成婚姻儀式。

這六項禮儀，在隋唐時代被視爲完成婚姻的必要條件，未完成「六禮」之婚姻，將不會受到承認。

2.等級內婚。在魏晉南北朝至隋唐時代，由於社會中盛行世家大族概念，

其自然會影響到婚姻之運作。在門第社會之中，其採行等級內婚，即只有相同社會等級的家族才會通婚，力行「士庶不婚」概念。在東晉、南朝之中，僑姓之瑯琊王氏、陳郡謝氏、陳郡袁氏三家彼此通婚。而吳姓之顧氏、陸氏、張氏等則彼此通婚，很少會與僑姓通婚。為維持等級內婚，其必然導致婚姻選擇對象減少，因此相關世家大族常見有早婚、異輩婚姻之現象，乃至於有近親婚配。

而且，此種等級內婚重視家世門第，未必會服從當下政治權力。在東晉時期，由於皇帝權力大幅衰退，國家有賴世家大族支持才能存在，皇家地位自然較低。在此時，僑姓、吳姓等世家大族之等級內婚，其中縱使有與皇家聯姻者，但高階門第並不需要透過與皇家聯姻提高地位。反而是出身較低的皇家，如南朝宋之劉家，其家本身出於寒微，故反而是皇家透過與世家大族聯姻提高皇家地位。此種發展的另一方面，主要是從劉宋開始的南朝，任皇帝者往往以掌握軍隊等興起，權力逐漸回到皇家身上。而許多世家大族到南朝以降，由於缺乏其家族實力依據，故地位處在長期下降階段，此時他們也較願意與皇家通婚。

逮至唐代，其或許由不同的家族擔任第一級世家，但是此種等級內婚的現象依然存在，乃至於有家族拒絕與李唐皇室聯姻者。而在世家大族逐漸衰退的年代，有時還可以見到世家大族基於經濟利益，願意與原本身分較低之家族通婚。

3. 一夫一妻多妾問題。中國社會從商、周時代開始，已然採行一夫一妻多妾制，從天子至庶人皆採行此一制度。這與嫡庶制度結合，妻、妾身分有天壤之別，絕非名稱不同而已。在隋唐時代，一個家庭是否會買妾，主要和其經濟情形有關，經濟能力較強者，其較有機會買妾。不過，能夠有足夠經濟實力買妾者，其畢竟是社會的少數，絕大多數的家庭仍維持一夫一妻之面貌。

社會中既然已存在妻、妾兩種身分，則妻、妾之間如何互動，同樣值得注意。在史籍之中，屢屢可以見到妻、妾產生衝突者，而妻多可仰仗其

身分取得優勢，譬如隋文帝之獨孤皇后殺害隋文帝後宮尉遲氏。還有妾憑藉男方寵愛，反而欺壓正妻之事件，譬如唐代李元素娶鳳閣侍郎王綝之孫女王氏爲妻，待王綝死後逐漸輕視王氏，李元素的妾又詆毀王氏，最終王氏被趕出家門。在總體上而言，隋唐時代妻相對於妾的地位下降，但這並非是妾地位的提升，而是夫權的大幅提高。丈夫個人的愛恨情仇，將可以決定家內妻、妾之地位。

在魏晉南北朝時期，還有稱爲烝、報婚之現象。「烝」指子娶後母，「報」指弟娶守寡之嫂。這類現象被認爲是母系社會殘留之習俗，漢人早商周時代開始已經禁止，這主要見於少數民族，諸如十六國時代之拓跋什翼犍，還有採用鮮卑習俗的北齊皇室等。

4. 離婚。在隋唐時代，夫妻雙方合意離婚即可離婚，此稱之爲「和離」，在《唐律疏議》中可見相關規定，女性亦有提出和男性離婚之權利。秦漢時代已經出現的「七出」，至此時依然流行，並且載入法條。而且，還有「三不去」之規定，保障女性之權利。據《唐律疏議·戶婚三》載：

> 諸妻無七出及義絕之狀，而出之者，徒一年半；雖犯七出，有三不去，而出之者，杖一百。追還合。……三不去者，謂：一，經持舅姑之喪；二，娶時賤後貴；三，有所受無所歸。

此處可見所謂之「三不去」，主要反映的是長期和丈夫相處，共同度過生活中的難題，此時丈夫不可拋棄妻子，這是對女性權益一定程度的保障。縱使女性觸犯「七出」，但只要符合「三不去」，男性亦不可離婚。另外，若夫妻雙方犯有特定刑事犯罪，此類犯罪主要指對雙方親屬的侵害，官府可以強制判決離婚，此稱之爲「義絕」。

所謂之「離婚」僅適用於正妻，並不適用於「妾」。因爲，「妻」是透

過婚禮娶回，對「妻」才有「婚」可離。至於「妾」，其根本爲買賣而來，既然沒有正是婚姻關係，故不存在離婚問題。在實際生活中，還是可看到不盡符合法律的離婚案例。唐代張籍所撰〈離婦〉一詩，其是在描寫一位「娶時賤後貴」，此女與丈夫共同爲生活而奮鬥，但仍因爲無子而被離婚女性之心聲，最終感嘆稱「爲人莫作女，作女實難爲」。

5. 再婚、改嫁。既然存在「離婚」，則亦有「再婚」。秦漢時代「再婚」、「改嫁」之例頗多，而至魏晉南北朝到隋唐時代。則略有變化。對於男性而言，其在喪妻之後是否再娶，全憑當事人個人之想法。但是對於女性而言，在特定身分以上，開始出現「從一而終」的概念，如《北史・隋高祖文帝紀》載詔令稱「詔九品以上妻、五品以上妾，夫亡不得改嫁。」有些女性縱使不須配合此類規定，依然拒絕改嫁，但這是她們個人的選擇。對於一般人而言，夫死改嫁仍爲常見之現象，《舊唐書・列女傳》就有「妃年尙少，又無所生，改醮異門，禮儀常範，妃可思之。」之語，其中指出女子改嫁屬於社會常態。

6. 「冥婚」。唐代已經開始出現「冥婚」，但這主要是讓已死的男女結婚，並將其合葬。如《舊唐書・懿德太子重潤列傳》載「中宗即位，追贈皇太子，謚曰懿德，陪葬乾陵。仍爲聘國子監丞裴粹亡女爲冥婚，與之合葬。」此即「冥婚」的案例之一。

第六章
宋、元時代

　　唐朝最終亡於朱全忠之手，歷史轉進到五代十國，以至於宋、元兩代。中國社會史演進到宋、元時代前後，可謂又是一個大變局。在魏晉南北朝興起的世家大族，最終與唐朝的消亡一起畫下句點。科舉制度的影響力在宋代大幅提升，整個社會深受科舉制度影響，開始奠定一種新社會力量產生之基礎。此時期另有重要變化的是家族，家族產生諸多變化，強化家族之凝聚力，隨家族具備經濟力，其對自身成員的影響加大。宋、元時代社會之演變，將於明、清達到高峰，所謂之士紳社會亦將於屆時誕生。

第一節　社會結構的再轉變

門第社會的崩解

　　魏晉南北朝到隋唐時代，其基本特色是世家大族。在魏晉南北朝時期，九品官人法運作之最終結果是導致用人主要是看世系，能力則非其關注重點。此種用人機制必然無助於國家運作，故魏晉南北朝晚期已先進用寒人協助政權運作。隋文帝開皇七年開始以考試方式任用人才，此普遍被認為是科舉的開始，開放庶民可以參加考試，世家大族慢慢地無法僅憑世系取得官職。不過，科舉在隋代尚未取得特殊地位。隋朝國祚短暫，唐朝繼續科舉的發展。至唐太宗時，科舉開始受到重視，進士科地位上升，在唐高宗時成為重要入仕途逕。唐代能夠考取進士者，其前途無量，得以位居廟堂。

　　科舉對大眾公開，原則上不限定考試資格，考試有其相對客觀之標準，給予社會中庶民晉升的希望。因此，庶民可以寒窗苦讀數十載，以求考取進士，翻轉自己的人生，諸如王播、元稹皆以貧困出身，通過科舉提

升地位。

　　不過，科舉雖然發跡於隋、唐，但若要說世家大族就因此衰落，此顯然並非事實。科舉實施初年，考試制度不盡完善，考官對於錄取何人有較大影響力，而世家大族子弟因有族人任官，往往容易透過援引而任官。由唐肅宗到唐亡，中間擔任宰輔者，其有百分之八十出自於名族或公卿子弟，出身庶人者只有百分之七。再者，參與考試需要相關學識，考生必須受過教育，又或是要購買相關書籍以準備考試。然而，此時印刷術尚未流通，書籍成本昂貴，常人能夠負擔相關費用者有限。

　　因此，世家大族雖然已經走上衰退，社會流動之現象已然出現。但是，其速度相當緩慢，縱使時間到達晚唐，能夠考取進士並在政治上發揮影響力者，其仍多為世家大族。

　　逮至唐末、五代，政局陷入更深之混亂，軍人政治格局形成，軍閥又屢屢屠殺官員。面對此種困局，世家大族子弟不願意出任官員，世家大族自此慢慢遠離政治核心。這些家族既然遠離政治核心，又面對激烈戰亂，逮至宋代以降，大多數已經沒有重振家族之能力。

科舉與社會

　　科舉制度從出現到能夠真正改變社會結構，其要等到宋代。科舉之全面興盛，主要與宋代政府之鼓勵，還有知識之流傳有關，宋代政府之所以鼓勵科舉，自然亦有其原因。

　　首先，關於宋代政府對科舉之鼓勵。面對唐代安史之亂以降到五代十國的軍人政治，造成戰禍頻繁之現象，宋朝有意推動讀書以矯正其禍害。宋代之政府與社會都特別尊重科舉出身者，其考科、錄取人數都大幅增加。唐代每年都舉辦科舉，但是一次不過二十餘人。宋代至宋英宗以後科舉三年一次，錄取人數自宋太宗以降增至數百人，宋徽宗時更曾一次錄取達八百零五人。而且，科舉中舉之後，任官前免除唐代複雜之身言書判等吏部的考核，可以直接享受各種榮耀與禮遇。

　　宋朝政府致力於起用庶民，如《續資治通鑑長編・眞宗一》即載宋眞宗之語：「貢舉重任，當務選擇寒俊，精求實藝，以副朕心。」顯然，優先任用庶民是政府之政策。宋眞宗理想中狀態是所任用之人才，其與在朝任官者並無親戚關係。由於重用庶人是國家政策之目的，爲達成此一目的，相關考試的規定日趨嚴格，諸如有彌封、謄錄等防止考官與考生勾結之作爲，還有對考生搜身等防止考生本人作弊之規定。

　　科舉的廣泛流通，固然有政府積極推動之原因，但是社會之所以願意接受此種推動，其主要在於知識在宋代更爲廣泛流通。其最爲關鍵的是印刷術之流通，還有教育機會的普及。

　　雕版印刷術起於唐代，其原本僅用於印佛經，逮至五代時期，則開始用於印刷儒家經典。畢昇固然於宋代發明活字版印刷，惟宋代印刷仍是以雕版印刷爲主。在印刷術普及之後，宋代之官方、民間皆積極刻書、印書，引起書籍成本大幅下降，當時印刷本價格約爲抄本的十分之一，能夠有能力購買者增加，再導致書店得以逐漸發達。而這些因素會彼此正向影響，造就知識的普及，連原本在唐代不可能有能力取得知識者，他們在宋代都取得相關之機會。《宋史・儒林一》中可見印刷術對知識之影響：

　　　國初不及四千，今十餘萬，經、傳、正義皆具。臣少從
　　　師業儒時，經具有疏者百無一二，蓋力不能傳寫。今板
　　　本大備，士庶家皆有之，斯乃儒者逢辰之幸也。

此語出自宋眞宗與邢昺之對話，其展現書籍在邢昺年少時以抄寫爲主，但是爾後書籍大量流通，連庶民之家亦有機會購買書籍。至此，知識不再是由世家大族所壟斷，庶民取得參加科舉考試資格的第一步。

　　在書籍之外，宋代之教育更形普遍。書籍固然能讓知識流通，但是這還需要有完善之教育機構，才能讓人們有效吸收書籍中的知識。在世家大族的年代，教育是各家族內部積極推動，乃至產生家學。從宋代開始，政

府積極推廣教育，讓庶民有機會接受教育。宋代之官學有太學、州學、縣學等，私學有書院、書社、家塾、私塾等，這些學校普遍設立，並且開放平民子弟入學，其學校教育非常發達。除了政府對於教育的積極推廣外，此時各家族也在士大夫的影響下，在家鄉、家族內提倡教育，並對於清寒子弟提供經濟方面之援助。

印刷術和教育普及之結合，其導致科舉的發達，從而促進社會流動，讓世家大族無法長期保持任官身分，庶人只要在科舉中表現優異，即可擔任公職。在此種影響之下，隋唐以前的世家大族已然沒落，唐代以前大族在宋代仍然知名者已相當稀少。而且，科舉制度本身，將導致新門第也難以產生，除非一族之子弟世世代代皆能考上科舉。宋代名人多為出身於宋代新興公卿之子弟，而非跨朝代的累世公卿，人們能夠在自身前後三代找到任高位者已屬不易。

宋代相較於唐代，其社會流動已屬較為明顯，許多庶民有翻身機會。不過，此種流動依然有其限度。最根本原因是科舉本身考取機會很低，就算已經降低書籍、教育成本，考生仍然要長時間準備。因此，考生家庭的經濟力必須是能夠承擔一個人長時間不事生產，富有家庭較能夠面對此種限制，貧困家庭較難負擔。再者，已經任官者還有恩蔭制度，高官子弟有一定人數可以直接從低階官職起任，而不用科舉。

而宋朝政府之所以積極推動科舉，尤其是優先錄用庶民，並非是其對於社會公義之追求，其存在強化皇帝權威之意涵。隋唐時代以前之世家大族，其上承秦漢時代之豪族，這些人以其在鄉里的「實力」進入政府，他們有經濟力、武力、人力等，這些可謂是一種牽制皇權之力量。而在科舉制度之中出身的庶人，他們缺乏家族力量，流動性較大，無從累積力量，他們的一切仰仗皇帝賜予，自然只能尊崇皇帝。再者，科舉考試之錄取與否，並非是天資聰穎者就必然能夠考取科舉，其本質上皆為皇帝之恩賜、提拔。宋代以降所建立的「殿試」制度，其目的是建立考生與皇帝之間的師生關係，進士又被稱為天子門生。這在庶民化的社會之中，建立起皇帝

地位尊崇之態勢。因此，科舉制度本身就可是爲皇帝權力集中之象徵之一。

　　科舉制度在宋代已經建立相當完善的制度，惟元代由於是以少數民族入主中原，並對其統治下不同民族有差別待遇，因此科舉制度在此時受到諸多影響。元朝大量採用中國政治制度，但是初期並未使用科舉制度，主要出身惟世襲或吏職，文人並無正常之入仕管道。「歲貢儒吏」或擔任儒學教官成爲主要任職管道，但是這些途徑身分較低，而且需時極久，往往要二、三十年才有機會擔任低階品官。元仁宗時恢復科舉考試，但是元代之科舉有種族差異，蒙古人、色目人考題相對較易，錄取機會遠大於漢人。而且，元代科舉舉行次數不多，錄取人數亦少。元代科舉制度之逆轉，並非是科舉自身產生問題，而是蒙古人外來統治所造成之結果。作爲科舉制度基礎的教育制度，其依然留存而且發展。逮至蒙古人外來壓力被消除之後，中國社會再度轉回科舉之中。

社會階層

　　相對於魏晉南北朝至隋唐時代，世家大族逐漸從歷史中淡出，宋元時代社會階層逐漸回到類似秦漢時代之樣貌，形成一種中央集權、編戶齊民的狀態，僅有皇族、編戶民兩大階層。不過，隨元代由少數民族入主中原，在元代統治期間，社會再度階層化，逮至元代滅亡而止。

1. 皇族。其基本延續秦漢時代之特色，皇族包含皇帝與其家人，又可稱爲宗室。宋代皇族可分爲兩大系統，其一是男系之皇子系統，其二是以女性爲主的公主系統。由於宋代延續三百餘年，故其皇族人數眾多。而在宋朝法規的限制下，宋代皇族對國家、皇帝並未造成威脅，並能平安度日。

   元代統治者爲大汗或稱皇帝，其權力極大，擁有各方面的最終決定權，還可任意處死大臣。不過，元代繼續其草原時期之制度，權位往往需要「忽里勒臺」大會選任與會上諸王的支持，從而導致政權可能之混亂

性。而且，「黃金氏族」男性成員可封爲諸王，他們對於政策有重大影響，可以選立新帝、決定朝廷大事，其權力遠超宋代皇族諸王。這可謂是在中國社會史的演變中，一種相對較爲特殊之現象。

2. 元代的四等人。中國社會在秦漢以降，其中央集權、編戶齊民之本意是讓社會僅分爲皇帝與人民兩層，將統治權力收歸皇帝。然元代自忽必烈開始，其將人民分爲蒙古人、色目人、漢人、南人等四個等級，並且在政治、法律等都給予差別性待遇。其中蒙古人最爲優渥，原屬南宋統治下的南人最低乃至於可謂被歧視之程度。在元朝建國期間與元朝政府合作的個別漢人，則可享有較高待遇。元朝立國更高度仰賴此種民族性歧視政策，創造出一種基於民族的階級性社會的樣貌。

在元朝社會，其用人特別重視出身於「怯薛」者。這是一種給侍元朝內廷的特權集團，承擔宿衛工作，其來源多爲元朝之權貴子弟。這是元代任官的最佳途徑，由「怯薛」出身者，大多可任官至一到三品，遠遠優於其他出身途徑。從而讓「怯薛」成爲一種特殊集團，切斷社會中其他人的升遷之路。

3. 編戶民。宋代延續秦漢時代的特色，不論一個人在社會中多富有，又或是擁有何等高階官位，其本質上都是編戶民受皇帝統治，並不構成一種獨立的階級。在編戶民之中可以依據職業分出幾種身分，以下逐一說明。

(1)士。「士」指各類讀書人，其中地位較高者爲官員，在皇帝制度之下，官員受到法律、賦稅等諸多方面之禮遇，但受到皇帝以及儒家倫常的諸多限制。他們上承秦漢特色，官員是「代表」皇帝執行統治，其自身並無統治權。「士」大多數爲低階文人、教書者、各類學生。由於宋代考科舉確實具有翻轉生活之可能，故社會中許多人都會盡可能讓自身子弟讀書，以爭取考上科舉。

至於元代的士，由於科舉在元朝之不發達，士人難以由此途徑任官，故屢有聲稱元代「九儒十丐」之說，似乎呈現元代苛虐讀書人之樣

貌。固然，元代並未積極讓讀書人成爲官員，甚至其任官前景亦遠不如蒙古人，但是元代並未採行對儒生特別苛刻之政策，甚至還有「儒戶」，取得相關資格者，可以免除差役。而且，仍協助路、州、府、縣各地學校發展，儒戶還可有子弟入學。因此，不宜直接按照民間印象，認爲元代士人較之常人會特別不幸。

(2)農。此指以農業爲生者，其基本特色與漢代一致，他們是各種職業中，從業人數最多的一群。宋代農夫有自耕農、佃農等諸多不同類型，其主要區分是土地是否爲耕作者自有。農夫是否會租佃土地，其具有各種可能原因，並非僅是貧困一語可帶過。此時，對於佃農的各種保護慢慢誕生，超長期租約等邁向永佃權之制度開始緩慢誕生。至於元代，由於蒙古人往往占地爲牧場，造成農民重大損失。而且農民賦稅負擔沉重，還需負責各類勞役，甚至是要承擔軍役等。故元代農民之生活頗爲艱辛。

(3)商指各種從事與商業相關之工作者。宋代是一個商業經濟非常活躍的年代，由於從商收入可觀，且金錢可對生活造成極大影響，許多人投入商業工作之中。農民可能會離開家鄉，到城市成爲雇工、小商販等。乃至於有許多士人投入商業活動，考不上科舉者可能改爲經商，連官員本身都有經商者。此時人們不再認爲經商可恥，宋朝中期以後更開放商人子弟可以參加科舉，整體社會對於商業活動的接受程度日益提高。重視商人之現象，至元代依然如此。元代從事商業者可分爲三大類：

① 高階官員。

② 小商販。

③ 寺院商人。

高階官員以及寺院商人憑藉政府的特殊優惠，往往可以取得極大利益。至於尋常商人，由於元代疆域遼闊，其特別需要商業活動互通有無，故從商者頗多。此時鹽商受人敬重，而且獲利豐厚，乃至於超越任

官者。而且，元朝對於商人管制較少，開放其可周遊各地以便行商。

(4)工主要指手工業者。宋代在各種作坊工作，或有特定一技之長者，其皆可視為「工」。宋代手工業分類已經相當細緻，諸如有釘子作、瓦作、桐油作等等，不勝枚舉。宋代工人相對自由，其從事一天工作即可領一日之工資，仰仗其技術謀生。逮至於元代，蒙古人特別重視工匠，在屠城時往往會將工匠列為例外。在元代統治之下，工匠的戶籍被獨立劃為「匠戶」與常人分列，其身分世代繼承，婚姻由國家控制，無法脫離此一身分。元代會將工匠集中到首都，並且由國家給予他們飲食，免除勞役、賦稅等，要求他們專心於自身的手工業。然而，這些免除賦稅，有時卻是吸引到想免稅之農民，不盡然是工匠本人。元代此種管理並不以經濟需求為出發，工匠缺乏經濟動力，元代又對於工匠之人身管理過於嚴苛，這些反而導致工匠無心鑽研技術，元代手工業較宋代為退步。

(5)宗教從業人員。宋代宗教發展活躍，其中有些是官方所認可的正信宗教，又有另外一些是官方所不認可之民間宗教。正信宗教如佛教、道教，這些宗教在長期與政權互動之過程中，其內涵除還是會包含自身宗教的信念外，諸多部分已轉化為配合政權之運作，降低政權有疑慮之成分。這些宗教在社會中的信徒極多，流傳廣泛，宗教從業人員有可能得到免稅、免役之待遇。民間另外流行諸多宗教，其未經官方核可者，多被視為邪教。

(6)幫會。祕密會黨多被認為起於明清以降，不過在宋代已經出現期早期型態，主要為行幫。由於宋代商業繁榮，都市化程度較前代為高，都市內有諸多行業。從事相同行業者會組成「行」、「團」，此為一種業緣組織。此類組織有嚴格規章，對成員有較強約束力。而且，若見到有外人欺負成員，眾人必定救之。在特定情況之下，若干幫會還會武裝成員，甚至不惜與官方發生武裝衝突，這些已具備幫會組織之色彩。

第二節　宗族意識的凝聚

　　世家大族在唐末至五代時期，漸漸退出歷史舞臺。而激烈的戰爭，再度促使人們四處搬遷，從而破壞原有結合血緣、地緣之結構。如何面對土地租佃制、科舉制度之影響，還有如何凝聚宗族、確保宗族之延續、強化宗族之社會地位等，這些都成爲此一時期人們關注的重點，宋代的人們並且提出一系列理論，最終大多在元代落實相關內容。

　　在宋代以降，人們想要凝聚宗族，就有必要強化宗族意識。要達成強化宗族意識的手段，主要有族譜、祠堂、祭祀。這些項目是在精神上，向族人宣揚宗族意識之重要方式。

族譜

　　在魏晉南北朝時代，由於出仕與世系關係極高，故當時之家族皆積極撰寫譜牒，相關文書更受到官方監控。然而，自隋唐時代以降，人們不再憑藉世系任官，喪失積極撰寫族譜的必要性，故譜牒之學漸漸衰微，但是到宋代以降，又有新的發展，譜牒之學再度重振。

　　譜牒又有族譜、家譜、宗譜等諸多名稱，在宋代以降，其成爲維繫宗族關係的主要手段之一，更是家族的重要元素。大多數的家族都會撰寫族譜，較大的家族還會將族譜分爲總譜、分譜、支譜等。族譜所記就是家族之歷史，其包含人物、世系關係，以及家法、族規、家訓等，並且記錄家族所持有的財產等，其內容與家族的維繫、運作有高度關係。北宋是譜牒之學恢復的關鍵時代，南宋逐漸擴大譜牒之發展，以至於到元代則更全面興盛，這三大階段需要分別說明。

1. 北宋譜牒之學的再興。隋唐時代譜牒之學早已沒落，宋代新興權貴少見世家大族之後代，故北宋初期家族少見有家譜者。《嘉祐集選・譜例》載蘇洵之語：

　　　　蓋自唐衰，譜牒廢絕，士大夫不講，而世人不載。於是

乎由賤而貴者恥言其先，由貧而富者不錄其祖，而譜遂
大廢。

唐代既無留存譜牒到宋代，宋初士人又因多由貧賤起家，不喜記載祖先
之事，故無意撰寫譜牒。等到儒學在宋代重振之後，人們開始重視古
禮，並且出現敬宗收族之需求後，譜牒隨之再度興起。

宋代譜牒之學重興的關鍵年代是宋仁宗時期，此時北宋建國已有相當時
間，社會穩定，宋代積極鼓勵的士大夫們也進入權力的鼎盛時期，在此
種背景之下，許多士大夫有意復興宗族制度。歐陽脩、蘇洵等人開始編
寫其家族的族譜，其內容異於前代，更成為後代族譜之典範。

⑴針對族譜的撰寫目的。歐陽脩出自於大族之中，他認為其家族之興旺
　有賴祖先之德，故想撰寫族譜以示家傳遺德、光宗耀祖。《嘉祐集
　選・譜例》載蘇洵對修族譜之目的：

　　然其賢人君子猶能識其先人，或至百世而不絕，無廟無
　　宗而祖宗不忘，宗族不散，其勢宜忘而獨存，則猶有譜
　　之力也。

蘇洵明言，透過對於祖先之崇拜，其可以團結宗族，確保宗族力量以
發展。不至於讓宗族崩散瓦解，不使族人流散他鄉。歐陽脩、蘇洵兩
人撰寫族譜之目的，約略可以認為就是此時士大夫撰寫族譜之目的。

⑵針對族譜的世系書寫範圍。歐陽脩、蘇洵在撰寫族譜時，兩人曾互相
　討論，並決定其族譜為「小宗」之譜，內容僅記載五世。二人決定撰
　寫小宗之譜的原因，主要是宋代新興士大夫多為小型庶民家族，難以
　推知其遠祖。再者，自戰國、秦漢時代以降，對多數人既無爵位可以
　繼承，則缺乏記載、書寫百世不遷大宗的意義。而小宗性質的族譜，
　不論大家族、小家族皆可參考書寫，故蘇洵稱其「凡天下之人皆得而

用之」。這些族譜並不用於傳遞爵位，亦不作為婚嫁依據，其目的是維繫宗族成員之親情。而小宗之法的五世，其同時就是喪服禮制中的五服，超出此外的親人則無服，無服象徵親盡、情盡。既然五服之外已無異陌路，故族譜就是以五世為限。

(3)針對敘述法則。歐陽脩採用詳親略遠的書寫方式，關係越親近者，其書寫內容越詳細；反之關係越遠者，其書寫內容越簡單。此點此處關係遠近，指的是世系，而非個別人物之間的感情。況且，關係越近者，大多更願意也能夠更了解彼此概況，至於關係較遠者，資料自始就會相對較少。蘇洵則是指出其大宗之譜、小宗之譜的概念，他是受限於資料限制才撰寫小宗之譜，他的理想還是希望可以撰寫大宗之譜。他希望其後世子孫，各房自然會各自有其小宗之譜，有需要的時候可綜合各小宗之譜，從而就可獲得大宗之譜。

(4)關於族譜的體例。歐陽脩所編族譜分為四個部分：

①圖序，用於介紹家族發展史。

②譜圖。

③記載各支歷代族人簡歷，略同於世系表。

④譜例，書寫族譜的編寫原則。

爾後，蘇洵在編寫其族譜時，則有六個主要部分：

①譜例，說明修譜之意義。

②族譜，包含編修目的、原則、世系表。

③族譜後錄上篇，載家族先世考辨與敘述法則。

④族譜後錄下篇，書寫蘇洵所聞先人之言行。

⑤大宗譜法，說明撰寫方式，已被未來修譜參考。

⑥蘇氏族譜亭記，書寫族譜亭建立過程。

綜合此二者特色，其最重要的為譜序、譜例、世系圖、世系錄、先世考辨。

不論是歐陽脩或蘇洵，他們所撰寫得族譜與前代已有諸多不同，他們

都是希望以族譜作爲連繫宗族之關鍵，從而創立新型態族譜的基本格式。後代在撰寫族譜時，大多就是依據北宋之發展而來。

2. 南宋譜牒的興盛發展。北宋晚年，金人入侵，華北激烈戰亂再起，大量北方人向南方遷移。各聚族而居大家族被迫遷移，造成許多家族出現離散的現象。倘若放任此種情形不管，許多宗族成員彼此間的連繫、關係將會逐漸減少，最終乃至於變爲「途人」，宗族自身將無異於消亡。面對此種問題，宗族需要想辦法重新將族人收歸家族之中，其最好方式莫過於書寫祖先的歷史，重建族人心中彼此相連的想法，強調宗法意識，最終就是呈現在撰寫族譜之中。此種需求成爲在兩宋之際大亂後諸多家族的迫切需求，故相對於北宋修族譜者較少，南宋以降撰寫族譜者會大量增加，其實並不意外。《默齋遺稿‧原譜》載南宋游九言所提撰寫族譜之理由：

> 某之爲譜也，獨深有意焉。自宗族之恩缺，而民不知親其親，自貧富貴賤之勢相軋，而親親之恩愈薄。異姓之人卒然遇諸塗，利害氣勢莫能相及，而懽愉憂戚或相與共。而爲同宗則反不然，賤而卑者或陵之，富而貴者或嫉之，因其陵與嫉之心生也。而宗族以睽至其極，則兄弟不相能者多矣。……曾謂匹夫而居一鄉，獨不念乎？如前所謂貧富貴賤之際，固可勿論矣。豈至反不若塗之人，利害莫相及者哉？又豈肯漠然相視如塗之人而已。此某述譜有望於吾宗之意也。

其指出在寫譜之前，宗族缺乏凝聚力，僅在意他人富貴貧賤。而且，對待族人之態度，甚至劣於根本不認識之陌生人。游九言所寄望於族譜者，顯然就是用其強化宗族間的連繫，克服富貴貧賤之差異。

歐陽脩等人所奠定的族譜撰寫體例，成爲南宋以降譜牒的基本格式。不

過，人們撰寫族譜範圍不再拘泥於五世之中，開始撰寫超過五世，乃至於有到十世以上者。還有些族譜是原本已經寫成，爾後又繼續編寫，如婺源王氏在北宋先編成《九族圖》，逮至南宋時又編修內容《世系錄》。由這些例證可知，南宋時期編寫族譜已經非常旺盛。

3. 元代修譜的規模化。族譜從北宋再起，其歷經南宋開始興盛，到元代以降，修譜則達到規模化。元代士大夫積極推動修譜，與宋代相似，他們書寫族譜的主要目是收族，讓子孫可以認識本族的源由，從而強化子孫對於宗族之向心力，藉此團結族人，並產生重視鄉土的概念。元代陳高《不繫舟漁集‧族譜序》載：

> 族之有譜，所以別宗支、敘昭穆、定長幼、辨親疎也。
> 流派雖分，而其原同出乎一，子孫雖眾，而其祖未嘗有二。

而且，元代士人更直接批評北宋小宗之譜只收五世的想法，希望盡可能將族人收到族譜之中，並同樣希望以族譜克服富貴貧賤之別。

元代修譜既已達規模化程度，其更具備幾點特色：

1. 追遠。元代族譜可上溯達數十代，其中往往有編造、冒認祖先之問題。元代已有諸多學者對此批評，尤其是批評在編造、冒認的過程之中，這些人讓自己祖先變成其他無關之人的後代，這讓自己的祖先變成他人嘲笑對象，實為一種誣祖之作為。

2. 合異。合異有兩種類型，一種指的是將母族、妻族等異姓納入本族族譜之作為，有些元代文人如陳棟對於此種作為頗為讚賞。另一種合異則是將同姓不同宗的人納入本族族譜之通譜，其主要是撰寫者希望讓自身附會某個歷史名人，聲稱自身也是該名人後代，以此提高自己身分。至於撰寫者究竟是否與該歷史名人有血緣關係，則非其關心的重點。至於被偽冒之人的後代，往往會基於利益的因素，從而願意讓其他人偽托。

3. 流行大宗譜法。南宋晚年實質上已突破小宗譜法，元代族譜規模更大，譬如豫章羅氏族譜達十五世。這些族譜可能會選擇某個歷史名人之後代為大宗，又有可能以始遷祖為大宗。前述追遠、合異主要就是呼應大宗譜法而產生，但這也是導致元代學者如吳澄批評元代族譜不可信之原因。此外，由於宗法制度早已隨商、周時代的消失而崩解，此處所謂「大宗」僅為各家族自行比附，並無上古「大宗」的實質意義。

4. 出現合族譜、支族譜。合族譜指的是綜合各地小宗族譜，將其變為大宗族譜。支族譜則是以本鄉的宗族為大宗，並以遷徙至其他各地的後代為支譜，這些皆是宗族人口殷實之象徵。

5. 缺乏忠君愛國等思想。元代族譜相較於後代，其一個特色是在於其幾無論及忠君愛國、族譜有助孝治天下等言論，其重心更加偏重於家族內部的發展。有學者認為，這是士大夫在元政府輕視文治的情形下，其有保護、看重自身家族、地緣關係之傾向。

祠堂

　　宋代以降，族譜在「收族」的過程之中，主要是讓人理解自身之來源，強化族屬意識。「祠堂」則是「收族」的另一個重要元素，其以祭祀強化族人之間的團結意識。

　　祖先崇拜早自史前時代即已存在，其自始就具備強化族人間團結意識的作用。從周代開始，祭祀的權力由天子一人下放到貴族手中，貴族皆可祭祀，各宗族紛紛建立宗廟，以備祭祀之用。在秦漢時代，則多流行墓祭，以及在家中廳堂祭祀的寢祭。唐至五代，興建家廟者甚少。逮至宋代以降，由於受到儒學再興之影響，人們開始仿造上古貴族禮儀興起建立祠堂、家廟。家廟即為家祠，建設者的身分需為官員，祠堂則為一般人所建，此二者都是專門用於祭祖之處所、建築。

　　宋代允許官員建立家廟始於宋仁宗慶曆元年十一月，《宋史・仁宗本紀》載「臣僚許立家廟。」不過，此僅為提出概念，並無如何實行之具體

方式。逮至皇祐二年，始形成制度。其依據官位之高低，決定可建立的家廟之多寡，以及可以祭拜的世系數量，其由最高階的五世到最低之二世。目前已知宋代建立最早的家廟，應當為文彥博在宋仁宗嘉祐年間所建。

至於祠堂，其在宋代興建時間早於家廟。宋仁宗天聖六年，任中師建立其家之「家祠堂」，《河南穆公集・任氏家祠堂記》載：

> 治其第之側隅，起作新堂者敞三室，而闢五位，前後左右皆有宇，以引袚之華，以丹刻之飾。……以是升畫像而薦歲時焉。……前代私廟並置京師，今本不從廟稱，而復設于居里，敢請號曰「家祠堂」者，信適事中而允時義矣。

這是首次以「祠堂」為名之建物，在任中師所立祠堂之中，其供奉父祖先輩，並有先人之畫像，惟此時其性質屬於家祭之場所。自任中師以降，還有石介也仿造《周禮》與唐代家廟，在其家中設立「祭堂」，以祭拜自家先人。任中師、石介二人都是模仿古代之「家廟」，然「家廟」需要有特定身分，故他們特意將自身所立建物之名稱與「家廟」區別，惟實質上深受「家廟」制度影響。爾後，各宗族開始先後建立祠堂。等到南宋時，祠堂已經不再是家祭之場所，而成為宗祠，即整個宗族之祭祀場所。祠堂成為宗族之象徵，以及宗族的活動中心。

在元代政權主要按照蒙古習俗運作，對於家廟制度並不重視，僅少數大臣如元英宗時代的拜住獲政府允許立家廟。元代官方雖對漢人之祭祀禮儀不甚重視，但元代官員卻有私設家廟者，如元世祖時的王惲撰有〈告家廟文〉一文，顯然代表他立有家廟，其他還有如李恒、賀仁傑等元代漢人官僚都私設家廟。元代官方對於家廟消極，民間則是積極推動祠堂，《滋溪文稿・默庵先生安君行狀》載「建祠堂以奉四世神主，冠昏喪祭，一遵文公禮書」，此處禮書係指朱熹《家禮》，祠堂至此日漸普遍。

　　人們修建祠堂有兩大目的：其一是合族。祠堂本質是祭祀之場所，宗族會透過共同祭祀，強化同出一源之血緣意識，強化族人之間的凝聚力，從而達到合族之目的。其二，報恩。人們任惟任官、宗族興旺乃祖先庇佑，因此立祠堂祭祖以報恩。《圭齋文集・秀川羅氏祠堂記》載：

> 惟大姓其祖，必有隱德，非德無以蕃，無以著，無以久，久則我後人念之宜也。念之，念之，奉其烝嘗云乎哉。

此語就是呈現人們認為自身家族之成就、長久，其背後必有祖先之德，故必然要祭祀祖先。

　　祠堂既立，要如何祭祀祖先則為另一層問題。北宋程頤主張始祖之祭，而常祭為高祖以下。南宋朱熹認為祭祀高祖以下，並提出設立祠堂之概念。祠堂設在正寢之左，其中祭拜四世神主，祠堂的祭祀則是由宗子負責。立宗子的概念起於北宋張載等人，逮至南宋朱熹而集大成。在元代，祠堂還可分為祭祀四祖的小宗祠，還有祭祀始祖的大宗祠，還有諸多家族祠堂祭祀超越十世的先人，未必完全拘泥於朱熹論點。

　　在實際建立祠堂時，往往會使用坐北朝南之建築物。這些建築物的有幾種來源：

1.先建知名祖先專祠，爾後轉換為全族之祠堂。
2.將先人之故居改為祠堂。

　　祖先故居隨族內子孫增多，其往往最終會變成宗族公產，將其轉換為祠堂，可以解決建祠費用問題，且在該建物中又能強化對先人之緬懷，進一步提升祠堂合族之功能。

　　祠堂是宗族之象徵，其在宗族內部的主要功能是祭祀祖先，透過祭祀活動強化宗族團結意識。不過，祠堂並不僅僅是作為祭祀用途，其用途還有下列幾種：

1. 宗族議事的會議廳。但凡有涉及全宗族之大事時，諸如修譜、推舉新族長等，族長會召集族人在祠堂議論，在形成決議之後，族人需要無條件服從。
2. 祠堂是執行家法之處。違反家法的族人會被帶到祠堂處分，其他族人可在此旁觀處罰，並在此過程中學習教訓。
3. 祠堂是教化之場所。宗族會利用祠堂對子弟們教育，宣讀家法、傳授家族史、傳誦先賢語錄等等各種涉及教化之項目。祠堂的祭祀功能加上這些用途，其彰顯祠堂是一種維繫全族的關鍵核心。

　　宋、元時代祭祀祖先的場所，除祠堂之外，還有墓祠。墓祠顧名思義就是在墳場建立祠堂祭祖，此在漢代已經開始，宋、元時代持續存在。北宋之石介在將家族譜系刻石立碑於家族墳場前，而且建設相關廳堂以利日後到墳前祭祀時使用，並將其命名為「拜掃堂」。較大的家族，有時候還會請僧人、道士管理墓祠。墓祠與祠堂之差異，主要在於祠堂大多祭祀五服內的親人，而墓祠會祭祀始祖、先祖等超出五服之祖先，其理論上能更有效地收族。是在相關制度重振之前，墓祠發揮祠堂的功用，確保家族能夠祭祖。

祭祀

　　宗族透過祭祀活動強化族人的宗族意識，祠堂是舉行祭祀之處所，而宗族的祭祖祭祀可以分為三種類型。

1. 寢祭。這是在家庭之正房、廳堂設龕供奉自身直系祖先的牌位，此為一種族內小家庭之祭祖。宋代規定高階官員可祭祀五世，庶人則只能祭拜兩代之祖先。
2. 墓祭。即為掃墓，秦漢時代已經興起。此為宗族之重要活動，族內全體成年男子皆須參與。墓祭之流程多為早上集體到祠堂，先共同祭拜始祖墓，各房再至各房祖先墓，最後各家庭祭拜自身家庭墓。
3. 祠祭。即在祠堂辦理之祭祖，此為宗族最重要之祭祀。其祭祀會擇日，

並全族共同籌辦祭品、宴席等。經費可能來自祭田，又或是由族人攤派。祠祭是強化宗族意識之重要活動。

　　宗族的祭祀活動並非僅僅是作為強化宗族意識，其另一個重要功能是對宗族之族人提供文化、娛樂活動。在祭祀活動的過程中，有時會舉辦戲劇等活動，讓族人可以觀賞表演、放鬆心情。頗有戰國秦漢時代，人們以祭祀活動作為主要社交、休閒活動之遺風。

第三節　祭田、義田——宗族的經濟基礎

　　族譜、祠堂是宋代以降，宗族用以合族的重要手段，其主要是引起族人的同族意識。但僅憑意識不足以維繫人心，人們需要有更實質之事物、活動，才能夠使宗族長期存在。而實質項目往往需要經濟基礎，在隋唐時代以前，宗族所需的金錢多由有力族人捐贈。從宋代以降，其最大的改變之一，主要就是宗族自身擁有財產，得以運用這些財產投入宗族內部活動，扣除作為祠堂等用途之房舍，宗族最主要之財產為田地。宗族之田地主要可以分為兩種類型，其一是祭田，其二是義田。

祭田

　　祭田，又可稱為祀田、烝嘗田，還可依據祭祀地不同分為祠田、墓田兩種類型。廣義的祭田包含祠祭田、墓祭田，狹義祭田則僅限祠祭田。墓田又稱為贍墳田，主要是以祖墳周遭土地種田，並以相關收入用於墓祭。祭田之出現與祠堂有關，其最早是由朱熹提倡設立。朱熹認為人死之後部分田產留為祭田以供祠祭，待親盡後改為墓田供墓祭使用。

　　祭田可以分為墓田、祠田。首先，關於墓田。由於墓祭早在秦漢時代已經存在，故墓田一詞與概念亦起源較早，在《晉書・忠義列傳》中就可見「賜墓田一頃，客十戶，祠以少牢」等語。朱熹區分祠祭、墓祭，主要是前者對家族，後者則為家庭。惟宋代以降，墓祭亦會針對家族祭祀，並非僅針對家庭而已。墓田在宋代頗為普遍，乃至於在《續資治通鑑長編・

天聖九年》可看到宋仁宗下令「詔河南府，民墓田七畝以下，除其稅。」
宋、元時代，逐漸出現將祖墳照料交給道觀、寺廟之情形，此時後人會捐
田地給該道觀、寺廟，以作為照料費用。道觀、寺廟在祭祀時，雖然主要
會以墓主優先，但往往會兼及其先祖、親人，導致其無異同族合祭。其
次，祠田。在南宋時期開始出現，此即朱熹所謂之「祭田」，此種類型的
土地係供祠堂祭祀使用。既然祠堂僅在宋代之後開始出現，故作為與祠堂
配合之祭田同樣只能在宋代以後出現，祠田在福建地區較為普遍。

　　祭田之存在頗為普遍，而於祭田之規模，這主要與宗族的經濟實力有
關。大多數的宗族之祭田大小為幾畝，較富有的宗族可達數十畝。目前已
知最大者，當為婺源汪氏永思堂，其前後土地規模可達五百畝以上，《雲
陽集·范文正公書院記》載：

> 汪氏世有贍塋田及地產合三百餘畝，世變，夫人慮他子
> 孫不能久守，無以供祠祭，將備價買入己戶，歲輸賦而
> 租入不以私已，更割田二百畝益之，作永思堂。

此處田地就是供祠祭使用。惟此例屬於土地特別多者，多數宗族之祭田仍
為幾畝而已。

　　關於祭田的來源，朱熹的原始想法是人死，則留二十分之一的田產作
為祭田，惟此僅為朱熹個人之主張。祭田實際有兩大來源，其一是族人捐
置。這可以是單一族人捐贈，又或是多名族人捐贈。前引婺源汪氏永思堂
之例，就是族人捐贈的最佳實例。此種捐置可以是將捐贈者目前現有土地
分部分給祭田，亦可以是捐贈者購買土地作為祭田。祭田的第二個來源是
遺產。若族人中出現絕戶者，宗族會將其田產納為祭田。又有的是有些族
人因為各種原因，拒絕接受先人遺產，並將其捐為祭田。

　　祭田的管理常見者有三種類型：

1.由宗族各房輪流管理。此為數量最多者，如浙江寧波戴氏設立祭田，即

安排子弟輪流掌管。

2. 由族長掌管。有時候因為祭田過小，其收入太少，不足以讓各房輪流收，此時則可能會交由族長掌管。

3. 宗族派專人掌管。婺源汪氏永思堂就是派遣專門人員掌管祭田。

在祭田的收入的用途方面，宗族主要以祭田之收入祭祀祖先。但還有其他幾種用途：

1. 修繕祠堂。當祠堂平時需要灑掃、維修等諸多不同經費，這些會以祭田收入支付。

2. 賑濟族人。當經費有剩餘較多時，則還會用於協助族人。

3. 教育用途。其可用於協助族人開辦學校，以教育宗族內的子弟。祭田並非僅作為祭祀之用，它的其他作用與義田之功能有所重複。

義田

宋代之所以被稱為出現新家族制，其中一個很重要的因素是「義田」之出現。早自秦漢時代豪族形成以來，基於宗族意識，以及無人可確保自家永久富裕，故宗族內的富者往往會救濟貧者。惟此並非是一種制度性救助，富者並無強制性義務需要救援貧者，端看富者之意願。而在宋代以降之「義田」，則是一種宗族內制度性的賑濟機制，讓族人可以取得經濟協助，強化宗族意識。

「義田」是「義莊」的元素之一，義莊的設置起於北宋范仲淹。范仲淹出身貧困，他在富貴之後，積極協助親人，並且立志建立義莊，范仲淹於宋仁宗年間在蘇州購置土地千畝建立義莊。范仲淹之所以會建立義莊，主要是他認為宗族之成員共出同一祖先，富者對於貧困者有其責任。這或許也受范仲淹對自己生命早年歷程之影響。

范仲淹建立「義莊」之後，「義莊」長期存續，並留存到近現代，還有諸多家族學習仿效。作為一個長期存在的單位，其必然需要某種管理機制。范氏義莊最早是從族內子弟選一人管理。爾後，由於事物繁雜，會

增加相關管理人員,其職責亦會進一步細分,諸如分發義莊米、保管義莊米、出租義田等等。此管理人員多為本族人,但是需要時可任用他族人。

為確保義莊持有龐大資產的運作,又能夠達成協助族人之目的,范仲淹與其後代設定一系列詳細的〈義莊規矩〉、〈續定規矩〉等,規定義莊之運作機制。其內容主要有五方面:

1. 教育方面開支,獎勵子弟參加科舉,教師之薪水。
2. 義莊管理規定相關事項,並指出只要負責人按條文處事,尊長亦不可干涉。
3. 義田禁止族人租佃,不得點買族人土地。
4. 宗族成員等給米之規定。
5. 對宗族財產的保護,如不允占用義倉,公物不得借用等。

此類規定除在范氏義莊實行之外,後世諸多義莊皆學習仿效其規定。

義莊的收入有兩大用途,此處分別說明:

1. 贍給。指的是向族人發放糧食,范仲淹規定向全體族人發放,標準約為每人一日米一升,另外還有衣物,以及喪葬等各類補助。補助對象以居住在蘇州的族人為主,外地宗親有需要者可按情況補助。一日米一升,約為成人一日飲食之半,確保族人不至餓死,同時避免產生僅靠贍給度日的怠惰之心。在范氏義莊以後的各義莊,為避免族人怠惰,且基於財力之限制,大多進一步限制只有貧困、處於鰥寡孤獨狀態的族人可以領取。而且,有些義莊還會加上道德性限制,如《默齋遺稿・建陽麻沙劉氏義莊記》載「患苦鄉閭、害及族黨者,雖貧勿給。男婚越禮,女適非正者,雖貧勿助」,縱使族人貧困,但只要有道德重大缺失者,同樣不予補助。
2. 教育。在科舉制度興起之後,宗族要維持興盛,其需要不停有子弟參與科舉並且中舉。要達成此一理想,這些子弟就要得到充分的教育資源,更遑論有些聰穎的子弟也可能受家庭因素影響,無法專心準備科舉考試。范氏義莊從宋神宗熙寧六年開始,對於參加科舉之子弟提供獎勵,

並且聘請族中有學問者爲教授以教導族內成員。逮至南宋以降，開始有
義莊直接以經費聘請外部名師授課。這些義莊不僅提供教育資源，還會
提供參與科舉者的路費等，這些措施讓清寒子弟亦可參與科舉，義莊的
學校爾後還擴張至招收非本族學生。

　　在范仲淹設立義莊之後，其他許多宗族開始仿效學習。不過，在北
宋時期設置義田者不多，但在官方鼓勵、士大夫鼓吹之下，義莊到南宋則
已經變成一種普遍現象。宋代義田較大者有如江蘇金壇張持甫「張氏義
田」、浙江東陽陳德高「陳氏義田」等，相關例證極多。而這些新設立的
義田，其運作的規則大致學習范氏義莊，最多略爲修改而已。在元代，義
田繼續發展，特別是在浙江、江蘇、江西數量較多，其規模在一百畝到
六千畝之間，大多爲數百畝。在元代設置義田者，其身分有官員、庶民，
但是其資力一定是相對較爲優渥者，社會中有實力設立義田者，其必然爲
少數。

　　范氏義莊的土地，主要爲范仲淹所購置。而其他仿效設置的義田，在
宋代主要是由個人捐贈土地後設置，這些人大多是宗族內任官、從商者，
其他人也會在能力之內捐贈。除捐贈之外，與祭田之情形相似，亦有以祖
先遺產作爲義田者。要等到明清時期，才會比較常見多人共同購置土地設
置義莊。

　　總體而言，義田與祭田有幾點不一樣之處：

1. 祭田用以祭祖，義田用以贍族。
2. 義田規模較大，但分布不如祭田廣泛。
3. 祭田官、民都有，義田設置者以官員較多。
4. 祭田多由各房輪流掌管，義田則有專人承擔。

　　祭田和義田的這些差異，這應當與義田目的達成難度較高，故所需資
產更多、規模更龐大有關。義田具備實質上協助族人之功能，因此能夠大
幅強化設置者合族之目的，即如《范文正公文集・范氏義莊申嚴規式記》
載南宋范之柔語，「先祖所剙義田，今幾二百年，聚族數千百指，雖甚寠

者，賴以無離散之患」。族譜、祠堂在意識上發揮合族作用，義田則是物質上產生合族的功能。

其他資產

宋代以降之宗族，除祭田、義田兩項資產之外，其他較常見的資產還有房舍、義學田等。先就房舍而言，宗族所屬之房舍有祠堂、義宅、義倉、學舍等多種不同類型。祠堂已於前文說明，此處不再贅述。義宅隨義莊出現，范仲淹設義宅收養族內貧窮無法自存的族人，解決相關族人居住問題。義倉是用於將義莊物品、財物免費賑濟或有償借貸給族人。學舍則與義學有關，大型宗族之學舍還有可能變成書院，如四大書院之一的華林書院，其前身為宋代胡氏家族的私塾、學舍。

義學田本質作用與義田的教育用途相似，惟有些宗族會在義田之外特別設立義學田，以此鼓勵子弟應試，並且提供本宗族教育服務的經費來源。宋代李仲永在建立義學的過程中，同時成立義學田，其規模大多在百畝左右，土地由任官族人捐贈。受限於經濟條件因素，且義莊實質上可提供義學田同樣之內容，故義學田相對較不普及。

第四節　宗族與其他社會組織的發展

宗族

宋、元時代的宗族，相較於過去之世家大族，其主要有三大特色：

1. 宗族以祠堂、族譜、族田等凝聚宗族。宋代以降之科舉制、土地碎裂化，人們不再需要仰賴宗族就可任官，還需要四處移動以耕種土地，這些打破部分舊有宗族藉以維繫自身的因素。宗族必須尋找新的手段維繫其存在，透過祠堂、族譜、族田這些手段，可以讓宗族成員明確了解世系，同時再以共同祭祀與現實的利益結合人心。關於祠堂、族譜、族田具體的運作方式，將於後文另行說明。

2. 宗族興盛於南方。由於歷史之演變，中國社會之重心最終在宋代完成由

北方遷往南方的過程。而在宋代以降的宗族制之中，其中常見以「始遷
祖」爲標誌，而兩宋之際大量人口南遷，故宋代成爲諸多宗族之起點。
宗族特別興盛於江南各省，其宗族在此地穩定發展，以至於現代。

3. 宗族與政權分離。從秦漢時代之豪族開始，到魏晉南北朝、隋唐時代的
世家大族，其共通特色是家族以參與政權的形式和國家結合。逮至宋、
元時代，由於科舉制的實施，其根本性減少宗族與政權之互動。宗族之
目的轉向內部凝聚、保持家業之用，宗族很少與政權發生關係，宗族對
政治幾不再具備影響力，政權亦放任宗族之運作。

　　宋、元時代之宗族，其還有兩大問題值得注意，其一是宗族領袖之變
化，其二是宗族經濟性質，以下依序說明此二問題。

1. 關於宗族領袖之變化。宋、元時代的家族有繼承隋唐時代之發展，但是
有諸多其自身所產生的特色，這點首先可見於「族長」之變化。「家」
由家人所構成，其爲共同生活單位，家有家長。「族」由「家」所構
成，其具備共同祭祀功能，族有族長。宋、元時代的人喜於將當時之家
族與商、周宗族攀比，故在說明宋、元家族之發展時，往往需要和商、
周時代之現象一併討論。以下，依序說明家族領袖。

(1) 家族領袖爲族長。商、周時代宗族有「宗子」，宗子爲嫡長子，宗子
憑藉宗法制度管理宗族，其對內部族人之關係，一如君、臣關係。宋
代較大型的家族亦有「宗子」，其同樣由家族之嫡長子擔任，具有
世襲性質，但是僅具備祭祖之職能，並無實權，其屬於家族的精神領
袖、象徵。宋、元時代家族之實際領袖爲「族長」，還有一整套家族
管理組織，協助其處理錢財、教育、祭祀等各類事務。特別大的家族
還會橫跨好幾個村，每村會有「支族長」，每房還會有「房長」。在
家庭之中，則還有「家長」，其爲家的領導人。「家長」一般爲家中
輩份最高的男性成員，可能爲父親、祖父。

(2) 族長以能力爲標準選任。宋、元時代與魏晉南北朝各世家大族運作類
似，魏晉南北朝至隋唐時代，各家族的族長已經是依據地位、財富選

任，並不依據血統選任。宋、元時代族長來源同樣為選任，不可世襲，如《燕翼詒謀錄・越州裘氏義門旌表》載「族人雖異居，同在一村中，世推一人為長，有事取決，則坐於聽事」。至於選任的標準，有依據年紀者，如《忠正德文集・家訓筆錄》有：

> 諸位中以最長一人主管家事及收支租課等事務，願令以
> 次人主管者聽，須眾議所同乃可。

其以年紀最長者優先，選擇他人則要眾人都同意才可。還有諸房輪流擔任者，大約是由輪值擔任管理族田者一併擔任族長。不過，放諸實際之運作，由於族長需要協助處理族內財務等各方面問題，且社會地位高者往往可以替家族帶來諸多實質利益，故被選任的族長多為家族內最富有、社會地位最高者，單純的年紀高或有道德，往往較難擔任族長。在理想中，族長需公正、負責，若有不稱職者亦可罷免。

⑶族長的權力。族長承擔宗族各種事務：首先是統領祠堂事務。在建有祠堂的家族之中，族長往往負責祠堂各種事務。其次，族長管理宗族之族田、祭田、義莊等經濟相關事物。宗族所屬相關財產之收支由族長管理，這些田的收入可能用於祭祖、納稅，還會支援給族內各種事務。再次，族長可執行宗族之家法，處分族內不守家法之成員，如《燕翼詒謀錄・越州裘氏義門旌表》所載「有竹篦亦世相授矣，族長欲撻有罪者，則用之」。復次，族長有主持族人會拜之職責。但凡節日時，族人彼此要拜會，此時就由族長負責主持或召集，還有時候族人會聚集到族長的家會拜。還有，族長要負責族人絕嗣之立繼問題。家庭內繼承問題多由其家長安排，倘若宗族內出現有家庭絕嗣之情形，沒有子孫可以繼承該家庭之香火。此時，族長可以替該家安排、決定後繼之人，主要會選擇同宗近支子孫繼承，延續該家之香火，這是確保家庭之延續。最後，族長在有需要時可決定族人分家的財產分

配。分家產一般是由家庭成員自行處理，但若是產生糾紛，特別是訴諸於官府之後，地方官在受理之後，往往會命令由族長負責安排分配。

⑷族長的權力來源爲族規。雖然有論者認爲宋、元以降族長權勢甚大，其所言是宗族需要遵守的命令。但由前述族長的權力看起，其實質上較商、周時代之宗子權力大幅萎縮，對族人之間並無君臣關係，許多權力之本質爲受命協助化解族人紛爭，盡可能避免將族內事務送交官府處理，而非是其有何統帥權。族長對於宗族管理僅是負責執行宗族所定的私法，不可任意處置族人，並無法憑其個人意志任意統帥其宗族，更無自行制定法規之權力。所謂之宗族私法係指家法，現存宋代家法有諸如范仲淹《義莊規矩》、司馬光《家範》、趙鼎《家訓筆錄》等諸多例證。這些私法往往是教誨族人做人處世之道，具備倫理道德的教化作用。這些宗族之私法要求族人共同遵行，對於族人具備強制性，政府多承認這些私法的作用，政府對於「子孫違犯教令」者會予以處分、懲戒。《宋史‧儒林四》載宋代陸九韶之例：

　　子弟有過，家長會眾子弟責而訓之；不改，則撻之；終
　　不改，度不可容，則言之官府，屛之遠方焉。

家族可以處分不守家法之族人，對其身體施加刑罰，族人需要服從相關處分，必要時可告官之後，驅逐該人至他方。惟相關處分皆載於家法之中，族長並不能夠任意處分族人。畢竟，族長僅是代表宗族執行家法，其權力有限。雖然宋人喜於比附商、周等上古之事物，但絕不可將宋代宗族與商、周時代宗族之運作混淆。

2.宗族的經濟性質。宗族並非僅僅是一種血緣團體，其更具備經濟機能。前述祭田、義田等皆屬於宗族經濟功能之部分，但宗族的經濟功能並不僅限於此。宗族從魏晉南北朝以降，大多不是以同居共財形式存在，其

多已經變成聚族而居形式，而大量的人共同居住於一地，必然會產生諸多經濟性問題。

宗族既以血緣爲其核心概念，則族人產生經濟困境時，則有必要予以賑濟。前述義田、義倉，其最重要目的就是賑濟族人，其范仲淹所立〈義莊規矩〉，大致已包含所有須要賑濟之項目與運作方式。對於缺乏義田之家族，其仍然會對有需要協助之族人幫助，但形式則爲有事時族人共同湊錢協助，並無固定金額，全依各家經濟情形決定。

宗族向族人提供協助，有時宗族自身亦需要族人協助。主要是當宗族需要興建工程時，諸如蓋房、修橋、鋪路等公益事業，除有力家庭的經費支援之外，這些還需要宗族內的族人共同參與建設，才有可能完成。

而且，宋、元時代宗族之累世同居，宗族共同居住於一個或鄰近多個村子。其中，若處在較爲偏遠村落者，其有成爲一種自然經濟單位之傾向。在這些單位之中，其會自行生產所需糧食、衣物，其需要透過市場交易之物品有限。各宗族所在村子既然自成一單位，故亦存在不同村落間爲爭奪特定資源，從而發生以村落爲單位進行械鬥之情形。

義門

在宋代有所謂之「義門」，其爲累世同居且具備共財合爨關係的大家庭，性質與僅爲聚族而居的宗族不同。此類大家庭在宋代頗多，其最大者如江州德安陳氏達十三世同居，其家庭人數爲三千七百人，其他還有如信州李琳十五世同居、貝州田祚爲十世等。這些大家庭，其人數從數百人到上千人都有。

這些義門其往往居住在一個封閉大宅院之中，此建築空間會寬闊，但是周遭高牆圍繞，並有人專門負責門之開閉。甚至，有些義門還有人打更巡邏，確保安全等。在此一宅院之中，構成一種封閉之小社會。此種居住型態，或可與秦漢時代之「里」有某種程度之相似。

在義門之中，由於其基本組織形式爲家庭，故其有「家長」一人，

作爲全家之領袖，而此家長由推舉產生，且不得連任，就任者多爲家內身分最高者。但是，與一般的家庭不同，其又有「副家長」多人。男性家長之妻稱爲「主母」，家內女工、聘嫁等事由其負責。還有「庫司」負責戶籍、家庭成員衣食。「勘司」負責家內婚喪喜慶，求偶、生兒育女、建造房舍等都由其負責。就此處組織而言，其兼具一般家庭與宗族之內涵。

　　義門之內的規範頗多，其大約可以分爲大大方面：其一，生活作息。頗常見對於睡眠、飲食、工作的時間都有規定，要求家人作息一致。如江州陳氏對飲食之地點、相關坐位安排都有其規定。其二，日常活動由家長指派。舉凡家人的工作、外出等，家長都會知道。其三，家庭開支有詳細計畫。其家庭計畫收支時，會規劃一年之中每日的開支，以及另行準備災難時緊急預備金等，計畫詳密。

　　義門的這些特色，其具有小家庭的共財性，又具有宗族的組織、規範等，可謂是一種頗爲特別之存在。

鄉村

　　「村」自從魏晉南北朝興起以降，其成爲中國社會的一種聚落型態。在宋代，「村」最主要是由務農之民眾構成，有些村的居民具有聚族而居之宗族關係，亦有多數居民間並無任何關係的村。以宗族爲主體之村落之中，由於有一系列的組織與規範，其生活穩定，但也是相當封閉。此類型的村有助於社會穩定，故政府往往會積極推廣。

　　宋代「村」的規模大小不一，小者爲十多戶，多者達上百戶。其居民多以務農爲主，依其對土地持有之情形，可分爲地主、自耕農、佃農等。這三個身分並不互斥，由於土地的高度分散，有些地主會將較遠之土地租佃給他人，同時自己再向其他地主租佃較近土地自行耕種，以提高農業生產效率。此時，此人就同時兼具地主、自耕農、佃農三種身分。元代村社多以五十戶爲主，其會隨地區有所增減。

　　不論村屬於宗族聚族而居或無血緣關係村，隨政府控制力的增強，其

都會建立編戶齊民的控制機制。宋代在農村設置鄉、里、社、村等層級之編制，有里正、戶長、耆長等職務，其多委由鄉村內經濟狀況較好者擔任職務。這些職務要協助課徵稅收、分派繇役，以及維護社會治安等等。元代上承金代制度，鄉設「里正」，在農村成立「村社」，設有「社長」或「主首」一人，其原則上以一村五十家為一社。人數過少的村原則上會多個自然村為一社，人數較多之村仍為一社，但會另外增設「社長」一人。社長的職責是監督、領導社內成員，還有承擔勸課農桑之職務。社的內部會成立義倉、學校，並且讓社眾之間彼此互相幫忙。此種情形，頗似於宗族之運作，惟是運用在無血緣關係者之間。

　　宋代在王安石以降，由於治安問題成為主要隱患，故其實施保甲法。其規定原則上每十家組成一保，並有「保長」一人；每五保組成一大保，內有「大保長」一人；每十大保構成一都保，設有「都保長」一人。保長要於每晚選派人員巡邏，以此警戒盜賊等，有事時需要協助追捕盜賊。保長還要協助監控地方的各種問題，對於有人口變化者，還要向政府回報，這些展現政府對於地方之控制。元代之社制，其具有里甲制的內涵。

　　村社有兩大基本機能：

1.協助農業生產。

　⑴確保水利資源，有需要時則建設相關設施。若單一村社無力建設，可請上層機構調集資源開發水利。

　⑵維護義倉運作，在平常時收儲糧食，以備災荒時使用。

　⑶農業生產互助，當村社內有人無法耕種時，則其他人要協助其務農。若全村社大多無法務農，則鄰近村社要派人協助，避免土地荒廢。各種墾荒、除蟲等，都是村社之功能。

2.協助政府治理。政府在自然村之外，成立「村社」等組織，其本質皆為協助統治，其具體事務如下：

　⑴推動教化。各村社需要成立學校，並且聘請教師，爾後教授各種忠孝節義之如家經典。

(2)調解糾紛。民間諸如婚姻、財產等各種紛爭，除非涉有重大問題者，
　　則優先使村社調解，以免妨礙生產與增加官方負擔。

(3)村社對居民有懲戒權，對鬧事、不服管教者可與懲戒。再次，村社需
　　要協助課徵稅收，確保民眾如實繳納。

第五節　家庭與婚姻

婚姻

　　在宋代，婚姻的締結持續隋唐時代之特色，婚姻並非是個人感情之結
合，而是家族關係之連結，故婚姻是由家長或族長決定，需要判斷是否符
合宗族或家庭之利益。

　　締結婚姻之考量，宋元時代以降和隋唐時代以前有很大不同。隋唐時
代以前，婚姻重視門第，宋代以降則不重視門第，法律對婚嫁幾無限制。
《書儀・婚儀》載司馬光對於締結婚姻之看法：

> 凡議婚姻，當先察其婿與婦之性行，及家法何如，勿苟
> 慕其富貴。婿苟賢矣，今雖貧賤，安知異時不富貴乎？
> 苟為不肖，今雖富盛，安知異時不貧賤乎？

此語所呈現的是司馬光更重視婚嫁對象個人之能力，而非其家世背景。放
諸實際，宋代人們婚嫁之對象，往往不特別重視其家族之家世。甚至，在
傳統受到歧視的商人，在宋代亦被大眾接受為婚嫁之對象。

　　然而，宋代以降婚姻雖然不重視雙方之門第背景，但事實上仍看重
「門當戶對」。因此，可以看到兩個家族之間出現世代聯姻，又或是幾個
家族構成聯姻網。這些婚姻的背景，其有對政治、文化、家族、鄉里情誼
等諸多不同考量，雙方從而決定締結婚姻。而其中一種最重要的考量是財
富，即婚嫁雙方可以不管遙遠世代之前的世系，但是當下必須有相近之社
會、經濟地位。此點並無法律強制推行，但是時人婚嫁多採納此類概念。

乃至於人們婚嫁對於出嫁女自身不甚關注，而是特別在意其家中的財產。在婚姻締結的過程之中，其與隋唐時代相似，需要完成六禮之禮儀，才算完成婚禮。重視財富的特色到元代，更直接關注在聘禮之上，《事林廣記・嫁娶新例》載元大德八年三月詔令：

> 近年聘財無法，奢靡日增，至有損資破產，不能成禮，
> 甚則爭訟不已，以致嫁娶失時。

此詔令主要限制各級身分所給聘金的限額，顯示聘金之多寡已成當時很嚴重的社會問題。而且，元代人們還會視情形指定女婿要協助養老等，可以依此減少聘禮等等，乃至於要保親、媒妁人等畫押成親。在婚姻的締結之中，金錢變成極其重要之項目。此時婚嫁年齡與隋唐相似，仍然維持早婚。此外，還有招贅婚、童婚、養婚等習俗。宋、元時代繼續維持一夫一妻多妾制，惟與隋唐時代以前相似，法令並未限制買妾之身分，然僅有經濟狀況較好之家庭，才有能力承擔買妾之費用。

　　宋、元以降的婚姻，其在法律上還有若干限制、規定。首先，明定同姓不婚。宋代延續唐代「諸同姓爲婚者，各徒二年」之規定，禁止同姓結婚。這不僅是法律問題，更是倫常之問題。其次，元代由於爲外族入主，其在婚姻上開放採取各民族之習俗，其婚姻禁忌遠較漢人爲少，乃至有收繼婚出現。逮至元代晚期，則有建議依照漢俗修正者。

　　婚姻的另一面是離婚，關於離婚之規定，宋、元時代大致繼續隋唐時代之規定在法律上同樣允許「和離」，僅禁止居喪改嫁、背夫改嫁等特殊情形。而且，婚姻之締結與離異一如隋唐時代，以家長之意見爲準。

　　離婚再嫁在宋代依然頗多，社會亦未特別譴責。而且，兒子還要繼續孝順改嫁或離婚的母親，乃至於有同母異父者爭照顧母親之情事。《燕翼詒謀錄・爲出母服》載宋太宗知有人迎接被父親離婚的生母回家奉養，其稱「此可爲人子事出母之法」，對此大爲讚賞。女性在宋代改嫁難度不

高，只要條件尚可，則願娶者甚多。

　　然亦不可否認，宋、元時代有女子拒絕改嫁，從一而終之現象。甚至出現如《元史·列女一》所載趙哇兒事蹟：

　　　　年二十，夫蕭氏病劇，謂哇兒曰：「我死，汝年少，若之何？」哇兒曰：「君幸自寬，脫有不可諱，妾不獨生，必從君地下。」遂命匠制巨棺。夫歿，即自經死，家人同棺斂葬焉。

女子在丈夫死後，隨即自殺並同葬。這些在宋、元時代已然出現，但是還未成為普遍現象。

家庭

　　宋代之家庭繼續以小家庭為主，其主要型態為「室家」、「供養」型家庭。每個家庭人數大小不一，大多是在四至六人之間，超過六人的家庭較少見。至於元代家庭之人數，《元史·地理志》中至元二十七年之統計呈現平均每戶約四點四五人。若以區域細分，江南地區平均每戶約為五人，華北之保定路在至元十二年時平均每戶不到二人，其中可能有隱匿人口之問題。

　　由戶口平均數看起，顯然累世同居者不多，大多數的家庭是成家立業後就分居異財，元代家庭結構主要是「室家」型之核心家庭。《元史·吳好直列傳》載「父歿，事繼母孝，兄弟嘗求分財，好直勸諭不能止，即以己所當得，悉推與之。」縱使雙親之一尚存，兄弟就已經要求分家，如何供養父母更成為許多宋、元時代家庭紛爭之核心。相關禁止分家之法規，往往徒為具文。就政府而言，則希望推動「父母在，不析居」，並表揚累世同居家庭，希望鼓勵人民盡量同居。

　　能夠達成累世同居者，其在宋、元時代，主要是前文所提之「義

門」，相關說明於此不再贅述。其人數可比擬於聚族而居的宗族，但卻具備家庭之同居共財關係。不過，此類家庭較爲罕見。

由於家庭規模較小，其中勢必有家庭無子，從而出現可能有家庭香火面臨斷絕之問題。元代允許無子可先收養同宗輩份相當者爲子，若無則可收養同姓之人。在少數情形之下，還會出現收養異姓之人，要求其改姓爲收養人姓氏。但是，收養出現各種問題，如有出現當事人年紀不到二十歲，竟然就先去收養兒子；乃至於有人貪圖絕戶者財產，僞造收養之情事者。因此，元代規定收養者必須年滿四十歲且無子，還需明立字據，才准許收養。

從戰國、秦漢以降，構成家庭的根本條件是「同居共財」，「共財」更是其絕對要件。家庭是共同經濟單位，家內並無私產，財產由家長支配運用。不過，此種「共財」卻會在分家時造成問題。由於，在家庭的概念之中，家中所有成員所賺取的財物皆爲共有，在分家的時候就必須平均分配。然而，這些財物的來源不盡然爲家長，有時是兄弟之間某人賺取財物較多，有些人則可能怠惰不願認眞謀生。因此，這必然導致有些人收藏私房錢，以免自身努力賺取的財物要與怠惰者共分。這卻實質產生「異財」問題，破壞家庭「共財」之原則，然社會中對分家之相關的問題亦需要解決。

《續資治通鑑長編・仁宗二十一》載宋仁宗景祐四年之詔書：

> 詔應祖父母、父母服闋後，不以同居、異居，非因祖父
> 母財及因官自置財產，不在論分之限

此條規定在尊長死後分家時，但凡財產是由當事人自身賺取，其這些財產就不必列入分家的財產之中。不過，在分家的時候，其要如何算明那些財物是當事人自身賺取有，難免會有爭議，再加上屢屢有士大夫基於倫常對此辦法不滿。因此，藏私房錢之行爲依然不止，直接讓他人不知財物之存

在，自然可避免這些財物成爲分家對象。

家庭、宗族之區分界線，在於其內部成員是否存在「共財」關係，宗族成員之間並不要求存在「共財」關係。不過，在特定情形之下，宗族還是會存在某種經濟關係。宋代繼承五代十國之規定，要求人們在販賣地產時，其首先要詢問宗親，宗親不要再詢問鄰居，鄰居不要才可賣給他人。顯然，宗族成員有優先購買地產之相關權利。

家庭關係

宋代家庭延續隋唐時代以前之特色，家庭內部依然採行父家長制，家庭成員需要服從父家長，此可參見前面各章關於家長權力之敘述。此種關係在宋代，更進一步受到儒家綱常觀念之強化，家長擁有經濟、法律、婚姻、祭祀等不同權力。家長對子女有懲戒權，但是不可殺害子女。父家長的配偶在父家長生前無甚權力，但是在父家長死後，其配偶的權位就會大幅提升。

在夫妻關係之間，夫的權力明顯較強，妻需要服從丈夫的命令。家庭分工持續有男主外、女主內之概念，家內事務由女性承擔。不過，在宋代家庭關係較爲特別者，乃是其受經濟關係影響很大。如果女方的娘家，在出嫁時提供夠高之嫁妝、財富，則夫妻地位有可能逆轉。

繼承是家庭關係之重要部分，其呈現家庭內部成員彼此之關係。宋、元時代之繼承，其延續魏晉南北朝、隋唐時代的諸子均分原則。所謂之「繼承」，其主要內容是針對財物問題，其本質就是「分家」。而「分家」在唐、宋法律之中，其規定發生時間點應當在家中祖父母、父母死後，但宋代實際上有許多長輩尚存就已經分家者。雖然南宋企圖對此限制，但最後到元代至元八年最後下令若祖父母、父母同意者，即可合法分家。最終在法律上，承認提早分家的權利。在宋代，分家雖以諸子均分爲原則，但還是有細部差異。長子往往會分到較多，受長輩偏愛之子也會取得較多份額，嫡子、庶子、私生子的分配額亦不同。若是父母生前分產，

父母還可保留養老田。元代更限制只有兒子可繼承。

　　不過，宋代女性在特定情形之下，可以繼承財產。由於女性會由娘家出嫁至夫家，其會在不同家族之間轉換身分，因此在繼承時會隨其身分之不同，產生不同情形。

1. 女兒。此又可因婚姻狀態分為在室女、歸宗女、出嫁女三個類型。

   (1) 未婚在室女。若父母雙亡時家中有兄弟，宋代延續唐代法令，「姑姐妹在室者，減男娉財之半」。雖非是直接參與父母財產之均分，但是可以取得一部分財產。南宋則進一步允許女性參與分遺產，但是金額為男性之半。如果父母死時出現戶絕現象，即除女兒之外，已經沒有任何其他人可以繼承，此時就會將全部的財產交給在室女、歸宗女，南宋進一步限制只給在室女。

   (2) 歸宗女是出嫁後，由於各種原因，回到娘家者，其在南宋時喪失繼承父母財產權利。

   (3) 出嫁女，則要娘家戶絕且無在室女，則可繼承三分之一財產，其他則給官府。

2. 妻子。家庭中實施同居共財，理論上應當沒有私產，所有財產皆屬家庭共有。不過，妻子由其娘家所帶來之嫁妝，在夫家分家的時候，並不列入同居共財家庭中所應均分的財產之中。在宋、元時代，女性出嫁時若以田產為嫁妝，此類田產稱為「妝奩田」。此田名義上登記屬於丈夫，但實際支配權歸妻子。倘若離婚或是改嫁，此「妝奩田」就隨該女子轉移。惟到元代，此類「妝奩田」無異直接變成夫家財產，除少數原因外，女子只要改嫁，不論其原因是變成寡婦或離婚，此田地都不復屬該名女子所有。

3. 寡婦。此又可分為改嫁寡婦、有子守節寡婦、無子守節寡婦三種類型。有子守節寡婦從亡夫取得之財產，並不屬於該名寡婦所有，她是替兒子看管財產，待其子年滿十七歲後，則由其子自行管理財產。而無子守節寡婦，則可繼承亡夫所有財產，但是不得販賣這些財產，需立繼子繼

承。改嫁寡婦亦可分爲兩種情形：

(1)招接腳夫。招接腳夫本質是寡婦在其丈夫死後，所招的男性同居人，
　　並不存在實質的婚姻關係，該寡婦還是屬於亡夫家的族人。而此時，
　　若其亡夫出現戶絕，則由此改嫁寡婦取得這些財產，但是待該改嫁寡
　　婦死後，這些財產按戶絕處理，並不會交給接腳夫。

(2)改嫁他族。該寡婦可以帶走其由娘家所帶來之嫁妝，無法合法取得夫
　　家之財產。

第七章

明、清時代

　　元朝末年實施苛政，最終遭到以朱元璋爲首的力量推翻，明、清時代隨之展開序幕。宋、元雖然先後敗亡，但是在宋、元時代逐漸萌芽的科舉制度、宗族變化，最終在明、清時代大放異彩，士紳社會成爲此一時代的代表。而清朝以少數民族入主中國，其如何與漢人互動，這將隨之產生族群問題。而本書之下限爲晚清的鴉片戰爭，在其後的時代中國社會即將轉入現代，許多演變迄今仍在進行之中，故暫不列入本書的範圍之中。

第一節　社會結構

社會階層

　　明、清時代的社會階層與宋、元時期相似，皇帝權威大幅上升，中央集權、編戶齊民的狀態更加明顯，其本質上只分爲皇帝、庶民兩大階層。而清代以少數民族入主中國，在清朝統治期間，在皇帝之下出現旗人、編戶民兩大群體，旗人備受清政府優待，此種差異一直維持到清朝滅亡爲止。在庶民之中，又可分爲士紳、凡人。此外，另外有特別低的賤民身分。

1.皇族。明、清時代是皇帝權力最高峰的年代，皇帝一人遠遠高於其他人之上，屬於社會的最高層。至於皇族，則需分爲明、清兩代認識。朱元璋分封諸王，將其子孫分封至要地，並且領有軍隊，他們雖然名義上沒有施政權，但對地方影響很大。終至靖難之變，明成祖以武力推翻明惠帝的統治，惟明朝自此開始積極壓制諸王力量，使其無法產生政治影響。明朝對於諸王在經濟上頗爲優禮，每年給予諸王與其後代豐厚糧餉，但是又禁止諸王與其子弟從事各種實務，導致他們只能坐享俸祿，

不能替國家產生任何貢獻。而且，明代皇族人數繁衍日多，其仍然享有豐厚待遇，最終造成明代國家的沉重負擔，以至於明亡。

至於清代，其皇族稱為宗室、覺羅。凡清顯祖塔克世之直系子孫稱為「宗室」，其腰間繫金黃色帶子。其他旁支則稱為「覺羅」，其腰間繫紅帶子。沒有封爵之皇族為「閒散宗室」，等同四品職位，清廷會發給錢糧。清代之皇族住在北京，獨立於齊民之外，其基本上不干涉職務以外之事務。

2. 旗人。清代有八旗制度，此為清朝立國之根本，旗人與尋常齊民分開管理。此為清代享有特殊權力的一群人，顯然高於凡人，相關內容於本節族群問題再另行說明。

3. 士紳。他們相對於尋常凡人，擁有諸多特權。但是，在皇帝面前，士紳僅是編戶民之一，遠不及於魏晉南北朝世家大族可對皇帝權力之抗衡，士紳並不具備可抗衡皇帝之力量。士紳主要指在明、清時代，擔任官員或具有官學學生資格者，包含舉人、監生、生員等。凡曾擔任官員或取得官學學生資格者，縱使爾後不再任官、就學，只要沒有被革除功名，他們都可以終身保留士紳身分。此類身分除蔭官等少數特例外，一概不得世襲。關於士紳的詳細組成、特權、活動等，則可另見本章第二節。而且，明代在統治時，特別重用各類文臣，強化文官統治體系，這在可謂是在另外一方面強化士紳的意義。

明、清時代社會中有良、賤之分，還有旗、民之分等問題，但對於明、清社會差異最大者，則當為士、庶之分，亦即士紳與尋常凡人之別。此種差異可見於各方面，但凡服飾、住宅、器物、婚喪禮節等等，都隨身分存在顯著之差異，使明、清時代之人，皆能輕易看出他人的身分。而且，還存在法律之特殊待遇，諸如不得刑訊等等，政府給予他們諸多優禮。不過，不論士紳有何種特權，亦不論其職位究竟達到多高，所有士紳的本質皆為編戶民，皇帝可以僅憑一紙命令就剝奪士紳之身分。

4. 凡人，屬於編戶民，又可稱為庶民、良人等。此類人指不具備士紳特

權，同時不是賤民者。在凡人之中，數量最多者爲農民，與宋、元時代相同，同樣可分爲地主、自耕農、佃農的三大類型，且這三個身分互不排斥。關於佃農，由於自宋代以降，逐漸產生出「永佃權」的概念，地主永不增租、永不撤佃，而且租佃的期限不僅變成「永遠」，相關權利佃農還可以世襲給其子輩，對於佃農權利保障大幅提高。還有些佃農租佃土地之後，再將其轉租佃給其他人，最終造就一田多主現象。這些現象，在另一方面減少佃農購買土地成爲地主之動機，故佃農、地主關係不盡然如現代文學作品中所描述般的有很強對抗性質。

其次，關於商人。商人在隋唐以前，乃是被政府有刻意打壓之身分，惟從宋代開始已經出現轉變，這到明、清時代就更加顯著。明初雖然一度推動重農抑商政策，對於商人多加困辱。不過，等到明朝中期以後，由於商業的興盛，人們開始認爲工商皆本，社會可接受商業也是謀生的本業之一，逐漸減少對於商業之歧視。而且，商人在社會之中，隨其收入之增加，其生活已可和官員比擬。而且，明、清時代之商人，只要有能力，其往往會購買大量土地，讓他們除從事商業之外，同時也具備地主之身分。

至於「工」，這在明、清時代仍主要指手工業者，憑藉其自身的技術，對各種產品實施加工、製造。明代初年採行匠戶制度，一如元代將手工業者之戶籍獨立管理，而且具備世襲性質。惟在明中期以降，由於許多農民破產並進入城市，這些人往往會從事各類手工業，同時又不屬於匠戶。清代前期亦有「匠籍」，乾隆年間取消「匠籍」，其被視爲凡人之一。

不論是農夫、商人，不論其經濟狀況，他們都要承擔賦稅、繇役等，這些都會造成諸多負擔。因此，農夫、商人會盡可能參與科舉，倘若考不上科舉，若財力可行，則會採行捐官的方式，透過繳納一定數量的財富給政府，從而取得士紳的身分，以便免稅、免役等。

5. 賤民。在明、清時代以降，社會中出現一種低於庶民，被稱爲「賤民」

的階層,賤民最主要的特徵是不得參加科舉考試,從而難以在社會中翻轉自身地位。由《大清會典・尚書侍郎職掌五》所載「區其良賤。四民爲良。奴僕及倡優隸卒爲賤」,可知此一身分主要包含奴婢、倡優、隸卒。奴婢屬於身分最低者,其在主人家中從事各種勞動,沒有獨立戶籍,婚嫁由主人安排,且此身分爲世襲,奴婢之子女仍爲奴婢。

倡優係指擔任「娼妓」、「優伶」者,此一身分同樣屬於世襲身分,凡曾任「娼妓」、「優伶」者,其子孫即仍爲「娼妓」、「優伶」。不過,倡優雖然在明、清時代屬於賤民,但是與多數人想像賤民必然貧困不同,倡優中尤其是戲曲演員,由於戲曲文化在明、清時代極受歡迎,故其可能非常富有。畢竟,「良」、「賤」僅是指這些人的社會地位差別,「貧」、「富」則是指經濟地位。良民可能很窮,賤民也可能很富有。惟倡優雖然可能富有,但是他們仍屬於被社會瞧不起之身分,幾無人以身爲倡優爲榮。

隸卒指的是明、清時期任職於官府,從事各種雜役的役夫,諸如快班、捕班、弓兵、仵作、穩婆、更夫等各種衙役。這些衙役薪水不高,但是由於身處在權力身旁,各地政府之日常運作往往仰賴這些衙役,故可以透過陋規取得諸多利益,所以許多民眾願意成爲衙役。

奴婢、倡優、隸卒三者乃明、清律令中,明訂爲賤民者。其他還有若干特殊型賤民,諸如有樂戶、丐戶、伴當、世僕、疍戶、九姓漁戶等,這些特殊型賤民大多爲專屬某個區域。這些賤民縱使未必是法定賤民,但是在當地社會大多會將他們視爲賤民。

只要曾從事過賤民身分所列職業者,其終身都是賤民,不以其現在是否仍然從事相關職業爲限。其不僅是本人不得參加科舉考試,縱使賤民本人以各種方式讓自身改從事良民職業,其三代以內的子孫同樣不得參加科舉。而且,賤民實行階級內婚,賤民只能和其他賤民結婚,不可和良民通婚。有時候在明清社會之中,可以看到有人世代從事優伶職業者,有時其原因是優伶與其子孫難以轉換爲其他職業,只好一直從事相關工作。

社會流動

科舉制度雖然是在隋代出現，但是其在隋唐時代，對於社會流動影響有限。逮至宋代，由於印刷術的發達、教育之普及、政府鼓勵，社會流動開始較為明顯。受到科舉考試相對公平之影響，宋代以下各家族發現，倘若子孫無能，就算家族地位再高，都無法長期維持，這在社會中形成財富、地位無常之觀念。而科舉制度，還可以定期將人才送至國家各部門，避免官僚之世襲化、貴族化，平民也可在此過程中參與政權。這些現象在後世的統治者眼中，如明太祖認為經常性社會循環有助於國家之統治，這反映在歷朝歷代政府對於科舉制度的支持，從而讓科舉制度可以綿延千年以上。

要認識明、清時代的社會流動，首先值得注意向下流動部分。據何炳棣的研究，明、清時代有五種因素，可能會導致居於高位的家庭向下流動：

1. 未給子弟恰當教育。
2. 子弟個人能力在科舉的表現。
3. 蔭敘制度的限制。
4. 閒散的生活與表現。
5. 分家導致家產稀薄。

這些因素不需要發生在同一個世代之中，可以在前後兩、三代之中發生，此時倘若缺乏子弟考取科舉，則家庭地位有向下流動之可能。綜觀明、清歷史，一個宗族能夠連續五代出進士者非常罕見，大多數宗族都會在八代以內被人們完全遺忘。而在制度方面，很少有措施可阻止家庭向下流動，明、清時代之社會地位實具相當高的競爭性。

在《永樂大典戲文·張協狀元》中可見「朝為田舍郎，暮登天子堂」一語，這似乎呈現平民可直接向上流動居處高位。在明、清以降的社會之中，存在許多機制協助平民向上流動，如各地宗族、地方組織會設立學校，積極教育本地子弟，協助家境清寒子弟念書，以期提升宗族、本地之

地位。甚至，一些私立書院還會提供經常性獎學金協助清寒子弟。不過，其向上流動過程，除少數特例之外，大多數並非一步登天。大多數參與科舉的平民，其第一階段是將自己轉換爲基層士紳，第二階段才是「登天子堂」成爲官僚。軍功是另一種提升地位之方式，不過其往往需要配合歷史之變局，戰爭頻仍時期較易升遷，平時則有其難度。

　　雖然科舉制度之影響在明、清時代擴大，不過其平民向上流動機率，實質上低於宋代。宋代平民向上流動，其背後是有國家政策的積極支持。然就明代而言，將科舉放回其競爭之本質，相對富有之家庭其較諸貧窮家庭自然有優勢，其除有宗族傳承經驗外，又能夠更專心學習，而不用擔心經濟問題。故在明代，若以考生三代內無人考取功名作爲平民之標準，在考取進士的人們之中，其比例由明代初年的75%，下降到晚明的26.5%。

　　而且，隨時間轉移到清代，相對於明太祖朱元璋以貧民身分建國，清政府主要關注重點是維持其對中國之統治，從而有必要爭取士紳階層之支持，即確保科舉制度的穩定實施，國家缺乏特別支持貧窮者之必要性。再者，清代人口持續增長，突破中國傳統之人口限制，卻缺乏相對應的工作機會，以致於產生嚴重的經濟困難。許多貧窮之人，比起追求向上提升地位，維持生命成爲更需關注的重點。以前述明代平民考生之標準看清代，則清代進士中平民的比例，由清初最高有34.6%，一路下降到同治年間最低之6.6%。

　　在明、清社會之中，社會流動所關注的重點是「士庶之分」。庶民會積極參與科舉，期許向上提升爲士紳。相對之下，士紳本身有可能因爲子孫不肖、犯罪等因素，向下沉淪爲庶民。雖然，要實踐社會流動，除科舉考試外尚有其他方式，但是其最穩固、可靠之途徑仍爲科舉。因此，這成爲社會上無數人們努力之目標，致力於提升自身與宗族地位。更遑論考上之後，在各種實質利益之外，還有各種榮耀，諸如立牌坊、旗杆等等，這些都會鼓勵貧寒子弟積極投入科舉考試。

族群問題

族群問題是清代主要問題，特別是清朝以少數民族建國，並統治漢人占絕對多數的中國，滿、漢之間的關係遂成為主要問題。清朝在皇太極時期，已經先建立一種以滿人為中心，並與蒙古人、漢人聯盟之關係，故可見如清朝有八旗滿洲、八旗蒙古、八旗漢軍等組織，並組建其多民族國家。在清代的各種族群問題中，最重要的問題就是滿、漢關係，皇太極時期最終形成一種以滿洲為中心，滿、蒙、漢三族一體之格局。

等到清廷入關以後，到其統一中國之前，則有不同考量。清廷入關之初，中國內部有南明、大順、大西等各政權與清朝相抗衡。同時，關內漢人數量遠超過關外，清朝要如何統治，漢人要如何接受，這些都成為當時主要課題。清朝此時先持續關外對蒙古、漢人之聯盟關係，吸收大批漢人官員、軍隊，協助清朝消滅各政權。漢人為追求個人之利益、前途，往往亦願意協助清朝。此時，清朝對於這些漢人，尚無特別之要求。直至天下大勢逐漸明朗，大局已經倒向清廷一方之後，清朝統治者開始思考其要如何統治中國，對於漢人要維持何種之關係。

清朝處理滿人、漢人之關係，其主要有兩大核心政策，其一為「滿漢一體」，其二為「首崇滿洲」，以下分別說明。

1. 滿漢一體。《東華錄‧崇德三年》載皇太極語：

> 朕於滿洲、蒙古、漢人視同一體，爾等同心輔國。譬諸
> 五味調劑，貴得其宜。若滿洲庇護滿洲，蒙古庇護蒙
> 古，漢官庇護漢人，是猶鹹、苦、酸、辛之不得其和。

皇太極此語聲稱他將滿、蒙、漢視為一體，這或可視為「滿漢一體」政策的啟始。有論者認為，此種政策之背後，乃是滿人吸收漢文化，同時要求漢人吸收滿文化，從而讓兩者和平共處於清廷統治之下。

滿、漢一體呈現在幾個不同方面：

⑴尊崇儒學。清廷對於孔孟後人優禮有加，並且持續封孔子後代為衍聖公。與此同時，衍聖公孔允植接受清朝之封，其可謂是率先承認清廷之合法性。

⑵滿漢訴訟，毋致異同。要求滿人有欺壓漢人者，即依法處置，並盡可能縮小旗、民在量刑之差距。

⑶改滿文官名為漢文。清代原有諸多滿文之官名，其中部分增用漢文官名，協助滿、漢之一體化。如《清史稿・世祖本紀》載「定固山額眞漢稱曰都統，梅勒章京曰副都統，甲喇章京曰參領，牛彔章京曰佐領，昂邦章京曰總管」，惟需注意這些官名之滿文並未變更，而是增加這些滿洲官名的漢文用法。

而且，清代統治者往往再三強調滿、漢一體之概念，如《清實錄・世祖章皇帝實錄》中載順治皇帝稱「滿漢人民，皆朕赤子」，《清實錄・聖祖仁皇帝實錄》中康熙皇帝亦有「朕於滿洲、蒙古、漢軍、漢人，視同一體」等語。凡此種種，無不呈現清廷對於滿、漢一體的重視。

2.首崇滿洲。不論，清代統治者再如何強調滿、漢一體，在他們諸多政策的核心，其本質都是「首崇滿洲」，亦即維護滿洲並使其處在主導地位。清代許多滿漢一體之政策，其推出之根本背景就是清政府特別優禮滿人，並沒有眞正地平等對待滿人、漢人，才需要相關政策彌補漢人之不滿。在首崇滿洲的背景下，可以見到諸多滿、漢之間的衝突，其最明顯者莫過於圈地、薙髮易服。

⑴圈地是指滿人入關以後，大規模圈占直隸、北京周遭地區漢人土地，並將其分配給滿人。滿人取得土地之後，喪失土地的漢人投入這些滿人之下耕田，此被稱為「投充」。諸多民眾在此過程之中，喪失其家族長期經營的祖業，或有淪為難以謀生者。清廷的此種作為，必然強化滿、漢之間的衝突，清廷推出若干彌補性政策，諸如「撥補」土地給被圈地之農民等，仍難完全化解衝突。

⑵薙髮易服。即要求漢人薙髮，改採女眞人之髮型，並且改著女眞式服裝。此一政策是在清廷站穩腳步之後就開始實施，從順治二年開始強制實施，一直到宣統三年辛亥革命爆發後才予以廢止。清廷以暴力推動此一政策，《清實錄・世祖章皇帝實錄》載：

> 京城內外限旬日。直隸各省地方。自部文到日。亦限旬
> 日。盡令薙髮。遵依者。爲我國之民。遲疑者。同逆命
> 之寇必置重罪。……欲將朕已定地方人民。仍存明制。
> 不隨本朝制度者。殺無赦。

清廷不僅是要求薙髮，連服式都需改爲滿洲式樣。清廷本質上就是以滿人的習俗爲「國制」，強制要求漢人一體遵循。此一政策就算遭到漢人強力反抗，仍然推行不止，直至清廷行將敗亡之際，方行廢止。如此政策，可謂就是首崇滿洲的具體呈現，其突顯滿人在清代社會中擁有之特殊地位。不過，雖然有許多漢人反抗此一政策，但是衍聖公孔允植在初步建議不薙髮、保留服飾被拒後，孔允植仍服從此一政策，並未堅決反抗。迫於政治現實，多數漢人最終仍然接受此一政策。

第二節 士紳社會

何謂士紳

明、清時代最大的特色是士紳社會，士紳是明清時代的主要社會力量。作爲一種社會力量，士紳與過去之豪族、世家大族的組成有諸多不同，在其行爲、活動方面卻又有諸多相似之處，他們都具有社會領袖之性質。不過，逮自宋代以降，皇帝權力進一步擴張，過去的豪族、世家大族有其家族力量可爲後盾，士紳以科舉制度而生，他們仰賴皇帝之權威，家族未必有足夠力量。這些現象在宋代已經出現，到明、清時代則更爲顯

著。其中有一點值得注意，豪族、世家大族其以「族」的力量爲一切根本，而「士紳」則是以「個人」爲其地位來源。

首先，關於士紳之範圍。在明、清時期，可以稱爲士紳者，其與科舉制度高度結合，包含現任官員、曾任官員或候補官員者、進士、舉人、貢生、監生、生員等，以及一切具有功名者。士紳身分是基於「個人」之成就、作爲而產生，士紳之身分不可世襲，不過只要取得此一身分即可終身適用，除非中間因各種原因被剝奪功名。而且，士紳之家人亦可適用士紳所取得之特權與身分。

士紳的主要成員之一是官員，官員可分爲四種類型：

1.現任文武官員。

2.去任官員。

3.封贈官員。

4.捐納之虛銜官員。

由這些類型可知，擔任官員除考試之外，還可使用金錢捐贈取得身分。而官員不論屬於哪一種類型，只要其身爲官員就屬於士紳。

士紳的另一個主要成員是各級官學之學生。明、清科舉制度實與學校制度結合，人們必須入官學才能取得科舉資格，而只要入官學就讀者就取得士紳資格，而此類出身又被稱爲正途出身。明代之官學包含府、州、縣學，其學生稱爲生員或秀才；官學還包含國子監，其學生稱爲監生。科舉制度第一階段的「童試」，其實質上爲官學的入學考試。而官學的學生可以取得應考「鄉試」之資格，考上「鄉試」者稱爲「舉人」或「孝廉」，他們可以選擇任官或是繼續考更高階之考試。「會試」爲更高階之考試，考上者可再參加「廷試」或稱「殿試」，最終取得「進士」資格並由政府任官。清代除若干細節有調整之外，大體上繼承明代的制度。在考試取得士紳資格之外，與可以透過捐納手段取得任官資格相似，官學學生資格除考試之外，同樣可以透過捐納取得。譬如，清代的監生資格可以透過捐納取得，從而讓捐納者成爲士紳，但是較難僅憑監生資格任官。不過，非透

過考試取得的資格稱爲異途，其地位相對於正途出身者爲低。惟若捐納者只是想取得士紳資格，並無意憑此進一步仕進，則其較無影響。不論正途或異途，只要取得官學學生資格者，其一律都會被視爲士紳。

士紳是一種享有特權之階層，但是由於士紳身分不可世襲，故此一階層之成員並不固定，其具有相當強的社會流動性。士紳身分更是社會流動之中間站，清代平民較難於一代之內直接考上進士，較常見者爲需要二至三代人的時間，第一代人以平民身分先考上基層士紳，第二、三代人再以士紳背景考取進士等高階地位。不過，若相關人員有需要，亦可採行捐納方式成爲士紳。

此外，值得注意明、清時代，不僅是財力較雄厚的家族可以透過捐納取得功名。其實，採行科舉方式，走正途之家族，其往往也是財力非常雄厚的家族，能夠讓自身子弟認眞專心念書，不必煩勞他務。畢竟，家境背景較好，確實可在各種考試中取得諸多優勢。

士紳的特權與限制

明、清時代人們會爭取成爲士紳，其原因之一是士紳擁有諸多法律、經濟上的特權，還有社會地位的尊榮，這些都能夠替其家族帶來利益。

1. 法律上的優禮。凡士紳有犯罪者，輕者贖納，重者需要施刑者，則需要先革除功名、革職，才可受刑。因此，有基層士紳犯罪，地方官需要先通知學政，不得擅自處置。若爲官僚級士紳，則還要先奏報皇帝，待革職後才能逮捕。面帶平民時，其可派家人代爲訴訟。而且，當士紳與平民產生刑事糾紛時，平民侵犯士紳者加重處分。

2. 經濟優禮。此點可以分爲幾個面向：

　⑴士紳在官學享有飲食待遇，而且考試時官方會補助各種旅費。

　⑵在賦稅、繇役方面，士紳與其家人都可以免除。田賦不可免，但是其負擔較輕，而且還可以延遲繳納田賦。對於各種地方政府額外課徵之雜稅，士紳往往可以拒繳。甚至，有些地方政府還會在法律之外，另

外對士紳訂定額外低的稅額。

(3)在遭遇災荒之時，士紳可得到較多照顧。不過，明清時代之士紳，其家境大多屬於較爲富裕之家庭。然而，他們卻可以享受低稅、免稅等特殊待遇，這些不足的稅收，政府往往只能向較爲貧困之凡人課徵，反而導致社會更不公平。因此，屢屢有人建議廢除此類優惠。

3.社會地位的優禮。士紳還可得到在社會層面之優禮，如具有貢生以上身分者，可以在門前立旗杆、巷口建牌坊（圖7-1）福建塔下村張氏家廟之旗杆所示。而生員之尊稱爲「相公」，舉人、貢生、監生稱爲「老爺」，官員稱爲「大老爺」。他們與凡人之服飾不同，以致第三人可以直接從外觀看出一個人是否具有士紳身分。面見地方官時，士紳不必下跪，而且可以參加地方政府或家族之禮儀。

圖7-1　福建塔下村張氏家廟之旗杆

資料來源：https://zh.wikipedia.org/wiki/%E5%A1%94%E4%B8%8B%E6%9D%91#/media/
　　　　　File:Nanjing_Taxia_Deyuan_Tang_2013.10.04_12-18-38.jpg

而士紳的社會不僅僅是來自官方的優禮，有時還是來自社會中的其他成員。如《儒林外史》中范進中舉的故事，范進考上舉人之後：

> 自此以後，果然有許多人來奉承他：有送田產的；有人送店房的；還有那些破落戶，兩口子來投身爲僕，圖蔭庇的。到兩三個月，范進家奴僕、丫鬟都有了，錢、米是不消說了。

此處呈現社會對於中舉者的禮遇，這些禮遇並無法律規範。固然，這些人贈送這些東西給范進，各有其考量與目的，但這些無不彰顯「士紳」身分確實能夠帶來諸多社會地位的優禮。

雖然士紳享有諸多優惠，但若是仔細觀察這些優惠本身，實可發現其有諸多限制，權力遠不及於豪族或世家大族。人們若以正途考取科舉，有時需要耗費數十載的光陰，都未必能夠考上。可是，他們耗費一生所得之成就，可以僅憑「革除功名」一紙公文，就讓他們一生之努力轉眼成空。革除功名之後，士紳就與凡人無異。而且，在明清統治者面前，殺害士紳之事例屢屢可見，各種困辱亦屢見不鮮，諸如廷杖、文字獄等等。在順治十八年的奏銷案之中，有士紳僅抗繳1錢之錢糧，就慘遭革除功名之處分，所謂之功名或士紳身分全賴皇帝的恩德，並無絕對之保障機制。

士紳的社會活動

認識士紳的另一種方式，可以從士紳所從事的活動看起。士紳與過去豪族、世家大族的相似之處，則應當是在其所從事的活動。

1. 士紳是地方社會之領導。不論是未曾任官的基層士紳，又或是告老還鄉之致仕官員，他們皆會將自身所生、所長之家鄉作爲根基，從而替家鄉的各種事務盡心。況且，中國在進入現代以前，各地方政府的人員、

經費都非常有限，故各種公共事務大多需要士紳之協助。士紳憑藉其知識、財富、聲望在地方領導民眾，而此點與豪族、世家大族就有高度相似之處。還可注意到，士紳並非是漫無目的的照顧任何人，他們照顧的對象爲其家鄉，其中包含族人與居住在此的的異姓，一如豪族、世家大族，這是一種兼具血緣、地緣的概念。因此，有時候可以見到一名士紳一方面欺壓百姓，另一方面又造福鄉里，此種現象並無矛盾之處，因爲他們所欺壓之百姓，不盡然是其家鄉之父老。

2. 承擔各類公益活動。明清時代，由於地方政府經費不足，故許多公共建設、事業，即由相對富裕的士紳承擔。諸如修橋鋪路、建設堤坊、賑濟災民、修築灌漑設施、捐助學校、修建廟宇等。這些事業往往需要龐大經費，較爲富有的高階士紳可能獨立負擔，財力較少的低階士紳可能彼此共同合作，又或是與官府共同出資，推動相關建設，並負擔相關費用，造福鄉里。許多士紳會願意如此，可能也與當時宗教概念中相信「行善散財」有關。

3. 鄉里仲裁者。士紳在民間主要承擔的職責之一是仲裁糾紛，讓一些較小的紛爭可以直接在鄉里化解，而不用訴諸官府。這既可減少民眾所耗費的金錢、時間，又可大幅減輕官府審理案件之負擔。參與仲裁事務的士紳，他們需要能夠公正裁決。倘若其不能公正裁決，則民眾不會再信任該士紳。而且，他們有時裁決之內容並非個人，乃是要化解團體間的紛爭，如調解家族間的械鬥等。由於仲裁糾紛可大幅減少地方政府負擔，故地方政府大多承認相關調解之效力，甚至會優先將送至官府的案件送回地方調解。至於特別重大案件，諸如殺人等，則仍然要送交官府處置。

4. 推廣文化。自秦漢時代的豪族以降，中國的知識份子往往以其所具備的知識爲傲，他們相信儒學之內容，更有許多人致力於傳播知識。此種想法，到明清時代依然如此，士紳在推廣文化方面，他們所做的努力可以分爲四大方面：

⑴教育相關硬體建設與維護，諸如建孔廟、辦義學、捐學田等等，士紳們對此大多會願意出錢出力，積極投入。

⑵地方志與族譜之編修。士紳往往是家族內維繫宗族、傳遞文化的關鍵人物，其會往往會修建、維護祠堂，表彰讀書有功名之子弟，藉此推廣文化。在編寫其族譜、地方志時，其大多會有教化之內涵。

⑶主持鄉約。明、清時代有所謂之鄉約，政府會要求在地方講解如明代之《教民六諭》、清代的《聖諭廣訓》（圖7-2）等，其中之內容大多是對民眾之教化，如圖：清代《聖諭廣訓》所示。負責向民眾講解者，則主要是由士紳負責。士紳除講解鄉約之外，還會講解其他儒家經典。

圖7-2　清代《聖諭廣訓》

資料來源：https://chinaheritage.net/journal/the-christian-conundrum-of-yongzheng/

⑷擔任教學工作。仕進不順利之士紳，往往會在家鄉從事教學工作。這些教學不僅是傳授知識，很多時候包含做人處事之道理，並且在教學的過程之中，將知識傳遞到鄉里之中。

5. 領導自衛。由於明、清時代，地方政府之人員、經費極其有限，難以向地方提供完整的安全保障，更遑論遇到緊急事變。因此，士紳大多會自動或受託，組織安全力量，確保地方安定，維持地方秩序。明、清時代，屢屢可見地方組織鄉勇或團練，以此對抗各種動論。尤其是清代，在面對川楚教亂、鴉片戰爭、太平天國等問題時，士紳往往組織團練，其規模日漸擴張，甚至成為政府平定亂事的主要武裝力量，如知名的湘軍就是以團練發展產生。此時，這些士紳所領導之武裝，不僅是用於確保地方安全，更會用於平定其他地方的亂事。

6. 監督地方官員。士紳在鄉里之中，除協助鄉里居民之外，對於重要之公事亦往往會過問。譬如，曾國藩之家人在鄉里，即曾因為他人的案件，過問地方官之處置。而這些士紳，其家族內有時有高級官僚，地方官不敢開罪於這些士紳，僅能「銜恨」於心。就另一方面而言，有力士紳亦可確保地方官施政不致於過度為惡。

7. 作為政府、民眾的中介者。士紳具有雙重性質，首先，他們既身為某地的居民，而且根基於當地，熟悉地方力量與情形，他們可以作為地方利益之發言人，士紳更是地方唯一合法的代表。因此，地方官的各種施政往往需要爭取士紳支持、合作，才有可能順利施政。其次，士紳對民眾而言，他們又具有政令傳達者的作用。士紳能夠憑藉他們自身平日所累積的聲望、德行，用以向民眾傳達政令，這讓民眾較易於接受。而且，士紳能夠成為鄉里仲裁者，其本質就是他所做的判斷能夠為官府、民眾所接受。此種性質，亦可見於豪族、世家大族身上，這或可視為士紳與其相似之處的一部分。

8. 不法作為。並非是所有士紳都積極於地方公益，仍有士紳從事不法行為，壓榨民眾，謀取私利。有士紳自行組織非法走私者，有侵占民田、

殺人爲禍者，還有抗繳錢糧者。有時士紳本人並不爲惡，但是其家族成員卻會仰仗士紳的地位，對外欺壓他人，謀取不當利益。由於士紳自身可能就曾任官員，對於官場之運作頗爲熟悉，導致諸多地方官對他們頗爲忌憚，不敢直接處分這些不法士紳。還有些時候，士紳被人告發家人犯罪，官方未必會按法律處分該名士紳，有可能僅迫其辭職而已。

第三節　宗族內涵的變化

在宋代以降的新家族型態之中，宗族並非僅是靠血緣關係維繫，族譜、祠堂、族田三者可謂是維繫宗族的重要核心。族譜、祠堂在精神方面，賦予人們宗族意識，讓族人們體認到彼此血緣關係。而族田則是提供物質基礎，讓人們確實感受到依附、加入宗族的實質好處。而這三者在明、清時代繼續存在，並且持續變化。

族譜

族譜在宋代再度興盛以降，其成爲各宗族的基本要素。明代基本繼承宋、元時代族譜之體例，並持續發展。明代族譜之體例，大多數會有譜序、世系圖、世譜、家規、家儀、誥敕、詞章等，等到萬曆以後又加上祠墓、居徙、仕宦、姓氏、遺跡、祠產等諸多不同內容，所有與宗族相關的事務大多會被寫進族譜。族譜將族規、家訓納入內容，其作用之一是族長會基於族規、家訓，對宗族內部實施管理。而且，隨族譜發展興盛，明代出現會通譜、統宗譜等統貫各地各宗的大型族譜。不過，逮至清代，由於清政府特別注意漢人之反抗，故匯集各地宗族性質之統宗譜，在清代反而受到較多限制。

在明代，族譜的編修已經成爲一種經常性事務，各宗族往往會定期編修族譜。各宗族修譜的時間，短者十年編修一次，長者爲三十、五十年編修一次。此種定期編修族譜，有助於讓族譜補充新資料，同時可以更新原有之資料，並避免已經聚集的族人再度流失。逮至清代，由於時人認爲

三十年爲一代，故族譜也隨之三十年編修一次。

明、清時代的族譜，其最大特色之一是內容的政治化色彩很強。明、清時代，政府以理學爲正統思想，對內推行倫理政治，強調孝治天下，這些就影響到當時族譜之編寫。所謂之政治化，系指族譜會收錄《教民六諭》、《聖諭廣訓》等內容，還會特別提及族譜希望達到之道德教化、提倡儒家倫常等。許多負責編寫族譜的士紳，他們將儒家概念的修身、齊家、治國、平天下概念作爲己任，而修譜就是他們達成這些目標的手段，教化族人就是他們的第一步。其教化的方式，常見是勸戒、褒貶之方式，彰顯族譜中有德行或是有惡行之人，藉此勸善懲惡。對於行爲特別惡劣者，在族譜方面的處分是將其排除在族譜之外，族譜中不書其名。

元代以前的族譜，其內容已經超越單純世系記載，但相對上還是較爲簡單。明代以降則更爲豐富，這與相關制度的演變應當有關。如族譜中增加族規、祠產等，這應當是呼應宗族制度在當時的變化。而明代族譜增加「志」，其應爲吸收正史體例之結果。清代族譜主要增加五服圖，其他大致與明代族譜的內容相似。

祠堂

從宋代以下，祠堂是凝聚宗族意識的重要場所，各宗族以祭祀祖先向族人強調彼此間之血緣關係，並認爲祠堂是用以「安亡者」。明、清時代的祠堂主要是延續宋、元時代之發展，並另外加上明、清時期之特色。

祠堂之核心是供奉祖先神主牌位之正廳，牌位以始祖爲中央，其他牌位仿照周代習慣，採行左昭、右穆之順序排列。在一般的家庭之中，神龕上只放始祖或始遷祖，以及家族中最年長長輩向上四世祖先的神主，即包含其父、祖父、曾祖父、高祖父。始祖或始遷祖屬於專祀，其永久不變。超過四世的神主會移到配龕，這屬於從祀。易言之，祠堂內只有始祖之神主百世不遷，其他祖先神主皆爲五世則遷。

祠堂既然供奉祖先神主，則子孫需要定時祭祀祖先，尤其是在春、秋

會有特別盛大的祭祀活動。各宗族會強制子孫參與祭祀活動，不出席者會受到處分。祭祀時全體成員參與，祭祀後全體成員會共同用餐，有時其中的富戶還會分錢、肉給族人。從宗族中被開除者，將會被禁止參與祭祀，這是宗族內相當嚴重的處分。

　　祠堂之主要用途為祭祀，而祭祀如何進行，此在宋代已經成為政府會干預的項目。宋代規定按照身分不同，人們可祭祀的祖先代數由五世到二世不等，此一規定在明代初年繼續採用，凡人只能祭祀父、祖父兩代。不過，雖然官方定有相關禁令，但是人民屢屢突破限制。明世宗嘉靖年間，官方同意所有人民都可以在特定節日祭祀始祖、先祖，但還是按照身分限制人們可以祭拜的祖先世代數量。

　　不過，明朝允許人民祭祀始祖後，其實質上同意同姓各宗族共同祭祀其始祖，各宗族開始彼此聯絡，擴大宗族之運作，大宗祠開始出現。政府允許品官設置家廟，民間隨之開始仿效設置家廟祭祖。而在外人所不得進入的家廟之中，民眾會放置並祭拜超越法規限制的遠祖，然祭拜祖先合乎人情、儒家倫常，政府對此亦無從查察，也沒有必要查核。

　　在明、清時代，家廟、祠堂兩者有日漸混淆之現象，家廟原本需要特定身分才可設立，祭拜之對象亦有限制。但是，士大夫屢屢違反家廟規定，將其變成宗祠，導致家廟之規定喪失意義，故趙翼在《陔餘叢考・祠堂》中稱「今世上人大家廟曰祠堂」。再者，清世宗在解讀《聖諭廣訓》時，主張人們要「立家廟以薦烝嘗」，變成是政府鼓勵人民建立家廟，以此推廣清代的孝治，並承認家廟中可祭始祖。如此一來，家廟、宗祠日漸混淆，亦無特別區分之必要。不過，清代仍有些家族在形式上區分家廟、宗祠，但實質上這兩者相混的現象相當普遍。

　　從宋代開始，祠堂除祭祀功能之外，還有其他諸多職能。明、清時代，宗族重要大事仍在祠堂進行。祭祖時，族長會宣讀宗譜、宗族歷史、族規、皇帝上諭，以及其他倫常、法律事務等。而且，有些宗族不僅是在祭祀時宣讀，還會在每月朔、望日定期教育。在這些活動的過程中，強化

宗族之意識，而祠堂透過作為宗族活動之場所，祠堂變成宗族之象徵。

族田

　　宗族以族譜、祠堂為精神之號召，還會有宗族所屬田產，以物質層面聚集宗族。只要有能力的宗族，其往往會購置族田，實踐宗族內部「保生者」的目標。宋、元時代即有義田的存在，且已經形成相當完備的制度，明代承續其發展。相關族田的土地面積，從數十畝到數百畝不等，其中特別大者會達到上千畝。

　　明清時代的族田，其持續有贈給宗族成員，不過有的宗族會進一步考量親等，五服關係內優先，本支宗人其次，最後才是關係更遠的族人。宗族內如何贈給往往有其規範，不過族長亦可介入其安排。族田可位是以經濟角度，發揮凝聚宗族的作用，讓人們願意彼此維繫在同一個宗族之內。

　　家庭、宗族之最大差異，在於家族內部實施同居共財，家內無私財。而宗族未實施同居共財，家庭的財產對於宗族而言，家庭的財產為自身私產，宋、元以降之宗族又有專屬於宗族的財產，宗族會以族田等財產贈給宗族成員，這有助於解決宗族內貧富差距問題。不過，家庭之財產雖然為私產，但是家庭在拍賣時卻是要優先賣給本族人，此時難以排除本族人會透過此種機制，在其中取得不當利益，有時反而會強化貧富差距。

作為中介的宗族

　　宗族是以血緣為核心的組織，又因為其族人長期居住在某地，因此還具備有地緣性質。眾多小家庭歸納在宗族之下，故宗族可代表這些家庭向政府交涉；從另外一方面而言，宗族會自主或被動地管理諸多小家庭，使這些家庭不致產生變亂。就此而言，宗族被一些人認為具有家庭、政府間的中介性質。

　　而儒家有「修身、齊家、治國、平天下」之觀念，使宗族維持穩定的「齊家」可與政治性「平天下」相提並論，故士紳在致力於維持自身宗族

穩定時，他們會有這是協助平天下的體認。方孝儒在《遜志齋集・宋氏世譜序》中稱：

> 士有無位而可以化天下者，睦族是也。天下至大也，睦
> 吾族何由而化之？人皆欲睦其族，而患不得其道，吾為
> 之先，孰忍棄而不效乎？有族者皆睦，則天下誰與為不
> 善。

此語顯示，相關士人將維持宗族作為治理社會的第一步，這並不僅僅只是宗族內部事務而已。

　　隨宋、元時代積極推動一系列有助於合族、收族之措施，這導致宗族組織的重要性日益提升。由於宗族向下可以穩定各家庭，這有助於整體社會的穩定。面對元代末年天下大亂之變局，明代政府積極協助宗族的發展，主要承認宗族對族人之控制權，保護各種宗族之資產，藉此促進社會穩定。各宗族在士紳的帶領下，他們也爭取政府的支持，請求政府承認其族規，並且保護資產。官府不僅是同意且支持宗族的族規，甚至連沒有送官府核可之族規，官府也同樣支持其效力。因此，家法、族規變成國法的延伸，以此穩定社會秩序。宗族在大多數情形下會支持、協助政府運作，如其族譜內容往往包含政治性支持倫常概念，有變故時再組織團練協助平亂，而且以儒家綱常教化族人等，這些都有助於讓民眾支持政府的施政。

　　明、清政府雖然支持宗族，但是只要這些宗族勢力大到足以對政府產生威脅時，則政府會予以打壓。如明代初年，有些宗族勢力過於龐大，明太祖就採行類似於秦漢時期的政策，強行遷移地方大族。而且，宋代以降的宗族，其實力遠遠弱於豪族、世家大族，他們無力對抗政府。

　　宗族是介於家庭與政府間的中介組織，其實質上發揮一種基層政治組織的作用，協助維護社會穩定。

第四節　宗族組織與管理

宗族的範圍與結構

　　在認識宗族運作的內涵之外，進一步則需要理解宗族向外部展現的組織與管理。

1. 關於宗族之範圍。在明、清時代，宗族始祖先一般會追到始遷祖，故同一始遷祖以下之成員皆可視為同一宗族。在同一宗族之內，還可依據是否具備五服關係區分其身分，這是區分族人親疏關係的重要依據，若觸犯刑事問題時，此種關係會影響量刑之輕重。五服之內的族人親屬關係較高，五服之外則較低，但是較毫無關係的凡人為高。

2. 宗族結構。宗族以始遷祖為首，隨人口的增長，人數達數百人以上者，該宗族往往會再分出若干個房。宗族就算分出房，但是其人口仍然會持續滋生，此時常見運作方式為遷移到他處或五服以外之族人，會另外成立支族。這些支族會另立祠堂，在宗族內稱為支派，支派以下亦可再分出各房。此種結構會影響宗族各方面的運作，如在管理方面有族長、房長，族譜有族譜、支譜、房譜之別，祠堂也有宗祠、支祠之別。不過，各房與其宗支的關係，隨宗族不同差異很大。有些是關係相當緊密，另有一些則相當鬆散，只在修通譜時會稍微互動。

3. 宗族型態。宗族是由諸多家庭所構成的組織，在明、清時代其又可以分為三種不同的類型。

　(1)家族，以家統族是其最大特色，可能為一個大家庭統轄成為附戶的族人。此大家庭大多是大官僚家庭，他們與依附各家庭存在血緣關係，但其家族組織較為鬆散，依附之家庭會服從家族內該有力大家庭之指揮。這些依附家庭各有其灶，並未與該大家庭形成同居共財關係，家族亦有其祖墓、公共墓地。一旦核心家庭產生問題，此類型家族往往也就隨之崩解。家族較易出現在宗族制度較不發達區域，如華北等地。在此類區域，經濟相對穩定，各官僚家庭往往忙於營私，較少維

繫、發展宗族，故家族很少會轉變為宗族。

(2)宗族，這是一種以宗統族的組織。宗族自始即是以男性祖先後裔所構成，其有能力達到經濟自給自足。宗族自始遷祖開始，可向下長期數百年居於同一地區，較少移動，傳承代數極多，從而導致其成為兼具血緣、地緣性質之組織。其人數相對眾多，常見一個村即一姓，亦有一姓有多個村者。宗族分布較多區域包含華中、華南各省等。

(3)鄉族，這是各家族、宗族為實踐共同利益而構成之聯合組織，此組織可以是一姓或多姓所構成，其構成之方式有聯姻、聯族、聯姓、聯籍等。其構成之目的可能有政治、文化、經濟、社會救濟等不同原因，如聯合各族以武力討平叛亂，也有可能聯合營造水利設施、管理墟市、經營書院、辦義倉、義學等，乃至於進行分類械鬥之用。經濟上之聯合控制，有景德鎮之例子，多個宗族聯合壟斷瓷器生產流程的不同部分，排除其他人介入生產之可能。這些宗族為確保聯合壟斷順利，往往就會成立鄉族組織協調彼此。

族長與宗族的管理

族長從宋、元時代開始，族長已然成為宗族之領袖，明、清時代仍然是延續宋、元時代的變化，並加上若干明、清時期之特色。而宗族之管理在明清時代又有若干變化，此處逐一說明。首先，關於族長之來源與權力，這些權力很多在宋代就已經存在，明、清僅是持續發展。

1. 關於族長之來源，族長一如宋、元時代，其由推舉產生，不可世襲，主要為族內社會地位、經濟地位最佳之人擔任。

2. 族長的權力可以分為下列幾項：

   (1)族長有主持祭祀之權力，這是族長主要的權力，族長可藉此代表祖先管理族人。祭祖除由族長負責外，有些宗族是由各房輪流負責，另外有些宗族會設立宗子，並由宗子負責祭祀。

   (2)主管宗族事務，舉凡建祠堂、修橋鋪路等，各類公益事務會由族長總

責其事。

(3)掌管宗族之資產，諸如族田、墳地等，藉此賑濟族人、維護祠堂、各
　 類活動等。族長可以透過對族人停發、減少贍養，達到對犯禁族人之
　 控制。

(4)協調族內財產問題，諸如分家、販賣田產等，若有需要時，族長會介
　 入協調。特別是田產，各宗族為確保宗族經濟力不衰退，大多會要求
　 賣田者先賣給同族，無人買才能賣給非本族人。

(5)調解宗族內部的糾紛。但凡宗族內成員產生任何糾紛，其大多由族長
　 進行初步裁判、調解，又因族長本人往往就是士紳，故此點可相呼應
　 於士紳之鄉里仲裁者的色彩。族長是代表宗族祖先對族人懲治，並向
　 祖先負責。倘若族人有衝突不先在族內調解，有時候會被視為對於宗
　 族之蔑視。一如士紳不可仲裁重大刑案，族長同樣不能夠調解、裁
　 判重大刑案。不過，在紀錄中可以見到族內協調宗族內部之命案，合
　 意由第三人頂罪，並由宗族內部給予頂罪者補償。最終審斷命案者仍
　 為官府，宗族在此是先內部協調如何串供，並非有自行審理命案之權
　 力。

3. 族長的執行權。明、清族長對族人有裁判、懲罰等各類權力，處分輕者
　 為罰跪、罰款，開除宗籍已是相當嚴重處分，特殊情形下可處死族人，
　 如其犯法本當處死者，其直接在家內先行處死，而不送官。但是這些權
　 力並非族長可任意執行，一如宋代族長，其按照族規行事、執法，權力
　 遠較商、周時代的宗子為小。在另外一方面而言，由於政府控制力有
　 限，政府亦是透過宗族維持地方秩序。

　　其次，宗族的管理結構。由於宗族會因人口繁衍，逐漸產生支族、房
等結構，因此亦隨之產生相對應的結構。常見之結構為始族──分族──
支族──房──戶，此一結構視宗族大小不同，有些宗族會沒有其中之部
分，各層組織各有其長，最終由族長統領全宗族。

　　明、清時代，宗族管理的另一個重要元素是鄉約。明、清時代之宗

族，往往會按照鄉約的理念、內容制定族規，以此管理族人。各宗族按照鄉約行事，進一步讓宗族鄉約化。隨鄉約在嘉靖、隆慶、萬曆年間重建並普及，宗族組織亦隨之變化。在嘉靖以前，宗族的組織尚未定型，故有多種形式，但在嘉靖以後，隨明政府大力推廣鄉約，宗族組織亦在此時採用鄉約的形式。宗族的組織會依據鄉約內容安排並制度化，其先制定族規，然後設立族長、房長等管理人員，並且有些宗族還會有宗子。其次，還會建祠堂、修族譜、教化宣講等，以此增加宗族凝聚力。這一系列組織化目的是希望實踐宗族之自治，讓宗族盡可能先處理族內事務，宗族對其族人有司法權，有必要時再前往官府處理。

宗族之族規有多種不同稱呼，這些規範可能是歷經數代、上百年之時間才編寫完成。這些族規，在明代前、中期較多與傳統之墓祭、社祭有關，而明代後期之族規則有較強鄉約、教化的色彩。而明代後期族規，呈現幾種類型：

1. 統宗祠規，可在更大範圍約束族人。
2. 按照《教民六諭》制定。
3. 結合鄉約制度制定。
4. 為移風易俗而制定。

這些族規涉及的面向頗多，甚至連族人選擇職業亦有規定，鼓勵優先為士，隨明代經濟發展，爾後亦認為農、商皆為本業，且大多禁止族人從事被列為賤民之職業。

各宗族之組織化與各種權力，其往往需要政府授權。族規送交政府，就是向政府申請管理權，這反映宗族必須受政府控制。而宗族自身將民眾管理妥當，有助於社會穩定，故政府亦樂於授權宗族管理民眾，政權、族權雙方互動、合作日漸緊密。此類申請的年代，主要出現在嘉靖、萬曆年間以降，此時期亦是鄉約大肆流行的年代。清朝繼續承認宗族之仲裁、懲處族人的權力，但若擅自處死犯人，則會受到國家追究。

綜觀明、清時代宗族之變化，除有部分是繼承宋、元時代的發展之

外，還有諸多明、清時代自身之特色。

1. 宗族制度普遍化。明代允許平民祭祀始祖，這實質上等同允許平民建立祠堂，民間開始普遍建立祠堂。而平民既可祭祀始祖，其會導致參加祭祀活動的人員增加，事實上擴大宗族規模，強化凝聚力。

2. 宗族擴張與組織化。宋、元宗族主要以小宗法爲主，其宗族規模人數有限。明代以降，受社會和平影響，而且始祖祭祀普遍化，宗族普遍納入已出服之族人，產生多層次複雜之房支結構，且更具組織性。據信明、清家族能夠分類械鬥的原因之一，就是家族的擴張與組織化。

3. 宗族之政治化加強。隨宗族的普遍化、組織化，社會越來越多人受到其宗族控制，宗族成爲重要民間組織。面對此種現象，明、清政府即希望吸納宗族力量，以「齊家」觀點，將宗族變成穩定政局的支持者。因此，政府同意且授權宗族對內有若干執法權。明、清時期的宗族，其在士紳的帶領之下，他們對內部族人宣揚綱常教化，重視倫常。當國家與宗族利益產生衝突時，各宗族還是會優先重視自身利益，縱使有可能違反國家法令，宗族還是會從事最符合自身利益之決策，不惜與國家對抗。故清高宗以降，對宗族之政策改爲既利用又打壓。

第五節　家庭與婚姻

家庭類型

逮至明、清時代，家庭仍以「室家」、「供養」兩大類型爲主，另有少部分之「同居」型家廷。受到孝親觀念影響，許多人會盡力想維持「同居」型家庭。受到家庭人多會有自然裂解之趨勢，大多數家庭在父母死後，成年已婚諸子就會分家。故較少家庭可以變成「同居」型家廷或是更大規模之家庭。

關於家庭的人口數，其隨區域有所不同。在明代，經濟越發達的區域，其家庭平均人口數量越少，如江南區域家庭大多是三至五人，此類家庭大多是「室家」型家庭；在經濟落後區域，家庭規模較大，人數可達八

至十人，常見「供養」型家庭。值得注意由於家庭先天有裂解之傾向，畢竟人多就容易產生各種衝突，導致家庭裂解，要維持較大家庭先天較難。再者，經濟較發達地區，人們可以支配的財物較多，較能夠以較少的人維持生活，自然不需要維持較大規模家庭。經濟不發達區域，人們需要集中力量耕作，還要彼此照料對方，故需要人數較多之大家庭，以讓自身可以度過困境。有學者由這些點觀察，認為決定家庭規模之主要因素為經濟問題，至於政府如何提倡孝治天下、禁止分家等禁令，恐怕並非決定家庭規模之因素。清代延續明代發展，家庭成員大多為三至六人，四世以上累世同居大家庭則多為官僚家庭。至於清代的旗人，聚族而居，他們比漢人更遵循儒家理想，重視父母在不分產，所以其大家庭明顯比漢人為多。而且，旗人家庭收容親屬之意願更高，讓家庭規模更大。

在家庭的內部成員之中，父母會跟其中一個成年兒子居住，最常見之情形為父歿母存。受限於家庭經濟力，無力養育太多子女，故夫妻以生育一至二人為多，生育三人以上者較少。擁有二子以上之家庭，則會遇到將其子過繼給他人或賣子之現象，從而限制家庭人口之數量。清代家庭之子女，則以三至四人為多。

此外，「義門」型家庭到明、清時代依然存在，明代政府有鼓勵這種類型家庭之發展，不過在清代時此種家庭數量已經減少，而且規模縮小。此類家庭為累世同居之特大家庭，且仍維持同居共財的家庭關係，此類家庭的成員人數為數百人到數千人。這類家庭大多居住在大宅院之中，各大妻會居住在其中的房間。其有類似於家族的管理機制，有家長、副家長，還有協助處理各種事務之人員。其家長與族長相似，兩者都是選最有能力的人。生活規範嚴格，對於每日之作息都有干涉。

在明、清時代，家庭仍持續採用同居共財觀念，家庭內並無私財。由於明代鼓勵累世同居，從而有必要防止人們分家，最理想的手段就是限制財產僅有家長可以控管，不讓子女支配財產。因此，設定法令禁止人們在父母尚存時分家。既然財產歸於家長，各級政府有戶籍、賦稅、繇役問題

時，就會找家長解決相關的問題。

在明、清時代，「家」與「戶」的概念有所不同。「家」是一種以婚姻、血緣爲基礎，自然所產生的社會組織，其爲一種共同生活之單位。「戶」是一種基於法律所產生的單位，其主要用於賦稅、繇役，屬於國家對人民統治的一環。這兩者在明代尚屬合一，但由於賦稅朝向以土地計稅，減少以人頭計稅項目，導致其開始產生轉變。

逮至清代，「家」、「戶」概念逐漸分離。「戶」不是因爲有「家」而存在，有三種立戶的可能：

1. 依據「田」而立戶。人們可依據「田」而立戶納糧。可以是多個「田」共立一戶納糧，也可一個「田」立多個戶分別納糧。
2. 依據「丁」立戶。所謂之「丁」是指可作爲課稅單位之丁，而非是家中實際有多少人口。
3. 綜合丁、田之納稅單位。「戶」實質上與課稅有高度關係，不再是確實之家庭組職，對於官方而言，只要能夠滿足課稅需求，並不在意其中所載的人名是否爲眞實。在清代社會亦出現分家不分戶的情形。

家庭關係

明、清時代家庭之內部關係，持續維持宋、元時代之演變。在「家」之內，家長在經濟、法律、祭祀方面擁有最高權力。由於家庭內部採行同居共財制度，所有財產處在家長的支配之下。而清代旗人家庭，頗爲重視儒家倫常觀念，尊卑長幼、孝順觀念皆被採用，父母可告兒子不孝，並將其發配邊地，家長之權威可見一斑。對於子弟之管教，仍然承續秦、漢以降方式，家長可請求地方政府對其子弟施加刑事處分，但是不得擅自殺死子女。

在夫妻關係之間，明、清時期繼續沿用男主外、女主內的概念，在理想的情形之下，男子在外工作，女子在家主持家務。丈夫對妻子有監護、管教之權力，與此同時明代政府規定女性除特別重大犯罪之外，皆不收

監，而是命其丈夫看管。在中華法系之中，法律的量刑會依據加害人、被害人的身分不同有所加重或減輕，尊親屬、卑親屬間的差異甚爲明顯，丈夫被視爲妻子的尊親屬，妻子則是丈夫的卑親屬。在此種概念下，妻毆夫之罪刑會大幅加重，夫毆妻的罪刑會大幅減輕。

婚姻

　　明、清時代之婚姻主要延續宋、元的發展，並加上若干明、清時代之特色。

1. 在婚姻締結方面。由於婚姻被列爲家族事務，故其是由家長決定，當事人之意見並非婚姻締結的要件，難以自行嫁娶。此處家長多爲祖父母、父母，倘若祖父母、父母皆亡，則還是要其他尊長主持。不過，若當事人因各種事務在外地已先成婚，則此種婚姻依然有效。

2. 關於婚嫁年齡。在明、清兩代概念中，男子結婚年齡爲十六至二十五歲，女子則爲十四至二十歲。早於這個年齡稱爲「先時」，晚於此則稱爲「過時」。人們可以在到達此一歲數之前，就可以先行議定婚事，待足歲之後才實際完成結婚儀式。在個別區域，還可看到早於此一年齡線結婚者，幼男娶長妻、幼妻嫁壯夫的事情都有紀錄。在早婚之外，還存在一種稱爲「童養媳」的制度，其又可稱爲「待年媳」。此爲夫家會育養女嬰、女童長大，隨即婚配夫家。此種現象有幾種起因，主要是女方家庭貧困或父母雙亡，其家庭無力再照顧此女孩，故將其交給夫家扶養，還有平安長大之可能性。再者，婚嫁的時候不僅是男方要給聘金，女方也要準備嫁妝，許多貧困家庭無力準備，故先行送至夫家。而且，夫家亦可透過童養媳增加勞動力，故夫家有意願接受童養媳。此外，還有些案例是女童父母有事要遠行、長期不歸，故先行將女童送至夫家，以免錯過結婚年齡。

3. 婚嫁對象的選擇。從宋代開始，人們在選擇婚嫁對象時，財富已經成爲極重要指標，譬如雙方家庭的收入概況，甚至聘金之多寡成爲嫁女兒

的重要考量，這些特色到明、清時代依然如此。除了對女方家庭之互動外，男方是否有能力照顧女方更是重要考量，在一些區域女方願意將女兒嫁給兵卒，其考量的內容是兵卒有月餉之收入，可以照顧女方。至於婚嫁對象的善惡、尊卑等，並不列入考慮範圍，趨炎附勢、貪圖財物成為其核心。在財力之外，另一個婚嫁考量重點是「門當戶對」，即雙方的家庭性質需要相似，最理想之狀態是能夠達成既富且貴。

4. 其他婚姻特色。首先延續宋、元時代發展，存在兩個或多個家族形成世代聯姻或聯姻網。明代試圖禁止，但是最終還是重新開放。其次，明代存在有「就婚」，即兄娶弟妻或弟娶寡嫂，這兩個習俗被認為是元代收繼婚之遺留，政府立法以死刑禁止。但是，由於娶妻花費龐大，許多民間家庭無力負擔重新娶妻費用，民間仍有傳宗接代之需求，故此種現象就算犯法也依然存在。「借親」則是在父母去世後，家人有需要者可先結婚，其後再辦喪禮。其他還有宋、元時代留存之冥婚等婚姻形式，此處不另一一介紹。

5. 結婚之程序。明太祖規定民間婚禮一律按照朱熹的《家禮》舉行，其主要有三大步驟：

    ⑴明媒。指以父母之命、媒妁之言而結婚。

    ⑵正娶，指有聘約、聘禮等。

    ⑶明婚，按照禮書所規定格式進行婚禮。

    雙方會訂定婚書，其上會書寫雙方相關訊息，一定訂立婚書就不可後悔。若女方收受聘禮，就算沒有立婚書，此一婚姻仍然有效。在原本六禮中的問名禮，此時多由媒人取代。至於擁有特殊身分者，法規往往會特別規定其婚禮進行方式，相關人員需按其規定進行婚禮，如清代之親王婚禮、貝勒婚禮等等。此外，清代有部分地區對於貞潔觀念甚為重視，其在新婚之夜存在「驗貞」習俗，確定女子無婚前性行為才算完成婚禮，不然即將女子退回娘家。

6. 婚姻的相關限制。婚姻不僅受到尊長的控制，其還有幾種法律所禁止的

婚姻。明、清兩代皆禁止良民、賤民之間通婚，被查獲者問罪，且婚姻無效。良民、賤民不僅在法律上禁止通婚，大多數良民家庭亦禁止子孫與賤民家庭通婚。明代還規定禁止同姓結婚，不過在民間實際運作中，大多僅要求同姓不同宗即可結婚，相關禁令淪爲具文。明代還禁止輩份不對等者，不論實際年紀差異，即便屬於外親，其亦不得結婚，更不可娶親屬之妻。明代對於買妾，還限制需要男性年滿四十歲且無子，才允許其買妾。清代還限制官員不得娶所管轄範圍內女子爲妻妾。此外，家庭水平在一般以上者，大多禁止賣女爲妾，這被視爲有辱家門的行爲。

7. 離婚問題。明、清時代依然沿用七出、三不去之離婚標準，而且男、女雙方尊長亦可要求離婚。譬如，婆婆可指媳婦不孝，娘家亦可指夫家長期未照顧自家女兒，這些皆可作爲離婚理由。若兩願離婚，則在法律上並不禁止兩方離婚，如《大清律例・戶律》載「若夫妻不相和諧而兩願離者，不坐。」

8. 寡婦與再婚。明、清時代，民間出現諸多禁止寡婦再嫁，讓其守節之事例，並據此建立貞節牌坊。由於寡婦大多因爲經濟性原因再嫁，故有力家族會以族田之收入給養寡婦，使其打消再嫁念頭。不過，有力家族的數量畢竟有限，仍有大量寡婦迫於生活壓力，只能改嫁。還有「坐產招夫」、「招夫養子」等情形，主要是女子不改變其已嫁至原本夫家的身分，另外找一位男性進入家中，此男性可能以招贅方式成爲原本夫家族的成員。

徵引書目

一、專書

Trevelyan, George Macaulay. *English Social History: A Survey of Six Centuries, Chaucer to Queen Victoria*. New York: Longmans, Green and Co., 1942.

卜憲群，《中國通史（壹）：從中華先祖到春秋戰國》，北京：華夏出版社，2017。

中國科學院考古研究所，《中國田野考古報告集：上村嶺虢國墓地》，北京：科學出版社，1959。

毛佩琦主編，《中國社會通史‧明代卷》，太原：山西教育出版社，1996。

毛漢光，《中國中古社會史論》，上海：上海書店出版社，2002。

王玉哲，《中國遠古史》，上海：上海人民出版社，1999。

王明蓀，《宋遼金元史》，臺北：長橋出版社，1980。

王晴佳、古偉瀛，《後現代與歷史學：中西比較》，濟南：山東大學出版社，2006。

王貴民，《商周制度考信》，臺北：明文書局，1989。

卡爾著，吳柱存譯，《歷史是什麼？》，北京：商務印書館，1981。

古偉瀛、高明士，《戰後臺灣的歷史學研究1945～2000‧第一冊總論》，臺北：行政院國家科學委員會，2004。

任崇岳，《中國社會通史‧宋元卷》，太原：山西教育出版社，1996。

朱紹侯等，《中國古代史‧上冊》，福州：福建人民出版社，2010。

朱瑞熙等，《遼宋西夏金社會生活史》，北京：中國社會科學出版社，1998。

池子華、吳建華，《中國社會史教程》，蘇州：蘇州大學出版社，2016。

牟鍾鑒、張踐，《中國宗教通史‧上卷》，北京：中國社會科學出版社，2007。

何星亮，《中國圖騰文化》，北京：中國社會科學出版社，1992。

何炳棣著，徐泓譯，《明清社會史論》，北京：中華書局，2019。

余之介，《中國社會史話》，上海：中華書局，1951。

吳曾德，《漢代畫像石》，北京：文物出版社，1984。

呂順羽，《中國社會史綱》，上海：耕耘出版社，1947。

李治亭，《清史》，上海：上海人民出版社，2002。

杜正勝，《編戶齊民：傳統政治社會結構之形成》，臺北：聯經，1990。

谷川道雄著，馬彪譯，《中國中世社會與共同體》，上海：上海古籍出版社，2013。

周良霄、顧菊英，《元史》，上海：上海人民出版社，2003。

周谷城，《中國社會史論》，濟南：齊魯書社，1988。

周長山，《漢代城市研究》，北京：人民出版社，2001。

周積明，《中國社會史論》，武漢：湖北教育出版社，2000。

彼得‧伯克（Peter Burke）著，劉永華譯，《法國史學革命：年鑑學派1929-1989》，北京：北京大學出版社，2006。

林永匡、王嘉，《清代社會生活史》，北京：中國社會科學出版社，2016。

哈維蘭（William A. Haviland）著，瞿鐵鵬等譯，《文化人類學》，上海：上海社會科學院出版社，2005。

姜公韜，《明清史》，臺北：長橋出版社，1980。

威爾遜（Edward Wilson）著，毛盛賢等譯，《社會生物學：新的綜合》，北京：北京理工大學出版社，2008。

柯文（Paul A. Cohen）著，林同奇譯，《在中國發現歷史：中國中心觀在美國的興起》，北京：中華書局，2002。

韋慶遠等，《清代奴婢制度》，北京：中國人民大學出版社，1982。

宮崎市定，《九品官人法研究——科舉前史》，北京：中華書局，2008。

徐庭云主編，《中國社會通史‧隋唐五代卷》，太原：山西教育出版社，1997。

浙江省文物考古研究所，《瑤山》，北京：文物出版社，2003。

崔向東，《漢代豪族研究》，武漢：崇文書局，2004。

常建華，《社會生活的歷史學：中國社會史研究新探》，北京：北京師範大學出版社，2004。

常建華，《新時期中國社會史研究概述》，天津：天津古籍出版社，2009。

張晉藩，《清朝法制史》，北京：中華書局，1998。

曹文柱主編，《中國社會通史‧秦漢魏晉南北朝卷》，太原：山西教育出版社，1996。

曹文柱等，《中國社會史》，上海：華東師範大學出版社，2001。

梁庚堯，《中國社會史》，上海：東方出版中心，2016。

許倬雲，《西周史》，北京：三聯書店，2012。

許倬雲，《萬古江河：中國歷史文化的轉折與開展》，上海：上海文藝出版社，2006。

陳其南，《家族與社會——臺灣與中國社會研究的基礎理念》，臺北：聯經出版

社，1990。

陳松長主編，《嶽麓書院藏秦簡（參）》，上海：上海辭書出版社，2013。

陳振，《宋史》，上海：上海人民出版社，2003。

陳寶良，《明代社會生活史》，北京：中國社會科學出版社，2004。

傅衣凌，《明史新編》，北京：人民出版社，1993。

傅亞庶，《中國上古祭祀文化》，北京：高等教育出版社，2005。

傅舉有、陳松長，《馬王堆漢墓文物》，長沙：湖南出版社，1992。

彭衛，《漢代婚姻型態》，北京：中國人民大學出版社，2010。

游惠遠，《宋代民婦的角色與地位》，臺北：新文豐出版社，1998。

馮爾康，《中國宗族史》，上海：上海人民出版社，2009。

馮爾康，《中國社會史研究概論》，北京：高等教育出版社，2004。

馮爾康，《中國社會史概論》，北京：高等教育出版社，2004。

馮爾康等，《中國社會史研究概述》，天津：天津教育出版社，1988。

楊寬，《西周史》，上海：上海人民出版社，2003。

楊豫，《西洋史學史》，臺北：昭明出版社，2000。

管東貴，《從宗法封建制到皇帝郡縣制的演變：以血緣解紐為脈絡》，北京：中華
　　書局，2010。

趙云田主編，《中國社會通史‧清前期卷》，太原：山西教育出版社，1996。

趙國華，《生殖崇拜文化論》，北京：中國社會科學出版社，1990。

趙毅等主編，《中國古代史‧上冊》，北京：高等教育出版社，2010。

劉寶才等主編，《中國歷史‧先秦卷》，北京：高等教育出版社，2001。

蔡文輝，《社會學》，臺北：三民書局，2010。

整理小組編，《張家山漢墓竹簡〔二四七號墓〕》，北京：文物出版社，2001。

蕭璠，《中國通史‧先秦史》，臺北：長橋出版社，1979。

賴惠敏，《天潢貴胄：清皇族的階層結構與經濟生活》，臺北：中央研究院近代史
　　研究所，1997。

賴惠敏，《但問旗民：清代的法律與社會》，臺北：五南，2007。

賴惠敏，《清代的皇權與世家》，北京：北京大學出版社，2010。

錢杭，《周代宗法制度史研究》，上海：學林出版社，1991。

閻愛民，《漢晉家族研究》，上海：上海人民出版社，2005。

謝維揚，《周代家庭形態》，哈爾濱：黑龍江人民出版社，2004。

瞿同祖，《中國法律與中國社會》，北京：中華書局，2003。

瞿同祖，《清代地方政府》，北京：法律出版社，2003。

蘇秉琦，《中國通史第2卷：遠古時代》，上海：上海人民出版社，2013。

二、期刊論文

馬蕾吟、任汝平，〈論中國古代收繼婚制——以明代為例〉，《法制與經濟》，
　　2014:8(2014)，頁123-125轉128。

中國科學院考古研究所山東發掘隊，〈山東平陰縣朱家橋殷代遺址〉，《考古》，
　　1961:2(1961)，頁86-93。

中國科學院考古研究所山東隊，〈山東曲阜西夏侯遺址第一次發掘報告〉，《考古
　　學報》，1964年第2期，頁57-106。

王國維，〈殷周制度論〉，收於氏著，《王國維全集・第8卷》（杭州：浙江教育
　　出版社，2009），頁302-320。

王日根，〈義田及其在封建社會中後期之社會功能淺析〉，《社會學研究》，1992
　　年第6期，頁90-99。

王晶，〈唐代的房分與家族的分化〉，《成大歷史學報》，49（2015.12），頁
　　1-38。

北京大學考古系商周考古實習組等，〈陝西綏德薛家渠遺址的試掘〉，《文物》，
　　1988年第6期，頁28-37。

甘肅省博物館，〈武威皇娘娘臺遺址第四次發掘〉，《考古學報》，1978年第4
　　期，頁421-448。

吳蕙芳，〈民間日用類書的內容與運用——以明代《三臺萬用正宗》為例〉，《明
　　代研究通訊》，3（2000），頁45-56。

李新霖，〈「以德配天」思想的演進——以《書》、《詩》、《左傳》、《論語》
　　經典為例〉，《哲學與文化》，36:12(2009.12)，頁33-62。

杜正勝，〈什麼是新社會史〉，《新史學》，3:4（1992），頁95-116。

芮逸夫，〈中國親屬稱謂制的演變及其與家族組織的相關性〉，收於氏著，《中國
　　民族及其文化論稿》（臺北：國立臺灣大學人類學系，1989），頁921-937。

高青山，〈陶寺遺址早期大墓出土玉石鉞探析〉，《文物鑑定與鑑賞》，2020年第
　　16期，頁14。

常建華，〈二十世紀中國社會史研究〉，收於周積明等編，《中國社會史論》（武
　　漢：湖北教育出版社，2000），頁153-220。

梁啟超，〈中國史敍論〉，收於氏著，《梁啟超全集》（北京：北京出版社，
　　1999），頁448-454。

陳美，〈論中國歷代兩性文化〉，《藝見學刊》，9(2015.4)，頁1-15。

陳艷，〈雙墩文化遺址陶祖形器的考古學分析〉，《宿州學院學報》，31：2(2016.2)，頁82-85。

喬志強、陳亞平，〈社會史的研究對象、知識體系及其學科地位〉，收於周積明等編，《中國社會史論》（武漢：湖北教育出版社，2000），頁32-57。

趙世瑜，〈社會史的概念〉，收於周積明等編，《中國社會史論》（武漢：湖北教育出版社，2000），頁3-31。

Note

Note

Note

Note